Wichard Woyke

Nordrhein-Westfalen und die Europäische Gemeinschaft

Springer Fachmedien Wiesbaden GmbH 1990

Der Autor:
Dr. Wichard Woyke, Professor für Politikwissenschaft an der Universität Münster

ISBN 978-3-8100-0880-0 ISBN 978-3-322-95933-1 (eBook)
DOI 10.1007/978-3-322-95933-1

Ursprünglich erschienen bei Leske Verlag + Budrich GmbH, Opladen 1990

Satz: Leske + Budrich, Opladen

Vorwort

Die Zielperspektive Binnenmarkt 1992 hat in den Mitgliedstaaten der Gemeinschaft eine außergewöhnliche Dynamik erzeugt. Politiker, Parteien, Gewerkschaften, Unternehmen, Wissenschaftler, Journalisten und zunehmend auch Bürger setzen sich mit diesem Thema auseinander. Die in der ersten Hälfte der 80er Jahre noch anzutreffende Eurosklerose ist überwunden. Die Binnenmarktvollendung wird dazu führen, daß EG-Europa mit mehr als 322 Mio. Einwohnern der größte einheitliche Markt in der westlichen Welt sein wird. Die ökonomischen und sozialen Folgen des Binnenmarkts sind heute in ihren ganzen Auswirkungen noch nicht absehbar. Absehbar aber ist dagegen, daß immer mehr politische Entscheidungen zur Europäischen Gemeinschaft nach Brüssel verlagert werden und damit mehr Politikfelder direkt oder indirekt durch die EG bestimmt werden.

Im Raum ohne Binnengrenzen wird der freie Verkehr von Waren, Dienstleistungen, Kapital und Personen gewährleistet werden. Es werden materielle, technische und steuerliche Schranken beseitigt werden. Wesentliche Schritte zur Realisierung des Binnenmarkts sind

- die Angleichung der indirekten Steuern sowie der spezifischen Verbrauchssteuern,
- die Harmonisierung der Normen und ähnlicher Rechtsvorschriften,
- die Realisierung des freien Dienstleistungsmarkts, vor allem auf den Sektoren der Kreditinstitute, Wertpapiermärkte, Versicherungen, Verkehr, Fernmeldewesen sowie Funk und Fernsehen,
- die Liberalisierung des Kapitalmarkts,
- die Liberalisierung des öffentlichen Auftragswesens sowie
- die Durchsetzung der Freizügigkeit für Arbeitnehmer und Freiberufler, u.a. durch die gegenseitige Anerkennung der Hochschuldiplome.

So wird der Binnenmarkt aber nicht nur auf der Ebene der Mitgliedsländer gewaltige Folgewirkungen haben, sondern auch auf den nachgeordneten Ebenen von Land/Region und Kommune. Neben traditionellen Politiken wie Agrar, Kohle und Stahl wird nun die EG auch zunehmend die Verkehrs-, Umwelt-, Kultur- und Bildungs- sowie Forschungs- und Technologiepolitik beeinflussen.

Nordrhein-Westfalen stellt mit seinen 17 Mio. Einwohnern innerhalb der Europäischen Gemeinschaft eine demographisch große, politisch und wirtschaftlich bedeutsame Region dar, deren künftige Entwicklung nachhaltig durch die EG geprägt werden wird. Die Einrichtung eines Verbindungsbüros in Brüssel bei der Kommission der EG im Jahr 1986 symbolisiert die wachsende Bedeutung der Gemeinschaft für Nordrhein-Westfalen.

Diese Schrift soll dazu dienen, die Bedeutung der Europäischen Gemeinschaft für Nordrhein-Westfalen aufzuzeigen sowie die Einbettung Nordrhein-Westfalens in den europäischen Integrationsraum zu vergegenwärtigen. Nordrhein-Westfalen ist ökonomisch noch stärker in die EG integriert als die restliche Bundesrepublik, so daß unser Bundesland ein großes Interesse an Fortschritten im Integrationsprozeß haben muß. Der für 1992 angestrebte Binnenmarkt bietet für Nordrhein-Westfalen große Chancen, erfordert aber auch gleichzeitig große Anpassungsenergien bei allen Beteiligten.

Münster, d. 30. August 1990 *Wichard Woyke*

Inhalt

1. Die europäische Integration als Herausforderung für Nordrhein-Westfalen

1.1 Verlaufskizze der Integration

Nach dem Zweiten Weltkrieg, aus dem die USA und die Sowjetunion als die eigentlichen Sieger hervorgingen, und nachdem die europäischen Staaten ihre bis dahin dominierende Stellung in der Welt eingebüßt hatten, nahm der Gedanke der europäischen Einigung konkretere Formen an. Für den britischen Premierminister Churchill war es das „souveräne Heilmittel" zur Vermeidung von zukünftigen Kriegen, eine möglichst große europäische Familie zu bilden. Auch in anderen Staaten traten Politiker, private Organisationen, z.B. Vertreter der verschiedenen Widerstandsgruppen in den von Hitlerdeutschland besetzten Ländern, für die Schaffung eines Vereinten Europas ein. Als wichtigste Impulse zur Überwindung des überkommenen nationalstaatlichen Ordnungssystems erwiesen sich

- das Streben nach der Errichtung neuer Sicherheitsstrukturen, in denen der Nationalstaat allein Sicherheit nach außen nicht mehr gewährleisten konnte;
- die Lösung der „deutschen Frage", d.h. ein System zu finden, das die Deutschen kontrollierte, ihnen gleichzeitig aber einen Platz in der Völkerfamilie garantierte;
- die Errichtung eines großen Wirtschaftsraumes, um aufgrund besserer und effektiverer Produktionsbedingungen den Wiederaufbau Europas schneller voranbringen zu können und gleichzeitig sich den Herausforderungen der amerikanischen Wirtschaft zu stellen und
- durch Zusammenschluß sich gegenüber den potentiellen Weltmächten USA und Sowjetunion zu behaupten.

Zusätzlich bestand in der zweiten Hälfte der 40er Jahre auch ein erhebliches Druckpotential, das den Prozeß der Integration beschleunigte. Dieses Druckpotential zeigte sich einmal im Gefühl der Bedrohung durch den Kommunismus, das durch die Machtübernahme kommunistischer Parteien in Osteuropa zu jener Zeit noch verstärkt wurde. Zum anderen verstanden die USA Westeuropa zunehmend als strategische Zone für ihre Sicherheit, so daß sie inzwischen den westeuropäischen Integrationsprozeß förderten, auch in der Hoffnung auf weltpolitische Entlastung und späterer Öffnung neuer großer Märkte. Und schließlich gab es noch den wechselseitigen Wunsch der westeuropäischen Staaten, sich durch Integration, vor allem aufgrund der Einbindung der Wirtschaftspotentiale zu binden, um somit bereits die Ressourcen für nationale Alleingänge dem einzelnen Staat zu entziehen.

Die Entwicklung in Europa wurde in der Nachkriegszeit allerdings nicht mehr von den europäischen Staaten bestimmt, sondern sie wurde zunehmend eine Funktion des Kalten Krieges. Jegliche Maßnahmen, die über regionale Entscheidungen herausgingen, wurden vor allem von den Interessen der Welthegemonialmächte USA und UdSSR kontrolliert, bei deren Auseinandersetzungen es um unterschiedliche ideologische und gesellschaftspolitisch nicht zu vereinbarende, ja sich gegenseitig ausschließende Ordnungsvorstellungen der internationalen Politik ging. Der Macht- und Ideologiekonflikt zwischen Ost und West war ausgebrochen und Europa war darin verstrickt. Doch in Europa senkte sich der „Eiserne Vorhang“, so daß es getrennte westeuropäische und osteuropäische Entwicklungen gab. Die Grenze zwischen beiden bildete Deutschland; genauer die Zonenteilung. Die drei Besatzungszonen der USA, Großbritanniens und Frankreichs wurden somit „westeuropäisiert“, die sowjetische Besatzungszone wurde „osteuropäisiert“.

Zwar wurden 1948 mit der OEEC, der Organisation für europäische wirtschaftliche Zusammenarbeit, und 1949 mit dem Europarat die ersten europäischen Organisationen geschaffen, die jedoch lediglich die Zusammenarbeit auf Regierungsebene bedeuteten und den eigentlichen Zielen einer europäischen Union nicht entsprachen.

Den eigentlichen Beginn der westeuropäischen Integration bildete die 1950 geschaffene Europäische Gemeinschaft für Kohle und Stahl (EGKS). Sie ging auf die Initiative der französischen Politiker Jean Monnet und Robert Schuman zurück. Sie schlugen vor, „die Gesamtheit der französisch-deutschen Produktion von Kohle und Stahl unter eine gemeinsame oberste Autorität innerhalb einer Organisation zu stellen, die der Mitwirkung der anderen Staaten offen steht ...

Die Solidarität der Produktion, die auf diese Weise hergestellt wird, wird bekunden, daß jeder Krieg zwischen Frankreich und Deutschland nicht nur undenkbar, sondern materiell unmöglich wird“. (Europa-Archiv Nr. 11 / 1950, S. 309 f.)

Der Leitgedanke dieses Plans — Regelung des für Frankreich so bedeutsamen Deutschlandproblems — war eine europäische Friedensordnung. Danach ermöglichte nur ein organisiertes Europa den Weltfrieden, dessen Basis die deutsch-französische Aussöhnung bildete. Ein unausgesprochener, durchaus legitimer französischer Gedanke war in diesem Projekt zusätzlich enthalten.

Durch die supranationale Form — also die Übertragung von Kompetenzen in den Sektoren Kohle und Stahl auf die neue europäische Organisation der EGKS — konnte Frankreich indirekt auf dem für die damalige Rüstungsindustrie höchst bedeutsamen Montanbereich die Politik der Bundesrepublik Deutschland mitbestimmen. Aber sie kam auch den deutschen Interessen entgegen, sah doch Bundeskanzler Adenauer in der EGKS eine einmalige Chance, die Gleichberechtigung und ein Stück auf dem Weg zur Souveränität zu erreichen. So wurde 1951 die EGKS von den Benelux-Staaten, Frankreich, Italien und der Bundesrepublik unterzeichnet und 1952 in Kraft gesetzt. Zum ersten Mal bestand in Europa eine supranationale Organisation, an deren Exekutivorgan — die Hohe Behörde — von den nationalen Regierungen der Mitgliedstaaten Kompetenzen im Montanbereich abgegeben worden waren. Für den Montanbereich wurde eine gemeinsame Rechtsordnung geschaffen. Gemeinschaftsorgane wurden eingerichtet, deren Entscheidungen für die beteiligten Staaten, die Wirtschaftsunternehmen und Einzelpersonen verbindlich wurden. Parallel zum Verhandlungsprozeß über die EGKS mußten sich die europäischen Länder mit dem Problem der Verteidigung befassen. Im Juni 1950 war der Korea-Krieg ausgebrochen und als Reaktion darauf forderten die USA offen einen Verteidigungsbeitrag der Bundesrepublik Deutschland. Der französische Premierminister René Pleven schlug im Oktober 1950 den Plan zur Gründung einer Europäischen Verteidigungsgemeinschaft vor, konnte doch Frankreich mit Hilfe dieser angestrebten Verteidigungsgemeinschaft die militärische Kontrolle über die Bundesrepublik Deutschland ausüben. Für Adenauer war die Europäische Verteidigungsgemeinschaft ein willkommenes Projekt, da er in der EVG ein nützliches Instrument sah, schneller die Gleichberechtigung und Souveränität für die Bundesrepublik erreichen zu können. Außerdem wurde gleichzeitig mit der Europäischen Politischen Gemeinschaft (EPG) eine EGKS und EVG überwölbende politische Gemeinschaft föderaler Art geschaffen. Doch sowohl EVG als auch EPG scheiterten 1954, da die sensiblen Bereiche der Sicherheits- und Außenpolitik für eine Vergemeinschaftung noch nicht reif waren.

Schnell wurde eine Ersatzlösung mit den Pariser Verträgen gefunden, als die Bundesrepublik Mitglied der NATO und der aus dem Brüsseler Pakt hervorgegangenen Westeuropäischen Union wurde. Gleichzeitig erhielt sie noch die Souveränität — mit Ausnahme Deutschlands als Ganzem, der Truppen der Vier Mächte und Berlin — und schließlich wurde auch der lange zwischen der Bundesrepublik und Frankreich schwelende Saarkonflikt gelöst. Allerdings war der supranationale Ansatz im westeuropäischen Integrationsprozeß gescheitert. Doch bereits 1955 erfolgte ein neuer Anstoß zur Fortsetzung des westeuropäischen Integrationsprozesses, als die Benelux-Staaten die Verschmelzung der nationalen Volkswirtschaften als Ganzes zu einem einheitlichen Binnenmarkt forderten. Angesichts der offensichtlich nach wie vor starken Souveränitätsvorbehalte der EGKS-Mitgliedstaaten verzichtete man zunächst auf das politische Ziel eines Vereinten Europas in Gestalt eines wie auch immer ausgeformten europäischen Staates. So wurden die Integrationsbemühungen auf ein weniger „gefährliches" Gebiet — so glaubte man damals — verlagert, nämlich die Wirtschaft. Aufgrund des raschen technisch-wirtschaftlichen Fortschritts führte der Zwang zu immer größeren Produktionseinheiten und Märkten zu einer beispiellosen Eigendynamik der Wirtschaft über den nationalen Rahmen hinaus. 1956 schlug eine Sachverständigengruppe unter der Führung des belgischen Außenministers Paul-Henri Spaak die Errichtung eines Gemeinsamen Markts und einer Atomgemeinschaft vor. Frankreich hatte Mitte der 50er Jahre ein großes Interesse an einer gemeinschaftlichen Entwicklung der friedlichen Nutzung der Kernenergie — nicht zuletzt auch vor dem Hintergrund einer europäischen Kontrolle der deutschen zivilen Nuklearentwicklung — und die Bundesrepublik Deutschland sah im Gemeinsamen Markt mit binnenmarktähnlichen Verhältnissen einen großen Vorteil für ihre sich in der Expansionsphase befindenden zunehmend exportorientierte Industrie. Über den wirtschaftlichen Integrationsansatz hoffte man, sozusagen durch ökonomischen Sachzwang, zur politischen Integration zu gelangen. Dank günstiger Umstände sowohl in den Mitgliedstaaten als auch in der internationalen Politik — die Suez-Krise zeigte erstmals die Verletzbarkeit einer auf Erdöl beruhenden Energieversorgung, die Invasion der Sowjetunion in Ungarn 1956 bestätigte den Bedrohungscharakter der UdSSR — gelang es im März 1957 in Rom, die Verträge über die Europäische Wirtschaftsgemeinschaft (EWG) und die Europäische Atomgemeinschaft (EURATOM) zu unterzeichnen (Römische Verträge). Die Römischen Verträge traten am 1. Januar 1958 in Kraft.

Die Aufgaben der EWG definiert Art. 2 EWGV, in dem es heißt:

> „Aufgabe der Gemeinschaft ist es, durch die Errichtung eines Gemeinsamen Marktes und die schrittweise Annäherung der Wirtschaftspolitik der Mitgliedstaaten eine harmonische Entwicklung des Wirtschaftslebens innerhalb der Gemeinschaft, eine beständige und ausgewogene Wirtschaftsausweitung, eine größere Stabilität, eine beschleunigte Hebung der Lebenshaltung und engere Beziehungen zwischen den Staaten zu fördern, die in dieser Gemeinschaft zusammengeschlossen sind".

Die wesentlich bedeutsamere Organisation wurde die EWG, blieb doch die Nuklearwirtschaft und -politik in nationaler Regie. Der Fortgang der westeuropäischen Integration wurde somit eindeutig von der EWG bestimmt. Im EWG-Vertrag war die Errichtung einer Zollunion in drei Etappen vorgesehen. Das bedeutete, daß nicht nur die Zollschranken zwischen den Mitgliedstaaten entfallen sollten, sondern auch ein gemeinsamer Außenzoll gegenüber Nichtmitgliedern eingerichtet werden sollte. Dazu gehörte auch eine gemeinsame Handelspolitik.

Zweitens sollte ein Gemeinsamer Markt eingerichtet werden, der einen freien Waren-, Dienstleistungs-, Personen- und Kapitalverkehr ebenso vorsah wie die Niederlassungsfreiheit für Personen und Betriebe innerhalb der EWG.

Für die Landwirtschafts-, Handels- und Verkehrspolitik war der Aufbau einer Gemeinsamen Politik vorgesehen; andere Politikbereiche sollten koordiniert werden.

Zur Durchführung der in den Römischen Verträgen vereinbarten Politik wurden gemeinsame politische Organe geschaffen. Auch die EWG als supranationale Organisation verfügt über Gemeinschaftsgewalt, der die Mitgliedsländer unterliegen. Doch wurden die supranationalen Komponenten durch die Verringerung der Kompetenzen der EG-Kommission im Vergleich zur Hohen Behörde der EGKS abgeschwächt.

Damit hatten die sechs EGKS-Staaten zwei weitere europäische Organisationen geschaffen. Großbritannien blieb erneut außerhalb, da es eine zu starke Belastung seiner Beziehungen zu den Commonwealthländern fürchtete und nicht bereit war, auch nur geringe Teile seiner Souveränität an eine übernationale Organisation abzutreten. Ohne Zweifel waren die Römischen Verträge auch ohne die Mitgliedschaft Großbritanniens ein Erfolg im westeuropäischen Integrationsprozeß.

In einer Übergangszeit von zwölf Jahren wurde die Zollunion realisiert, wurden Zölle und mengenmäßige Beschränkungen im innergemeinschaftlichen Warenverkehr abgeschafft, wenngleich die nicht-tarifären Handelshemmnisse (z.B. nationale Richtlinien) bestehen blieben. Ein gemeinsamer Außenzoll wurde eingeführt, so daß die Handelspolitik nach der Übergangszeit prinzipiell in die Zuständigkeit der Gemeinschaft gelangte. Auch wurde in den 60er Jahren eine gemeinsame Agrarpolitik verwirklicht. Der rasche Abbau der Zölle führte in den sechs Mitgliedstaaten zu einem starken wirtschaftlichen Aufschwung, der Handelsaustausch untereinander vervielfachte sich. Auch wurden 1965 die Exekutiven der drei Gemeinschaften zusammengelegt, so daß faktisch eine einzige Europäische Gemeinschaft existierte.

Doch erlebte die EG in den 60er Jahren auch ihre schwerste Krise, als Frankreich sieben Monate lang die Mitarbeit im Ministerrat boykottierte (Politik des leeren Stuhls), um durchzusetzen, daß auch nach 1966 alle wichtigen Entscheidungen im Ministerrat einstimmig verabschiedet werden müßten, sofern ein Mitgliedstaat seine vitalen Interessen berührt sieht. Die EG erlebte trotz des erfolgreichen Übergangs zur Zollunion in den 60er Jahren eine Stagnation, die erst 1969 mit dem Abtritt des französischen Präsidenten de Gaulle überwunden wurde. Jetzt stellte sich auch die Frage nach der weiteren Entwicklung der Gemeinschaft. Vollendung, Vertiefung und Erweiterung war das Motto für die weitere Gemeinschaftsentwicklung. Nach der zweimaligen Ablehnung des britischen Beitrittgesuchs durch de Gaulle kam es zu erneuten Verhandlungen und im Januar 1973 traten mit England, Irland und Dänemark drei weitere europäische Staaten der EG bei. Der vierte Beitrittskandidat Norwegen mußte aufgrund einer negativ verlaufenen Volksabstimmung seinen bereits durch die Regierung vorgenommenen Beitritt rückgängig machen. Doch bedeutete die Erweiterung der EG nur einen Teildurchbruch, da in den nächsten Jahren weder die Demokratisierung der Gemeinschaft noch die Fortentwicklung große Fortschritte machten. Währungskrisen, die internationale Rohstoffkrise und nationale Egoismen verhinderten in der ersten Hälfte der 70er Jahre die Realisierung einer 1970 angestrebten Wirtschafts- und Währungsunion.

Während Fortschritte in der Wirtschafts- und Währungspolitik zunächst ausblieben, war die EG auf anderen Politikfeldern erfolgreicher. 1970 kamen die EG-Staaten überein, ihre Außenpolitik in der Europäischen Politischen Zusammenarbeit (EPZ) zu koordinieren, da nur die gemeinsame Handelspolitik, die außenwirtschaftlichen Aktivitäten sowie die einsetzende Entspannungspolitik in den Ost-West-Beziehungen die europäische Stimme durch Bündelung der Kräfte besser in Erscheinung treten ließ. Mit der EPZ hatte sich die EG eine Verhandlungsmacht geschaffen, die die Rolle EG-Europas in der internationalen Politik besser zur Geltung kommen lassen konnte. Angesichts der Währungskrisen und des drohenden Verfalls des Gemeinsamen Agrarmarkts mußte das System einheitlicher Agrarpreise aufgegeben werden. Außerdem erschwerten unterschiedliche Inflationsraten die Koordination der Wirtschaftspolitik der Mitgliedsländer erheblich. So wurde das Europäische Währungssystem 1979 unter besonderem Engagement des französischen Präsidenten Giscard d'Estaing und des deutschen Bundeskanzlers Helmut Schmidt geschaffen. Mit dem EWS sollte eine stabile Wechselkurszone geschaffen werden, was im großen und ganzen auch gelang. Daneben war das Ziel des EWS, von der sehr großen Schwankungen unterworfenen Währungspolitik der USA unabhängig zu werden.

Nachdem deutlich geworden war, daß der Rat im Entscheidungsprozeß sich oftmals blockierte, wurde 1974 der Europäische Rat gegründet. Seine Aufgabe besteht einmal in der Formulierung von Leitlinien und Richtlinien für die Ministerräte und zum anderen in der Konfliktlösung. Der Europäische Rat, der zunächst dreimal im Jahr tagte, seit 1987 aber nur noch zweimal im Jahr zusammentrifft, hat sich zum wesentlichen Steuerungsinstrument des europäischen Integrationsprozesses entwickelt. Durch die Einheitliche Europäische Akte von 1987 erhält der Europäische Rat seine rechtliche Legitimation sowie seine politische Einbindung in den Integrationsprozeß. Im Art. 2 der EEA heißt es: „Im Europäischen Rat kommen die Staats- und Regierungschefs der Mitgliedstaaten sowie der Präsident der Kommission der Europäischen Gemeinschaften zusammen. Sie werden von den Ministern für auswärtige Angelegenheiten und einem Mitglied der Kommission unterstützt."

Einen weiteren Fortschritt im institutionellen Bereich gab es mit der ersten Direktwahl des Europäischen Parlaments im Juni 1979. Der Europäische Rat hatte sich im Dezember 1975 darauf geeinigt, daß die Wahl der Mitglieder des Europäischen Parlaments zu einem einheitlichen Zeitpunkt im Jahr 1978 stattfinden sollte. Seitdem ist das Europäische Parlament — neben Rat, Kommission und Gerichtshof eines der vier Hauptorgane — das einzige Organ, das durch den Wähler unmittelbar legitimiert ist. Seine Kompetenzen sind mit den Kompetenzen der meisten Parlamente der EG-Mitgliedstaaten nicht vergleichbar. Vielmehr sieht sich das Europäische Parlament als Sprachrohr der Bürger in den Mitgliedstaaten und als Motor des europäischen Integrationsprozesses. Die Befugnisse des Europäischen Parlaments lassen sich unterteilen in Kontrollrechte, Haushaltsrechte, Legislativrechte und Beratungsrechte.

Die 70er Jahre haben mit der Einführung der Europäischen Politischen Zusammenarbeit, der Einrichtung des Europäischen Rats und des Europäischen Währungssystems sowie der Abhaltung der Ersten Direktwahlen Fortschritte im Integrationsprozeß gebracht, jedoch nicht zum Durchbruch im westeuropäischen Integrationsprozeß geführt.

In den 80er Jahren machte die EG in ihrer Entwicklung entscheidende Fortschritte. Zunächst wurde Griechenland im Jahr 1981 der 10. Mitgliedstaat, dem Spanien und Portugal 1986 folgten. Damit hatte sich die ursprüngliche Zahl der Gemeinschaftsmitglieder verdoppelt.

Auch wurden Mitte der 80er Jahre Fortschritte in Richtung Europäische Union erreicht. Im Juni 1983 unterzeichneten die Staats- und Regierungschefs der EG in Stuttgart die „Feierliche Deklaration zur Europäischen Union“ und im Februar 1984 verabschiedete das Europäische Parlament einen Vertragsentwurf zur Gründung der Europäischen Union. Wenn auch schließlich die im Dezember 1985 beschlossene Einheitliche Europäische Akte noch nicht die EG-Staaten im Sinne des Vertragsentwurfs des Europäischen Parlaments von 1984 zu einer Europäischen Union verwandelt hat, so ist die EEA die erste größere Revision der Gemeinschaftsverträge. So soll bis Ende 1992 der Binnenmarkt vollendet werden und im Ministerrat das Entscheidungsverfahren durch Mehrheitsentscheidungen in vielen Fällen vereinfacht werden. Bestimmte Entscheidungen — z.B. über die Steuerangleichung sowie Fragen der Berufsordnung, der Ausbildung und des Berufszugangs — bleiben davon ausgenommen. Sie werden weiterhin einstimmig getroffen.

Die Gemeinschaft erhält zusätzliche Kompetenzen in den Bereichen „Umwelt“ sowie „Forschung und technologische Entwicklung“. Eine Revision der Struktur und Verwendung der Fonds und anderer Finanzierungsinstrumente ist unter dem Kapitel „wirtschaftlicher und sozialer Zusammenhalt“ vorgesehen, wie auch eine Konvergenz in der Wirtschafts- und Währungspolitik angestrebt wird. Auch die EPZ wurde nun in die Gemeinschaftsverträge einbezogen.

Die Realisierung des Binnenmarkts erfordert auch die soziale Abfederung. So wurde in der EEA dem EWG-Vertrag ein neuer Abschnitt „wirtschaftlicher und sozialer Zusammenhalt" eingefügt, der auf die „harmonische Entwicklung der Gemeinschaft als Ganzes" sowie auf eine Verringerung des Rückstands der strukturschwachen Regionen abzielt (AA. 130 a-e). Art. 118b sieht erstmals den sozialen Dialog vor, der zwischen EG-Kommission, Arbeitgebern und Arbeitnehmern geführt werden soll. Auf freiwilliger Grundlage sollen die Dialogpartner zu sozialpolitischen Vereinbarungen gelangen. Doch weder in der EEA noch bei späteren Tagungen des Europäischen Rats konnte man sich bis Anfang 1990 auf eine für alle Mitgliedsländer verbindliche Sozialcharta einigen.

Und schließlich wurde die Finanzierung der Gemeinschaft auf der Sondertagung des Europäischen Rats im Februar 1988 auf eine solide Basis gestellt, so daß bis 1992 es von diesem Sektor her zu keinem Problemdruck kommen dürfte. Die Agrarpolitik wurde einer Reform unterzogen und auch in der Struktur- und Regionalpolitik konnte die EG Erfolge erzielen. So stellt sich zu Beginn des Jahres 1990 die EG im Zustand einer politikfähigen Gemeinschaft dar, die mit ihren Maßnahmen auf die Mitgliedsländer direkt oder indirekt einwirkt und in Zukunft immer stärker in die Mitgliedstaaten einwirken wird. So äußerte Kommissionspräsident Delors unlängst, daß Ende der 90er Jahre 80 % der Entscheidungen in der Wirtschafts-, Struktur- und Steuerpolitik in Brüssel fallen werden. Um so bedeutsamer ist es also, sich mit der Europäischen Gemeinschaft zu befassen.

Da die EG eben nicht nur die Bereiche der Agrar-, Handels- und Verkehrspolitik als unmittelbare Kompetenzbereiche für sich beansprucht, sondern nun auch in der Umweltpolitik und Forschungs- und Technologiepolitik Kompetenzen zugesprochen bekommen hat, die EGKS den gesamten Bereich Montan — also vor allem Kohle und Stahl — abdeckt, findet tatsächlich ein größerer Transfer der Politikmaterien in die Gemeinschaft statt. Der zunehmende Regelungsbedarf durch die EG stellt natürlich auch für ein Land wie Nordrhein-Westfalen mit seinen 17 Mio. Einwohnern eine Herausforderung dar, erhält doch der Bürger des Landes mit seiner Kommune, seinem Land, der Bundesrepublik nun mit der EG eine vierte Ebene, auf der sich Politik für ihn entscheidet und die in sein unmittelbares Leben eingreift. Da Politik das Setzen von verbindlichen Werten bedeutet, und die Gemeinschaft eben in vielen Bereichen verbindliche Richtlinien und Verordnungen aufstellt, bedeutet der europäische Rahmen einen immer wichtigeren Bezugspunkt auch für die einzelnen Bundesländer, Nordrhein-Westfalen als größtem Bundesland insbesondere.

1.2 Die internationale und europäische Dimension der Gründung Nordrhein-Westfalens

Das Land Nordrhein-Westfalen entstand als eigenständiges Land 1946 im Zuge der allgemeinen Neubildung der Länder innerhalb der Besatzungszonen im Nachkriegsdeutschland. Die britische Militärregierung verfügte durch Besatzungsverordnung am 23. August 1946 die Auflösung der Provinzen des ehemaligen Landes Preußen und die Errichtung neuer selbständiger Länder. Nordrhein-Westfalen umfaßte zunächst nur die nördlichen Teile der früheren Rheinprovinz (Regierungsbezirke Köln, Aachen, Düsseldorf) sowie die Provinz Westfalen. Im Jahr 1947 wurde dann noch das Land Lippe-Detmold eingegliedert, so daß Nordrhein-Westfalen seine heutige territoriale Ausdehnung bereits vor der Gründung der Bundesrepublik Deutschland erhielt.

Der Gründung des Landes ging bereits während des Krieges eine intensive Diskussion voraus. Kein Wunder, denn mit Ausnahme Berlins hat keine Region in Deutschland so sehr im Mittelpunkt des Interesses der internationalen Öffentlichkeit gestanden. Da sich das Ruhrgebiet bereits während der Industrialisierung im Kaiserreich zum Zentrum der Schwerindustrie Deutschlands entwickelt hatte und während des Ersten und des Zweiten Weltkrieges zu Recht national und international als „Rüstungsschmiede" angesehen wurde, kam dem Revier eine besondere Bedeutung für das Zusammenleben der Völker in Europa zu. Bereits nach dem Ersten Weltkrieg hatten die Siegermächte Demontagen im Ruhrgebiet vorgenommen und es unter internationale Kontrolle gestellt. Doch bewirkte das den gegenteiligen Effekt, so daß im Ruhrkampf 1923 die Bevölkerung sich den Besatzern wiedersetzte. Das Ruhrgebiet galt „für die Siegermächte als das Hauptobjekt einer Politik, die teils, um ein wiedererstarkendes Deutschland auf Dauer zu verhindern, auf die endgültige Beseitigung dieser Kapazitäten, teils auf ihre Nutzung zum Wiederaufbau in Europa gerichtet war ..." (Först, 1984, S. 36). So wurden sowohl in den USA als auch in der Sowjetunion wie in Frankreich und auch Großbritannien Pläne über die Zukunft des Reviers gemacht. Die weitgehendste Lösung schlug de Gaulle für Frankreich vor, das die politische Abtrennung des Rheinlandes von Deutschland forderte. Dagegen wandten sich Amerikaner und Engländer, die Deutschland ohne seine Schwerindustrie verarmen und in das sowjetische Fahrwasser abdriften sahen. Die Sowjetunion suchte nach einer Möglichkeit, an der Kontrolle über das Ruhrgebiet beteiligt zu werden. Auch wurde der Internationalisierungsansatz diskutiert, d.h., daß die Verfügungsgewalt über das Ruhrgebiet einer neuen deutschen Regierung entzogen werden sollte. Dabei entwickelten sowohl Franzosen als auch Sowjets weitgehende Konzepte, um an der Kontrolle über das Ruhrgebiet beteiligt zu werden. Auf der Pariser Außenministerkonferenz bedrängten sowohl der sowjetische Außenminister als auch der französische Vertreter ihren britischen Kollegen, in solch internationale Kontrolle einzuwilligen. Die endgültige Abtrennung des Ruhrgebietes aus der deutschen Verfügungsgewalt wurde in den einzelnen Plänen damit begründet, daß sie allein schon aus Gründen der Sicherheit Europas erforderlich war. Doch im Zuge des Ost-West-Konflikts, der sich bereits 1946 verstärkte, suchten die Briten auf alle Fälle eine Viermächte-Verwaltung des Ruhrgebietes zu verhindern. Ab Mitte April 1946 votierten die Briten — unterstützt durch die Amerikaner — für die Bildung eines großen Bundeslandes, das aus den Provinzen Nordrhein und Westfalen bestehen sollte. Anglo-Amerikaner zielten auf starke Länder, die somit vorsorglich ein Gegengewicht gegen eine eventuell kommunistisch beeinflußte oder sogar dominierte deutsche Zentralregierung bilden konnten. Durch die Verbindung von Ruhrgebiet mit agrarischem Hinterland sollte zu einer ausgewogenen Wirtschaft in dem neuen Land ebenso beigetragen werden wie zum natürlichen Güteraustausch zwischen Industrie und Landwirtschaft. Außerdem wurde mit der Neuschaffung der Länder — und in diesem Fall des Großflächenstaates Nordrhein-Westfalen in der britischen Besatzungszone — den anderen Besatzungsmächten der Zugang zum Ruhrgebiet versperrt.

Im April 1949, noch vor der Gründung der Bundesrepublik Deutschland, wurde das internationale Ruhrstatut verabschiedet. Die drei Besatzungsmächte sowie die drei Benelux-Staaten vereinbarten die Errichtung einer internationalen Ruhrbehörde, deren Aufgabe in der Regulierung der deutschen Kohle-, Koks- und Stahlproduktion bestand und den am Statut beteiligten Ländern den gleichen Zugang zu den Ressourcen des Gebiets ermöglichte. Somit wurde vor allem der Ruhrbergbau für den europäischen Wiederaufbau genutzt. Natürlich war das Ruhrstatut im Interesse der Siegermächte, denn es diente „der Sicherheit vor deutscher Aggression, der Schwächung der deutschen Konkurrenz auf dem Weltmarkt, der Beschränkung deutscher Produktion und der Wiedergutmachung für zugefügtes Unrecht im Kriege. Der Ruhrbergbau wurde zu hohen Exporten verpflichtet, die der beginnenden wirtschaftlichen Expansion und dem Konsum in Westdeutschland fehlten" (Zellentin 1984, S. 322).

Nach Gründung der Bundesrepublik Deutschland suchte Bundeskanzler Adenauer die deutsche Beteiligung am Ruhrstatut zu erwirken, um die schrittweise Beendigung der Demontagen zu erreichen und die Bundesrepublik in die europäische Völkerfamilie als gleichberechtigten Partner zu führen. Eine der ersten außenpolitischen Maßnahmen der neuen Regierung war der Beitritt der jungen Bundesrepublik zum Ruhrstatut. Mit diesem — innenpolitisch heftig umstrittenen — Beitritt anerkannte die Bundesregierung die Kontrolle der Schwerindustrie durch die sechs Mächte. Doch sollte sich das Ruhrstatut als erster Schritt einer weiteren wirtschaftlichen Integration Westeuropas erweisen. Als eine weitere Verschärfung der Ost-West-Beziehungen eintrat, Frankreichs Stahlindustrie in eine Überproduktionskrise geriet und ein enormer wirtschaftlicher Aufstieg in Westdeutschland erkennbar wurde, schlug der französische Außenminister Robert Schuman 1950 die Zusammenlegung der deutschen und französischen Kohle- und Stahlproduktion unter einer europäischen Autorität vor und lud andere Länder ein, sich daran zu beteiligen. Dieser Vorschlag lief auf eine Europäisierung der deutschen „Waffenschmiede" hinaus. Er bot vor allem Frankreich die Möglichkeit, die gerade gegründete Bundesrepublik in Westeuropa zu binden und gleichzeitig ihren wirtschaftlichen Aufstieg zu kontrollieren. Für Adenauer bot der Schuman-Plan die einmalige Chance, Deutschland als gleichberechtigten Partner in der westeuropäischen Völkerfamilie zu führen. Der 1951 geschaffenen Montan-Union (EGKS) wurden damit die wichtigsten Industrien an Rhein und Ruhr unterstellt.

Der Schuman-Plan berührte das Land Nordrhein-Westfalen wesentlich mehr als die anderen Bundesländer, kamen doch zu jener Zeit 98 Prozent der deutschen Steinkohleförderung und 80 Prozent der Stahlerzeugung aus Nordrhein-Westfalen. So kam dem Votum der nordrhein-westfälischen Landesregierung eine große Bedeutung zu. Die Regierung Arnold plädierte bereits kurz nach der Verkündung des Ruhrstatuts, für das Ruhrgebiet für einen völkerrechtlichen Zweckverband auf genossenschaftlicher Grundlage zu schaffen, in den die wichtigsten europäischen Staaten ihre Schwerindustrien einbringen sollten. Zur Montan-Union erklärte Ministerpräsident Arnold am 27. Juni 1951 im Bundesrat: „Wir sind damit einverstanden, daß erstens mit Zusammenschluß ganz Westeuropas begonnen wird, und zweitens begrüßen wir, daß für das Teilgebiet Kohle und Stahl — auf dem sich der Zusammenschluß zunächst vollziehen soll — nicht reine staatenbündische, sondern echte bundesstaatliche Bindungen erstrebt werden."

Kurzfristig konnte die EGKS eine Entflechtung der Ruhrindustrie erreichen; jedoch sollte sie bald wieder ihre beherrschende Stellung zurückgewinnen. Ende der 50er Jahre wurden an der Ruhr die Hälfte der Kohleproduktion der sechs EGKS-Staaten, drei Fünftel der Koksproduktion, zwei Fünftel des Kohlenhandels und fast drei Viertel des Kokshandels der EGKS getätigt. Die EGKS war noch zu schwach, um erfolgreich dagegen angehen zu können.

2. Nordrhein-Westfalen — ein potenter Wirtschaftsakteur in der Europäischen Gemeinschaft

2.1 Fläche und Bevölkerung

Unter den zwölf Mitgliedstaaten der EG nimmt die Bundesrepublik Deutschland mit 61,9 Mio. Einwohnern — hinsichtlich der Bevölkerungszahl — den vordersten Platz ein vor Italien (57,3 Mio.), Großbritannien (57,0 Mio.) und Frankreich (56,1 Mio.) ein. Knapp 19 Prozent der 325 Mio. Europäer lebten 1989 in der Bundesrepublik Deutschland.

Flächengrößtes Land ist mit 549000 km^2 Frankreich, das fast die Größe Italiens und der Bundesrepublik Deutschland zusammen erreicht.

Nordrhein-Westfalen ist mit 17 Mio. Einwohnern (1990) das bevölkerungsreichste Bundesland der Bundesrepublik Deutschland. Auf einer Fläche von 34071 km^2, also 13,7 Prozent der Fläche des Bundesgebietes, wohnen etwa 27 Prozent der Bundesbürger. Gemessen an der Fläche aller EG-Länder verfügt Nordrhein-Westfalen nur über einen Anteil von 1,5 Prozent, doch wohnen in diesem Bundesland 5,2 Prozent aller EG-Bürger. Das bedeutet, daß Nordrhein-Westfalen ein außerordentlich dicht besiedeltes Bundesland ist. Mit 491 Einwohnern pro km^2 ist die Bevölkerungsdichte in Nordrhein-Westfalen fast doppelt so hoch wie in der Bundesrepublik Deutschland (246) und dreimal so hoch wie der durchschnittliche Wert in der EG (143). Zwar weisen die am dichtesten besiedelten Mitgliedstaaten Belgien und Niederlande eine größere Bevölkerungsdichte als die Bundesrepublik auf, sind aber weniger dicht besiedelt als Nordrhein-Westfalen (vgl. Farbgraphik 1).

Mit seinen 17 Millionen Einwohnern erreicht Nordrhein-Westfalen fast die addierten Einwohnerzahlen der vier kleinsten EG-Mitglieder Luxemburg (0,37 Mio.), Irland (3,5 Mio.), Dänemark (5,1 Mio.) und Griechenland (9,9 Mio.) und hat immer noch mehr Bürger als die Mitgliedstaaten Belgien (9,8 Mio.), Portugal (10,1 Mio.) und sogar mehr als die Niederlande (14,5 Mio.).

In der Bevölkerung Nordrhein-Westfalens dominieren eindeutig die Frauen, sie stellen einen Anteil von 52,1 Prozent an der Gesamtbevölkerung. Insbesondere in den frühen Geburtsjahrgängen vor 1924 macht sich diese stärkere Repräsentation bemerkbar (vgl. Bevölkerungspyramide S. 21).

Schaubild 1: Bevölkerungspyramide

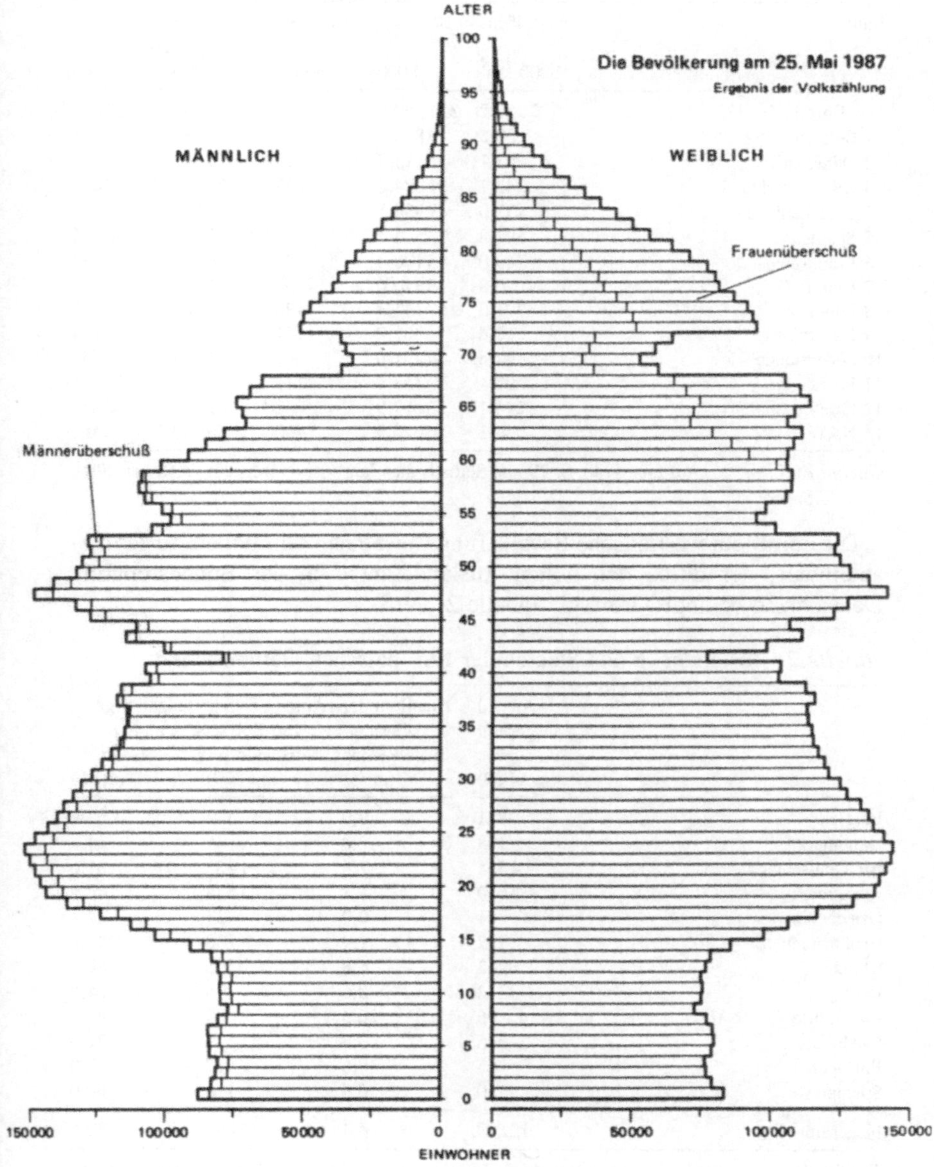

Quelle: Statistisches Jahrbuch NRW 1989, S. 41

Tabelle 1: Fläche, Bevölkerung, Einwohnerzahl je km² und Bevölkerungsvorausschätzungen — 1985

Land	Fläche	Bevölkerung	Einwohner	Geschätzte Bevölkerung 1 000	
	1 000 km²	1 000	je km²	1990	2000
Das Europa der 12	2260,7	321920,6	142	324296	329678
1 Belgien	30,5	9858,3	323	9733	9615
2 Dänemark	43,1	5113,7	119	5133	5154
3 BR Deutschland	248,7	61024,1	245	61030	60484
4 Griechenland	132,0	9934,3	75	10108	10334
5 Spanien	504,8	38504,7	76	39322	40746
6 Frankreich	549,0	55170,4	100	56091	57882
7 Irland	70,3	3540,0	50	3646	4123
8 Italien	301,3	57141,4	190	57322	57226
9 Luxemburg	2,6	367,2	141	370	374
10 Niederlande	41,8	14491,6	347	14876	15588
11 Portugal	92,4	10157,0	110	10497	11141
12 Großbritannien	244,1	56617,9	232	57291	58857
13 NRW	34,1	16674,1	490	16900	16460

Quelle: Eurostat, 25. Ausgabe 1988, S. 99 und Statistisches Jahrbuch Nordrhein-Westfalen 1988, S. 699

Die nordrhein-westfälische Bevölkerung weist einen sehr hohen Ausländeranteil auf, der durch den hohen Ausländeranteil in der Bundesrepublik Deutschland bedingt wird (vgl. Tabelle 2).

Tabelle 2: Ausländer in den Staaten der Europäischen Gemeinschaft

	Anzahl insgesamt	Anteil an der Gesamtbevölkerung	Anteil der Staatsangehörigen von EG-Staaten an den Ausländern in EG-Staaten	
	(in 1 000)	(in %)	(in 1 000)	(in %)
Belgien	891	9,0	589	67,4
Dänemark	103	2,0	25	24,3
BR Deutschland	4535	7,4	1433	31,6
Frankreich	3680	6,8	1578	42,9
Griechenland	84	0,9	23	27,4
Großbritannien	2137	3,9	708	33,2
Irland	232	6,8	196	84,5
Italien	312	0,6	75	24,0
Luxemburg	96	26,3	89	92,7
Niederlande	546	3,8	175	32,0
Portugal	63	0,6	17	27,0
Spanien	210	0,6	126	60,0
Insgesamt	12889	4,1	5034	39,0

Quelle: Kommissionsbericht an das Europa-Parlament vom 16.9.1986; aus Gründen der Vergleichbarkeit wurden die Daten aus Einzelquellen der Jahre 1982-84 zusammengestellt.

Schaubild 2: Ausländer in den Bundesländern

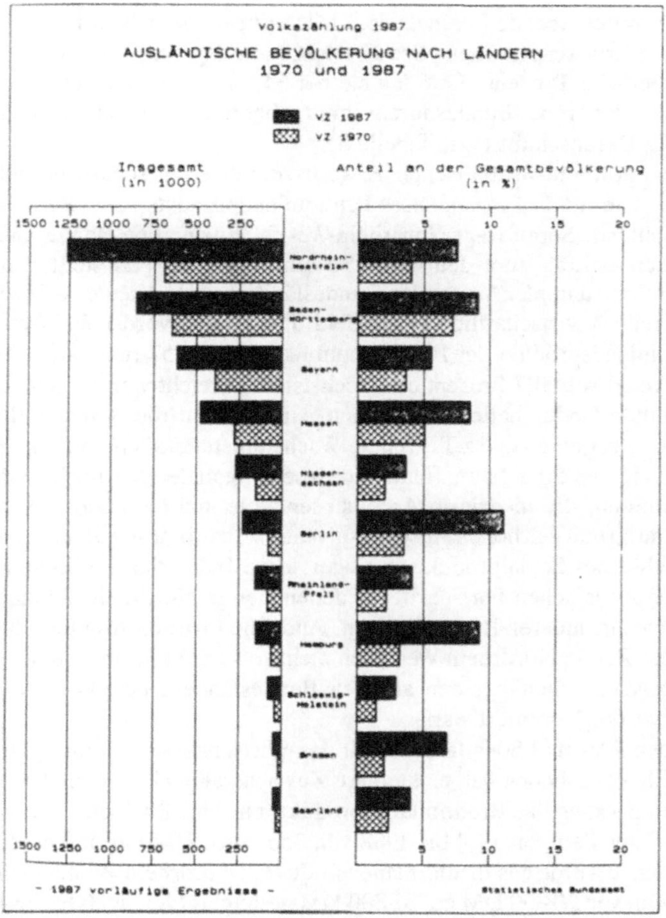

Quelle: Innenpolitik X / 1988

Gemäß den Ergebnissen der Volkszählung von 1987 waren 1,26 Mill. Ausländer oder 30,4 Prozent aller in der Bundesrepublik Deutschland lebenden Ausländer in Nordrhein-Westfalen gemeldet. Somit nehmen Ausländer einen Anteil von 7,5 Prozent an der nordrhein-westfälischen Bevölkerung ein. Die größte nationale Gruppe der Ausländer stellen die Türken (39,1 Prozent), vor den Italienern (10,3 Prozent), Jugoslawen (9,5 Prozent) und Griechen (6,8 Prozent).

1988 waren von den damals 16,8 Mio. Einwohnern Nordrhein-Westfalens 7,6 Mio. Erwerbspersonen. Die Erwerbsquote lag damit in Nordrhein-Westfalen bei 45,5 Prozent. 1986 lag sie bei 54,1 Prozent, d.h. um 2,8 Prozentpunkte tiefer als der Bundesdurchschnitt, aber um 1,5 Prozentpunkte höher als der EG-Durchschnitt (vgl. Tabelle 3).

Die nordrhein-westfälischen Erwerbstätigen erwirtschafteten 1988 einen Anteil von 26,1 Prozent des Bruttoinlandprodukts der Bundesrepublik Deutschland. Somit trägt Nordrhein-Westfalen von allen Bundesländern den höchsten Beitrag zum deutschen Sozialprodukt bei. Es stellt den größten „Wirtschaftsdampfer" unter den Bundesländern und ist heute nach wie vor ein pulsierendes wirtschaftliches Kraftfeld. Der Anteil Nordrhein-Westfalens am Bruttoinlandsprodukt der Bundesrepublik ist seit 1957 rückläufig, als mit einem Anteil von 31,7 Prozent der Höchststand erreicht worden war. Die anderen Bundesländer hatten inzwischen Anschluß an die wirtschaftliche Entwicklung gefunden und z.T. größere Wachstumsraten als Nordrhein-Westfalen erzielt. In den 50er Jahren hatte Nordrhein-Westfalen das höchste Pro-Kopf-Einkommen, die niedrigste Arbeitslosenquote und die höchste Steuerkraft. Doch aufgrund des hohen Ausgangsniveaus seiner Industriestruktur waren die Zuwächse des Sozialprodukts geringer; neue Industrien im Sinne des allgemeinen technischen Fortschritts siedelten sich in Nordrhein-Westfalen weniger an als in anderen Bundesländern. Auch die Investitionsgüterindustrie war zu jener Zeit in Nordrhein-Westfalen nicht so stark vertreten, so daß der relative Abstieg gegenüber den anderen Bundesländern bereits Ende der 50er Jahre vorprogrammiert war.

In den 70er und 80er Jahren hielt das Wirtschaftswachstum in Nordrhein-Westfalen an, jedoch gab es kleinere Zuwachsraten als in den 50er und 60er Jahren. So stieg das Bruttoinlandsprodukt (einschließlich der Preissteigerungen) in der Zeit von 1978 bis 1988 von 355 Mrd. DM auf 550 Mrd. DM. Je Einwohner wurde das Bruttoinlandsprodukt in Nordrhein-Westfalen in diesem Zeitraum von 20 800 DM auf 32 800 DM gesteigert (vgl. auch Farbgraphik 2).

Im Vergleich mit den anderen Bundesländern sowie dem Bundesgebiet ohne Nordrhein-Westfalen ist das Wachstum seit 1978 in fast allen Jahren unterdurchschnittlich. Eine Wirtschaftsschwäche des ganzen Landes resultiert daraus jedoch nicht. Es gibt allerdings in Nordrhein-Westfalen branchenmäßige (sektorale) und regionale Problembereiche. So führten die Krisen der früher außerordentlich bedeutsamen Industriezweige — besonders aber der Montanindustrie, Textilindustrie und Bauindustrie — sowie die beiden Ölpreiskrisen von 1973/74 und 1979/80 zur Reduzierung des nordrhein-westfälischen Beitrags am deutschen Bruttoinlandsprodukt und verschlecherten damit die nord-

Tabelle 3:

Lfd. Nr.	Gebietseinheit	Erwerbsquote[1]	Erwerbstätigkeit 1986 Erwerbstätige in (im) Land- und Forstwirtschaft, Fischerei	Produzierendes Gewerbe	Dienstleistungsbereich[2]
		%	% der Erwerbstätigen		
1	Bundesrepublik Deutschland	48	4,6	40,4	55,0
2	Belgien	43	2,5	25,4	72,1
3	Dänemark	54	6,4	27,7	65,9
4	Frankreich	44	6,7	28,3	65,0
5	Griechenland	39	26,5	27,3	46,2
6	Großbritannien u. Nordirland	49	2,2	27,2	70,6
7	Irland	37	13,3	28,7	58,0
8	Italien	42	9,5	28,9	61,6
9	Luxemburg	43	4,4	33,6	62,0
10	Niederlande	40	4,7	24,8	70,5
11	Portugal	46	20,1	30,9	49,0
12	Spanien	36	14,5	31,3	54,4
1-12	EG	.	.	.	.

1 Anteil der Erwerbspersonen an der Bevölkerung
2 einschl. nicht ausreichend beschriebener Wirtschaftszweige; in einigen Ländern einschl. Arbeitsloser

rhein-westfälische Wettbewerbsfähigkeit sowohl auf nationaler als auch internationaler Ebene. In diesen Problembereichen gibt es schon seit langem starke Arbeitsplatzverluste. So verloren zwischen 1970 und 1987 der Bergbau 81000, die Bauwirtschaft 178000, die Textil- und Bekleidungsindustrie 179000 und die Stahlindustrie (Eisenschaffende Industrie, Gießerei, Zechereien, Kaltwalzwerke usw. und Stahl- und Leichtmetall-, Schienenfahrzeugbau) 189000 Arbeitsplätze. Die schwachen Branchen konzentrieren sich auf bestimmte Regionen und verschärfen hier sowohl die Arbeitsmarkt- als auch die Strukturpolitik. Neben dem nördlichen Ruhrgebiet und den Stahlstandorten Duisburg, Bochum und Dortmund sind die Region Westmünsterland, die Nordeifel, das Niederrhein-Gebiet sowie die Teile Ostwestfalens strukturschwache Gebiete.

Nordrhein-Westfalen ist nach wie vor das industrielle Herz der Bundesrepublik Deutschland. Es ist — nicht zuletzt bedingt durch seine reichen Bodenschätze an Stein- und Braunkohle und seine natürlichen Standortvorteile — die ausgedehnteste Industrielandschaft Westeuropas. In Nordrhein-Westfalen

— leben gut 27 Prozent der Bundesbürger;
— wurden 1988 26,1 Prozent des Bruttoinlandprodukts erwirtschaftet;
— sind 27,6 Prozent der deutschen Industriebeschäftigten tätig (1988);
— beträgt der Anteil am bundesdeutschen Export 26,03 Prozent (1988);

— arbeiten 77 Prozent der im deutschen Bergbau und 72 Prozent der in der Eisenindustrie Beschäftigten (1988);
— werden ca. 90 Prozent der deutschen Stein- und Braunkohle gefördert (1988);
— wird fast 41 Prozent des Stroms erzeugt (1987);
— wird etwa 67 Prozent der gesamten deutschen Eisen- und Stahlproduktion erzeugt (1987);
— werden 43 Prozent der chemischen Produkte der Bundesrepublik hergestellt (1988) und
— wird mehr als ein Drittel der Produktion in der Grundstoffindustrie erarbeitet (1988).

Damit ist Nordrhein-Westfalen nicht nur bedeutendster Wirtschaftsfaktor innerhalb der Bundesrepublik, sondern gleichzeitig auch größter Binnenmarkt innerhalb der Europäischen Gemeinschaft.

Tabelle 4: Produktionsergebnis in der EG

Gebietseinheit	Steinkohleförderung	Braunkohleförderung	Rohstahl	Walzstahlfertigerzeugnisse	Stahlrohre	Elektrizität	Kunststofferzeugnisse	Personenkraftwagen	Chemische Erzeugnisse	Maschinenbauerzeugnisse
	1987				1986	1987	1983	1987	1983	
NRW	31,9	60,7	16,9	14,3	31,9	10,0	10,6	7,5	13,7	12,8
Bundesrepublik Deutschland	37,2	63,8	28,7	26,6	38,5	25,2	35,3	38,0	30,7	42,7
Belgien	2,0	—	7,7	7,2	1,0	3,8	3,0	2,0	5,1	2,4
Dänemark	—	—	0,5	0,5	0,5	1,7	2,0	—	1,1	1,9
Frankreich	6,2	1,2	14,0	14,8	13,0	22,8	17,5	26,7	18,4	12,7
Griechenland	—	24,9	0,7	1,6	2,0	1,8	1,0	—	0,7	0,1
Großbritannien	45,8	—	13,6	12,7	9,7	18,4	17,1	10,0	15,8	17,5
Irland	0	—	0,2	0,2	—	0,8	0,7	—	0,9	0,2
Italien	—	1,0	18,1	20,0	23,7	12,1	15,0	12,1	12,6	15,7
Luxemburg	—	—	2,6	2,8	1,0	0,1	.	—	0	0,1
Niederlande	—	—	4,0	3,0	2,5	4,1	.	0,9	7,4	3,4
Portugal	0,1	—	0,6	0,8	0,4	1,2	0,9	—	1,3	0,3
Spanien	8,7	9,1	9,3	9,8	7,6	8,0	7,5	10,3	6,0	3,0
EG	100	100	100	100	100	100	100[1]	100	100	100

1 ohne Luxemburg und Niederlande

Quelle: LDS NRW — 411.4116 —

Unterteilt man die Erwerbstätigen nach Wirtschaftsbereichen und vergleicht die nordrhein-westfälischen Werte mit denen der Bundesrepublik Deutschland und der Europäischen Gemeinschaft, so wird der nach wie vor große Anteil des produzierenden Gewerbes, also der Industrie, recht klar erkennbar (vgl. Tabelle 5 und Farbgraphik 4). Auch wenn der Anteil des produzierenden Gewerbes seit

1970 in Nordrhein-Westfalen um 11,5 Prozentpunkte abgenommen hat, bildet er auch heute noch einen außerordentlich bedeutsamen Wirtschaftsektor.

Tabelle 5: Entwicklung der Anteile der Wirtschaftssektoren an der Gesamtbeschäftigung (in %)

	1970		1975		1980		1985		1987	
	NRW	Bund	NRW	Bund	NRW	Bund	NRW	Bund	NRW	Bund
Landwirtschaft	3,9	8,5	3,1	6,9	2,2	5,5	2,2	5,4	2,1	5,1
Prod. Gewerbe	54,3	48,9	49,4	45,1	47,4	44,1	43,5	41,0	42,8	40,5
Dienstleistg. o. Staat*	29,3	28,9	31,7	31,3	33,4	32,5	35,1	34,0	35,5	34,5
Dienstleistg. m. Staat	41,8	42,6	47,5	48,0	50,4	50,4	54,3	53,6	55,1	54,5

Quelle: LDS NRW

* Ohne Staat, Haushalte und private Organisationen ohne Erwerbscharakter

Der durchschnittliche Anteil des produzierenden Gewerbes in der EG lag 1987 bei 33,4 Prozent, in der Bundesrepublik bei 40,5 Prozent; d.h. von allen EG-Mitgliedstaaten sind in der Bundesrepublik die meisten Beschäftigten im produzierenden Gewerbe tätig. Der hohe Anteil der Erwerbstätigen im produzierenden Gewerbe ist wiederum auf das Bundesland Nordrhein-Westfalen zurückzuführen, in dem 1987 allein 42,8 Prozent der Beschäftigten in diesem Wirtschaftssektor tätig waren (vgl. Farbgraphik 4).

Notwendigerweise müssen somit die anderen Sektoren in Nordrhein-Westfalen gegenüber dem EG-Durchschnitt unterrepräsentiert sein. So liegt der Anteil der Landwirtschaft mit 2,3 Prozent erheblich unter dem EG-Durchschnitt von 8,1 Prozent und auch der Dienstleistungssektor weist einen um 4,5 Prozentpunkte niedriger liegenden Wert als der EG-Durchschnitt auf. (Vgl. Farbgraphik 4)

2.3 Wirtschaftsregionen und struktureller Wandel

Im Landesentwicklungsbericht 1984 heißt es:

„Nordrhein-Westfalen ist schon lange nicht mehr ein Land der Schwerindustrien. Das zeigen die Umsätze in der nordrhein-westfälischen Wirtschaft. An erster Stelle steht die Chemische Industrie. Es folgen der Maschinenbau und das Nahrungs- und Genußmittelgewerbe. Erst an vierter Stelle folgt die Eisenschaffende Industrie. Es schließen sich der Bergbau, die Elektrotechnik, der Straßenfahrzeugbau und die Mineralölverarbeitung an." (NRW LEB 1985, S. 19)

Nordrhein-Westfalen hat im Verlauf seiner nunmehr über vierzigjährigen Geschichte einen strukturellen Wandel durchlaufen, dessen Auswirkungen auch die industrielle Struktur des Landes erfaßt hat. Unmittelbar nach seiner Gründung war Nordrhein-Westfalen nicht nur das Industriezentrum Deutschlands, sondern auch Europas, von dem Wachstumsschübe für die gesamte westdeutsche Wirtschaft ausgingen und die sich darüber hinaus auf die EGKS-Staaten auswirkten. Die Montanindustrien Kohle und Stahl wurden zu den wesentlichen Bausteinen für den Wiederaufbau der Wirtschaft, so daß Nordrhein-Westfalen zum Schwungrad für die deutsche Wirtschaft wurde.

Vor diesem Hintergrund ist es nicht erstaunlich, daß Nordrhein-Westfalen ökonomisch prosperierte und das Land somit mehr als 30 Prozent zum Sozialprodukt der Bundesrepublik beisteuerte. In den 50er Jahren war im Ruhrgebiet jeder dritte Arbeitnehmer in Betrieben beschäftigt, die im Kohle- und Stahlsektor angesiedelt waren. Doch mit dem Bedeutungsverlust der Montansektoren — die Kohle wurde nun weitgehend durch den Energieträger Erdöl ersetzt und im Stahlbereich traten Überproduktionskrisen auf — setzte in Nordrhein-Westfalen ein struktureller Wandel ein, der das bis dahin so ökonomisch prosperierende Bundesland in arge Schwierigkeiten brachte. Allein im Bergbau fand ein kaum vorstellbarer Arbeitsplatzabbau statt. „Von den einst 580000 Arbeitsplätzen, die der Steinkohlebergbau des Landes noch 1957 bot, sind nicht viel mehr als 120000 übriggeblieben." (Beinhauer 1988, S. 116) Und auch die Förderung an der Ruhr halbierte sich in dieser Zeit von 123 Mio. t auf 53 Mio. t.

Ein Teil der durch die Bergbaukrise verursachten Arbeitsplatzverluste konnte durch die Ansiedlung neuer Industrien und die Übernahme von Erwerbstätigen im Dienstleistungssektor aufgefangen werden. Somit entwickelte sich die ursprüngliche fast monostrukturelle Ausrichtung der produzierenden Industrie zu einer großen Belastung, deren Folgen auch noch zu Beginn der 90er Jahre, wenngleich deutlich geringer, noch immer zu erkennen sind.

Auch wenn der Strukturwandel bereits in den 60er Jahren eingeleitet wurde und unzweifelhaft zu spürbaren Erfolgen geführt hat, ist im Ruhrgebiet der Schrumpfungsprozeß wachstumsschwacher Industrien noch nicht überwunden. Wesentlich höhere Arbeitslosenquoten als im übrigen Nordrhein-Westfalen kennzeichnen das Revier.

Kohle und Stahl haben zwar an Bedeutung für die wirtschaftliche Entwicklung wie auch ihren strukturbestimmenden Charakter für das Ruhrgebiet verloren, bilden aber noch einen wichtigen Faktor und prägen nach wie vor das Revier. War das Ruhrgebiet von den Montanindustrien in den 50er Jahren noch zu 80 Prozent abhängig, so konnte dieser Abhängigkeitsgrad Ende der 80er Jahre auf etwa 30 Prozent reduziert werden. Wenn auch die Arbeitsmarktlage im Ruhrgebiet ungünstig ist, d.h. die Arbeitslosigkeit über dem Landesdurchschnitt liegt, so weist das Revier durch den seit über zwei Jahrzehnten eingeleiteten Strukturwandel folgende Vorteile im Verhältnis zu anderen Regionen auf:

— eine weitgehend hochqualifizierte Arbeitnehmerschaft, u.a. nicht zuletzt aus der dichtesten Hochschullandschaft Europas herrührend;
— eine hervorragende Verkehrsinfrastruktur;
— eine zentrale Lage und ein großes Marktpotential und
— beachtliche Forschungseinrichtungen mit Zukunftstechnologien.

Innerhalb des Ruhrgebiets sind die einzelnen Teilräume zu unterscheiden. So wird Kohle im Norden des Ruhrgebiets in der Emscher-Lippe-Zone gefördert, dominiert die Stahlproduktion in den Stahlstandorten Duisburg und Dortmund. Das mittlere Ruhrgebiet — von Bochum im Osten über Essen nach Mülheim im Westen — weist eine diversifizierte Industriestruktur auf. Waren 1970 noch 55,4 Prozent der Beschäftigten im Ruhrgebiet im produzierenden Gewerbe beschäftigt, so sind es 1987 nur noch 39,2 Prozent. Heute sind im Revier 60 Prozent in Dienstleistungsberufen tätig, wobei der Anteil zwischen 54,3 Prozent in Mülheim und 71,7 Prozent in Essen schwankt.

Die zweite große Industrieregion Nordrhein-Westfalens ist an der Rheinschiene angesiedelt und umfaßt den Raum von Bonn im Süden beginnend über Köln, Düsseldorf, Leverkusen bis nach Duisburg im Norden endend. Eindeutiger industrieller Schwerpunkt ist hier die Chemische Industrie, auf die im Raum Bonn / Köln / Düsseldorf ein Viertel des Gesamtumsatzes des Verarbeitenden Gewerbes 1987 entfiel (vgl. Tabelle 6).

Daneben üben die Städte an der Rheinschiene die Funktion zentraler privater und öffentlicher Dienstleistungsstandorte als Verwaltungs- und Finanzzentren aus.

Neben diesen zwei dominierenden Oberzentren verfügt Nordrhein-Westfalen noch über kleinere Wirtschaftsräume wie das Bergische Land mit der Eisen- und Metallindustrie; das Siegerland mit dem Maschinenbau und der Metallverarbeitung; Ost-Westfalen mit seiner Bekleidungs- und Wäscheindustrie, den vielseitigen metallverarbeitenden Betrieben sowie der Möbel-, Nahrungsmittel- und Tabakindustrie; das Münsterland mit der Textilindustrie; der Raum Aachen als Steinkohlerevier und Steinkohleverarbeitungsgebiet. Im Dürener Raum ist die Teppich- und Papierindustrie besonders stark, während im Raum Mönchen-Gladbach / Krefeld die Samt- und Seideindustrie dominiert. Schließlich sei auch das Rheinische Braunkohlenrevier an der Erft genannt.

Unterteilt man das Produzierende Gewerbe in Branchen in bezug auf den Umsatz, so sind die Chemie, der Maschinenbau, die Elektrotechnik, der Fahrzeugbau sowie die Textilindustrie die führenden Wirtschaftsbereiche. Eindeutiger Spitzenreiter ist die Chemie, die umsatzstärkste Branche 1987 in Nordrhein-Westfalen war.

Tabelle 6: Anteil von ausgewählten[1] Branchen des Verarbeitenden Gewerbes[2] in den Regionen Nordrhein-Westfalens am Umsatz[3] 1977 und 1987, in Prozent

	Köln/Bonn		Ruhrgebiet		Aachener Raum		Düsseldorf		Sauerland		Ostwestfalen		Münsterland		Nordrhein-Westfalen		
	1977	1987	1977	1987	1977	1987	1977	1987	1977	1987	1977	1987	1977	1987	1970	1977	1987
Verarb. Gewerbe + Bergbau	5,4	5,0	9,2	7,6	1,2	1,3	6,3	5,8	3,7	3,4	3,0	3,0	1,6	1,5	33,6	30,4	27,7
darunter																	
Straßenfahrzeugbau	5,7*	4,9*	5,8	5,6	0,1	0,1	2,8	2,7	0,8	0,6	1,3	0,8	0,4	0,3	19,9	16,9	15,0
Eisenschaff. Industrie	2,3	1,6	42,8*	37,1*	1,0	—	9,7	10,9	12,8	12,9	1,9	2,2	—	—	72,1	70,6	65,4
Bergbau	4,3	4,2	52,1*	57,5*	4,7*	7,9*	1,7	—	0,4	—	0,0	—	2,5	3,9	73,0	65,6	75,7
Chemie	14,9*	14,4*	14,1	7,9	1,2	1,1	10.0*	10,3*	0,7	0,8	0,6	0,9	1,1	1,2	40,3	42,6	36,6
Elektrotechnik	3,8	2,9	3,6	3,7	0,5*	0,5*	4,6	4,3	4,1*	3,8*	2,1*	2,8*	0,4	0,4	21,8	19,1	18,4
Maschinenbau	5,4*	4,2*	6,8*	5,3*	1,0	1,0	7,7*	7,1*	4,9*	4,9*	3,0*	3,7*	2,2*	2,0*	32,4	31,0	28,1
Stahl- und Leichtmetallbau	3,8	4,7	19,9	18,0	1,6*	1,8*	12,7	13,5	6,2	3,9	1,8	1,9	1,2	1,4	46,3	47,1	45,3
EBM-Waren	3,2	2,7	4,7	3,7	1,6	1,6	16,0*	16,9*	11,3*	11,8*	3,1	4,5	1,4	1,3	44,4	41,3	42,4
Textilgewerbe	1,7	1,2	1,0	1,0	2,6	3,3	11,4	9,7	1,9	1,5	3,0	2,8	11,2*	9,8*	34,3	32,8	29,3
Holzverarbeitung	1,1	1,4	2,5	2,3	0,5	0,6	1,6	1,1	2,7	2,5	21,9*	21,8*	5,5*	5,5*	33,5	35,7	35,2

1 Die drei größten — am Anteil der Beschäftigten gemessenen — Branchen des Verarbeitenden Gewerbes jeder Region sind mit * gekennzeichnet
2 ohne Handwerk
3 Umsatz der gleichnamigen Branchen im Bundesgebiet

Quelle: Lamberts 1988, S. 73

2.4 Beschäftigungssituation

Gab es 1950 in Nordrhein-Westfalen 5 745 Mio. Erwerbstätige, so steigerte sich diese Zahl 1959 auf 7 009 Mio. Flüchtlinge, Vertriebene und Ausländer drängten auf den Arbeitsmarkt. 1970 wurden 6 963 Mio. Erwerbstätige gezählt und 1982 6 848 Mio. Diese Zahl hat auch Ende der 80er Jahre Bestand. Allerdings ist die Quote der Arbeitslosen gestiegen. Während 1950 die Arbeitslosenquote in Nordrhein-Westfalen bei nur 4,8 Prozent lag — die Quote für den Bund betrug zu gleicher Zeit 10,3 Prozent — reduzierte sich diese Quote in Nordrhein-Westfalen 1970 auf 0,6 Prozent (der Bundesdurchschnitt betrug zur gleichen Zeit 0,7 Prozent), um ab 1975 wiederum anzusteigen und im Jahr 1983 erstmals über 10 Prozent zu klettern. 1986 betrug die Arbeitslosenquote in Nordrhein-Westfalen 10,9 Prozent; ein Wert, der auch für 1988 (11,0 Prozent) noch Gültigkeit besaß (vgl. Tabelle 7).

Das bedeutet also, daß jeder zehnte Arbeitnehmer ohne Beschäftigung in Nordrhein-Westfalen ist, wobei bestimmte Regionen — wie z.B. das westliche Münsterland, Ost-Westfalen und die meisten Ruhrgebietsstädte — noch höhere Werte aufweisen. Tabelle 8 zeigt, daß die Entwicklung der Beschäftigung in Nordrhein-Westfalen zwischen 1976 und 1987 faktisch stagniert, während sie im Bundesgebiet um 5,9 Prozentpunkte zunahm.

Tabelle 7: Arbeitslosenquoten

	Bund	NRW
1950	10,3	4,8
1960	1,3	0,8
1970	0,7	0,6
1978	4,3	5,0
1979	3,8	4,6
1980	3,8	4,6
1981	5,5	6,4
1982	7,5	8,6
1983	9,1	10,6
1984	9,1	10,7
1985	9,3	11,0
1986	9,0	10,9
1987	8,9	11,0
1988	8,7	11,0

Insgesamt gesehen ist in den letzten zwölf Jahren in der Zahl der Beschäftigten per saldo keine bemerkenswerte Veränderung eingetreten, allerdings ist Nordrhein-Westfalen im Vergleich zur Entwicklung im Bundesgebiet zurückgefallen. Schaubild 5 zeigt die differenzierte Entwicklung in den Bundesländern.

Für den Zeitraum 1970 bis 1986 gelangt das Deutsche Institut für Wirtschaftsforschung in Berlin (DIW) zu folgendem Ergebnis:

Tabelle 8: Entwicklung der Beschäftigung (sozialversicherungspflichtig Beschäftigte) nach Bundesländern 1976 - 1987 (1976 = 100)

1976	1977	1978	1979	1980	1981	1982	1983	1984	1985	1986	1987	Bundesland
100,0	100,9	102,2	105,2	107,9	107,0	104,8	103,6	103,7	104,6	106,0	108,0	Schl.-Holst.
100,0	98,8	99,9	100,9	101,9	100,9	98,9	96,7	95,0	94,9	94,9	95,3	Hamburg
100,0	99,7	101,2	104,0	106,2	105,2	102,9	100,7	100,1	100,6	102,3	103,9	Niedersachsen
100,0	97,8	98,0	99,0	100,0	99,4	96,8	93,6	92,2	92,4	93,3	93,6	Bremen
100,0	98,3	98,4	100,1	101,1	100,8	98,3	96,2	95,8	96,5	98,1	99,2	Nordrh.-Westf.
100,0	100,5	101,1	103,9	105,9	103,6	101,7	100,8	99,4	103,0	105,1	107,2	Hessen
100,0	101,1	102,5	105,7	108,2	107,5	106,6	105,1	105,4	106,0	107,0	108,5	Rheinland-Pf.
100,0	99,4	100,0	102,8	105,3	104,2	102,6	97,2	99,1	99,1	98,8	98,9	Saarland
100,0	100,4	102,0	104,7	107,5	107,4	105,9	104,6	102,5	106,9	109,3	111,2	Baden-Württ.
100,0	101,2	103,4	106,7	109,3	109,7	108,6	107,5	108,4	109,9	112,4	114,6	Bayern
100,0	97,8	97,9	99,2	99,9	99,2	96,7	95,9	97,2	99,1	100,3	101,0	Berlin (West)
100,0	99,7	100,8	103,2	105,1	104,6	102,7	101,1	100,6	102,3	104,0	105,6	Bundesgebiet

Quelle: Bußmann, 1988, S. 28

Schaubild 3: Beschäftigungsgewinne und Arbeitsplatzverluste im Vergleich zur Gesamtentwicklung 1976 - 1987

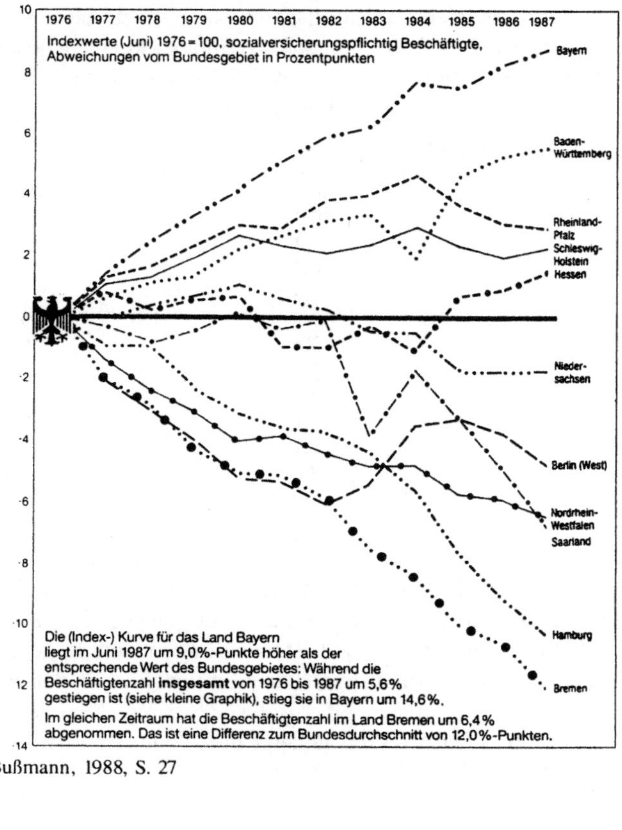

Quelle: Bußmann, 1988, S. 27

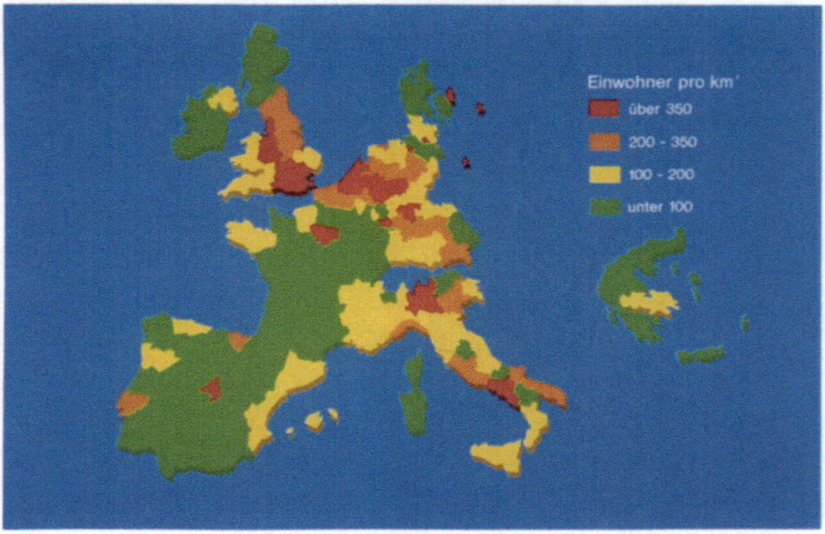
Einwohner pro km²
über 350
200 - 350
100 - 200
unter 100

1

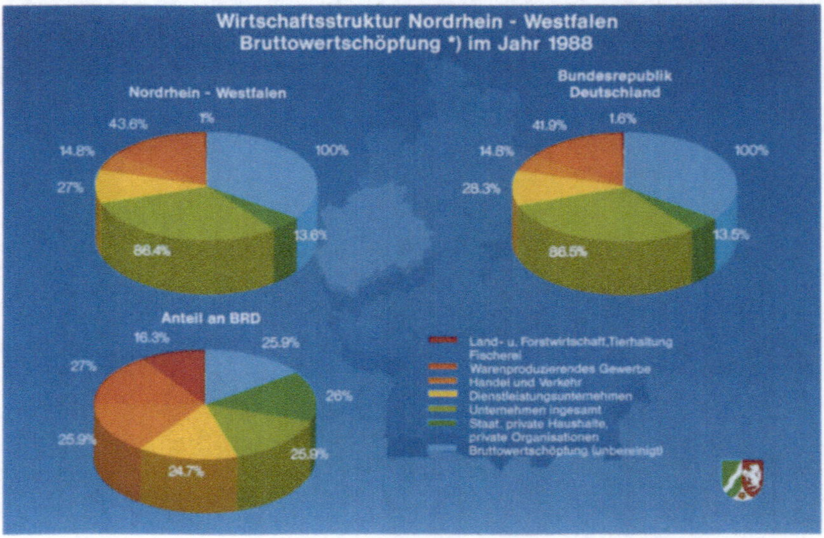
Wirtschaftsstruktur Nordrhein - Westfalen
Bruttowertschöpfung *) im Jahr 1988
Nordrhein - Westfalen
43.6%
1%
14.8%
100%
27%
13.6%
86.4%
Bundesrepublik Deutschland
41.9%
1.6%
14.8%
100%
28.3%
13.5%
86.5%
Anteil an BRD
16.3%
25.9%
27%
26%
25.9%
25.9%
24.7%
Land- u. Forstwirtschaft,Tierhaltung Fischerei
Warenproduzierendes Gewerbe
Handel und Verkehr
Dienstleistungsunternehmen
Unternehmen insgesamt
Staat, private Haushalte, private Organisationen
Bruttowertschöpfung (unbereinigt)

2

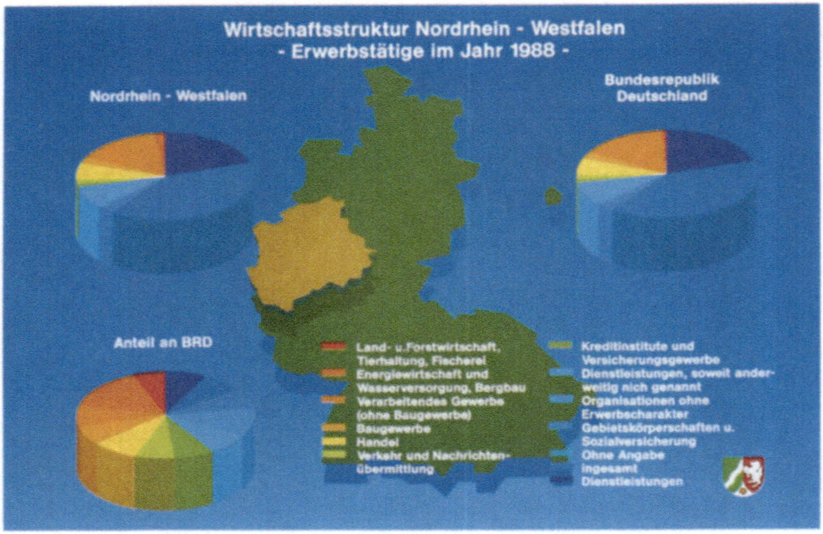
Wirtschaftsstruktur Nordrhein - Westfalen
- Erwerbstätige im Jahr 1988 -
Nordrhein - Westfalen
Bundesrepublik Deutschland
Anteil an BRD
Land- u.Forstwirtschaft, Tierhaltung, Fischerei
Energiewirtschaft und Wasserversorgung, Bergbau
Verarbeitendes Gewerbe (ohne Baugewerbe)
Baugewerbe
Handel
Verkehr und Nachrichten-übermittlung
Kreditinstitute und Versicherungsgewerbe
Dienstleistungen, soweit ander-weitig nich genannt
Organisationen ohne Erwerbscharakter
Gebietskörperschaften u. Sozialversicherung
Ohne Angabe
ingesamt Dienstleistungen

3

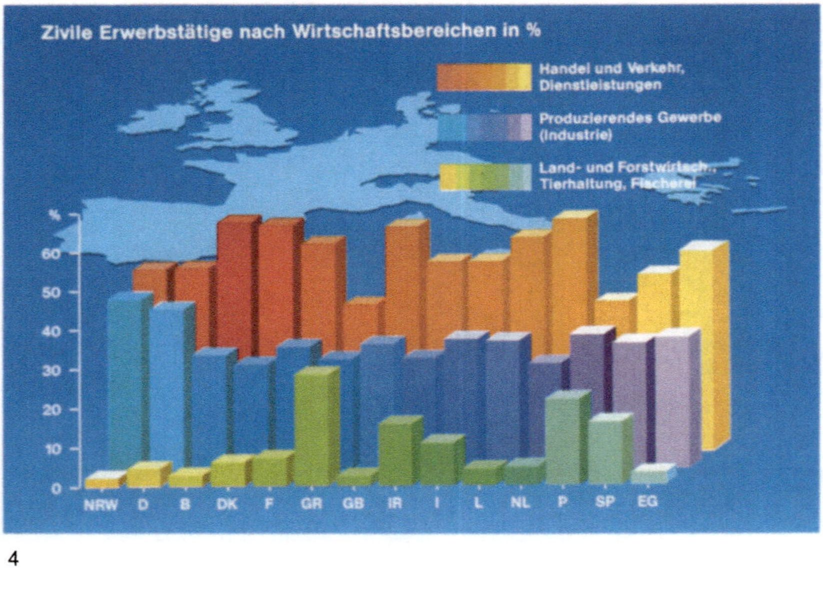
Zivile Erwerbstätige nach Wirtschaftsbereichen in %
Handel und Verkehr, Dienstleistungen
Produzierendes Gewerbe (Industrie)
Land- und Forstwirtschaft, Tierhaltung, Fischerei
%
60
50
40
30
20
10
0
NRW D B DK F GR GB IR I L NL P SP EG

4

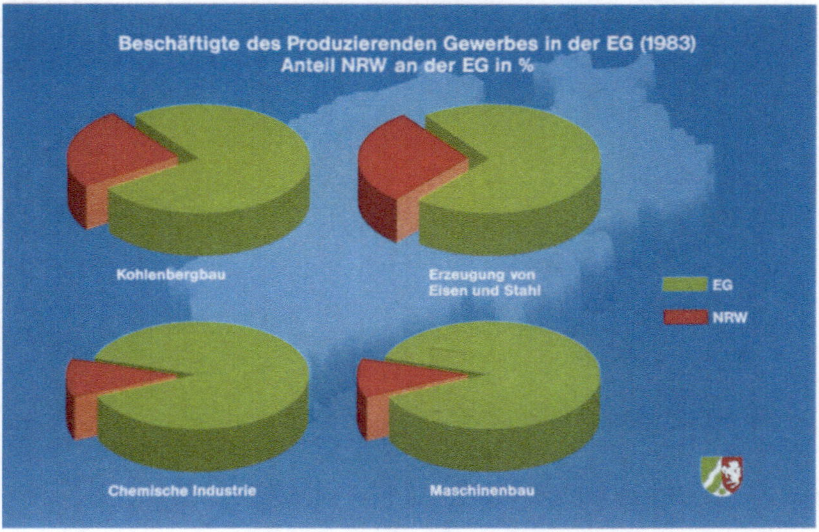
Beschäftigte des Produzierenden Gewerbes in der EG (1983)
Anteil NRW an der EG in %
Kohlenbergbau
Erzeugung von
Eisen und Stahl
EG
NRW
Chemische Industrie
Maschinenbau

5

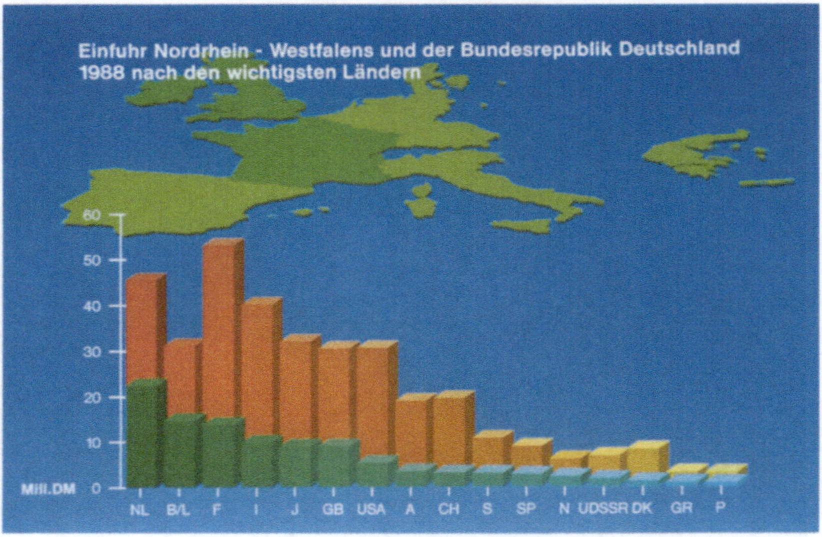
Einfuhr Nordrhein - Westfalens und der Bundesrepublik Deutschland
1988 nach den wichtigsten Ländern
60
50
40
30
20
10
Mill.DM
0
NL
B/L
F
I
J
GB
USA
A
CH
S
SP
N
UDSSR
DK
GR
P

6

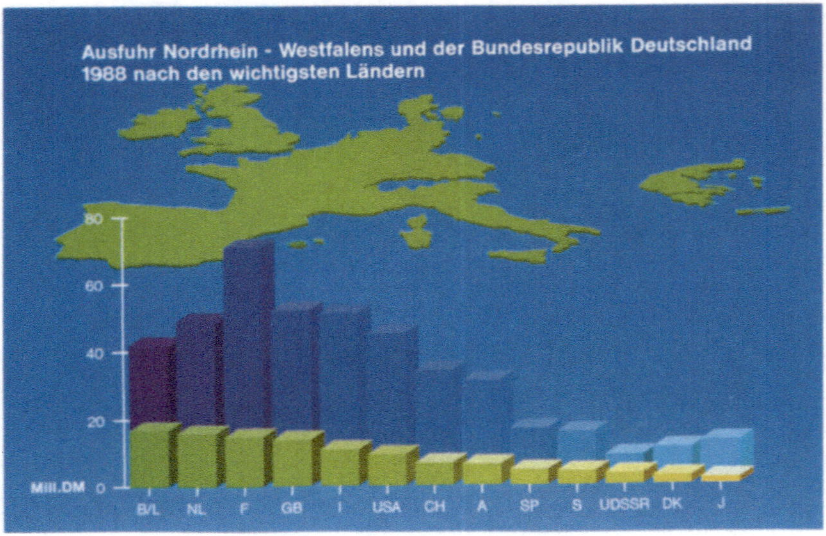
Ausfuhr Nordrhein - Westfalens und der Bundesrepublik Deutschland
1988 nach den wichtigsten Ländern
Mill.DM
B/L NL F GB I USA CH A SP S UDSSR DK J

7

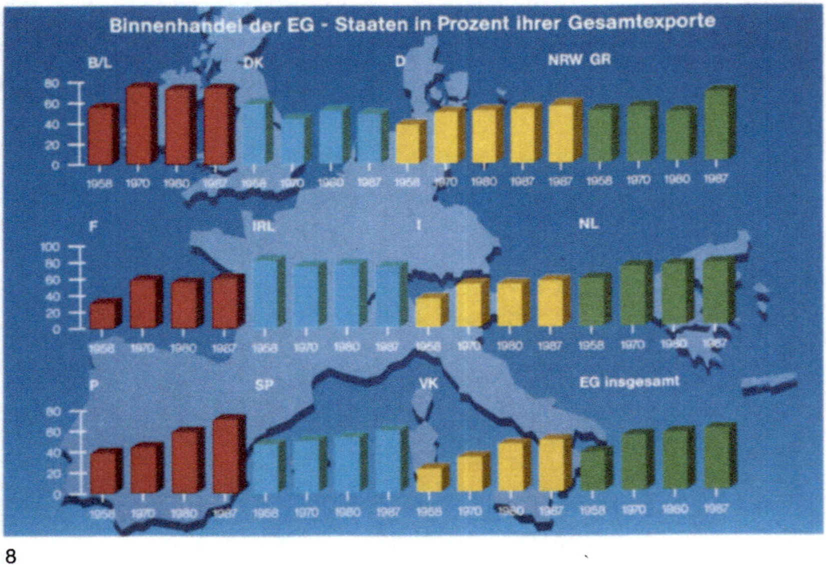
Binnenhandel der EG - Staaten in Prozent ihrer Gesamtexporte
B/L
DK
D
NRW GR
F
IRL
I
NL
P
SP
VK
EG insgesamt

8

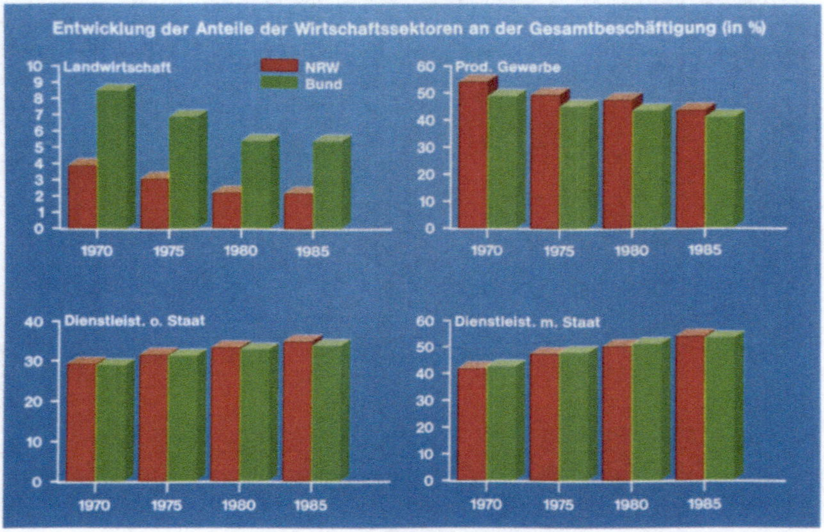
Entwicklung der Anteile der Wirtschaftssektoren an der Gesamtbeschäftigung (in %)
Landwirtschaft
NRW
Bund
Prod. Gewerbe
Dienstleist. o. Staat
Dienstleist. m. Staat
1970
1975
1980
1985

9

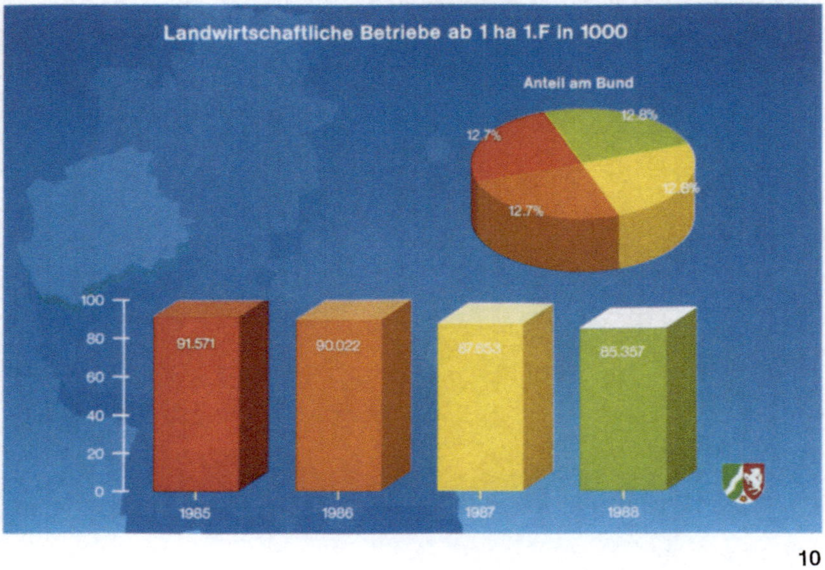
Landwirtschaftliche Betriebe ab 1 ha 1.F in 1000
Anteil am Bund
12.7%
12.8%
12.8%
12.7%
91.571
90.022
87.653
85.357
1985
1986
1987
1988

10

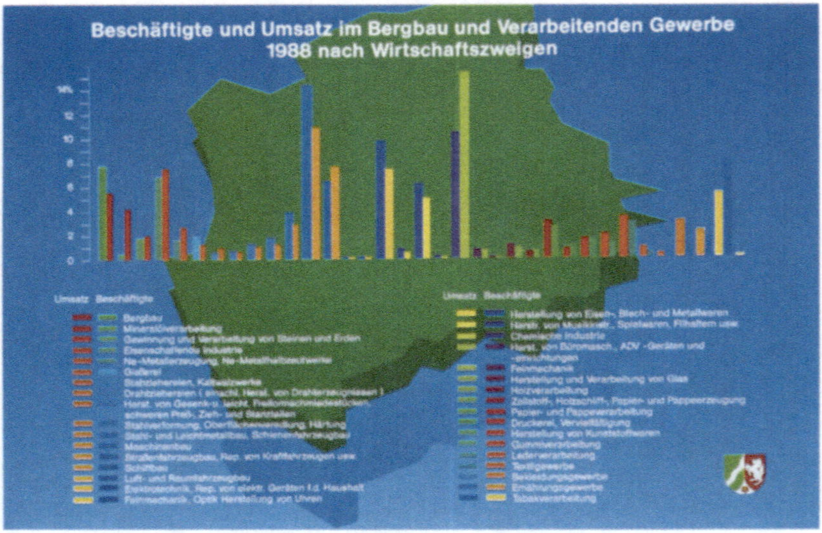
Beschäftigte und Umsatz im Bergbau und Verarbeitenden Gewerbe
1988 nach Wirtschaftszweigen

11

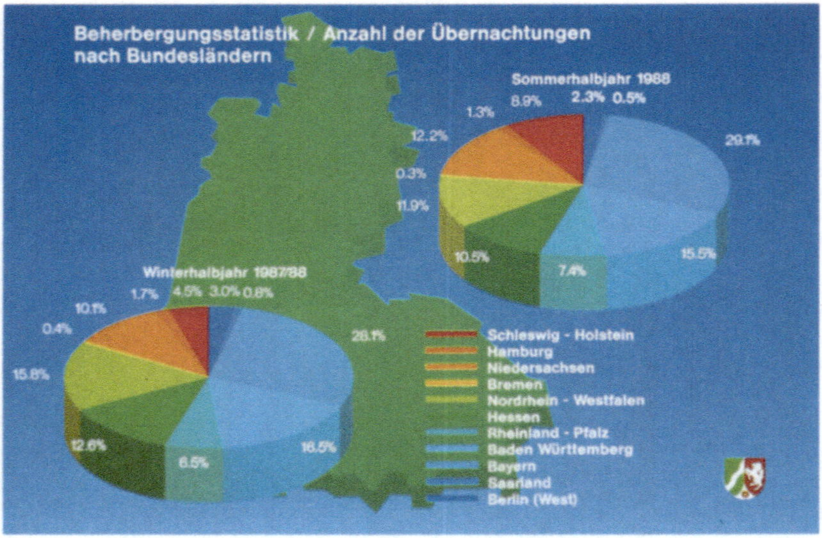
Beherbergungsstatistik / Anzahl der Übernachtungen
nach Bundesländern
Sommerhalbjahr 1988
8.9%
2.3% 0.5%
1.3%
29.1%
12.2%
0.3%
11.9%
10.5%
7.4%
15.5%
Winterhalbjahr 1987/88
1.7%
4.5% 3.0% 0.8%
10.1%
0.4%
28.1%
15.8%
12.6%
6.5%
16.5%
Schleswig - Holstein
Hamburg
Niedersachsen
Bremen
Nordrhein - Westfalen
Hessen
Rheinland - Pfalz
Baden Württemberg
Bayern
Saarland
Berlin (West)

12

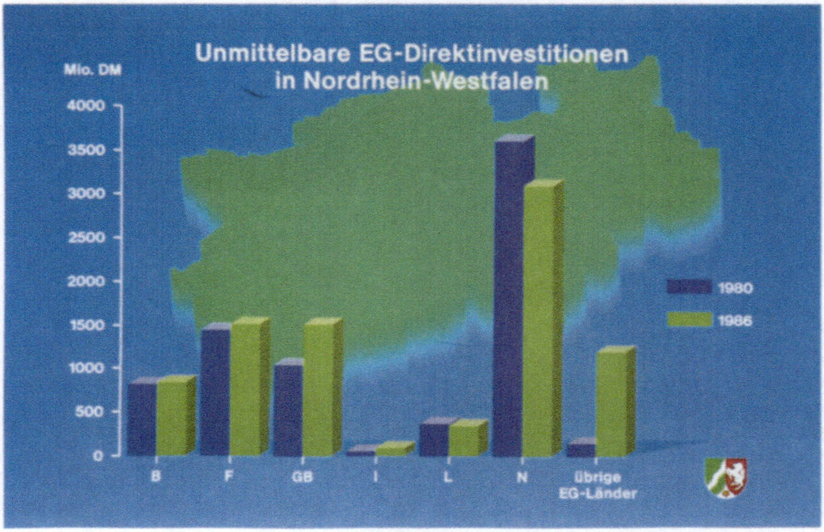
Unmittelbare EG-Direktinvestitionen in Nordrhein-Westfalen
Mio. DM
4000
3500
3000
2500
2000
1500
1000
500
0
B
F
GB
I
L
N
übrige EG-Länder
1980
1986

13

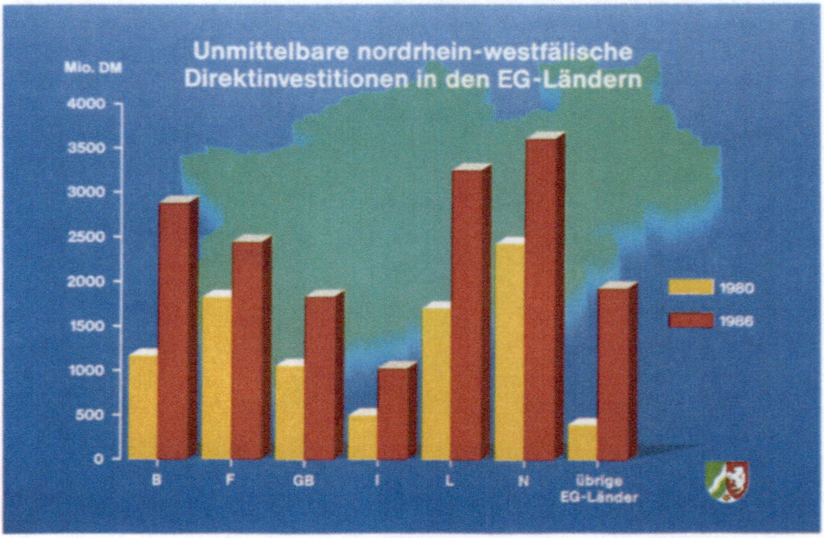
Unmittelbare nordrhein-westfälische Direktinvestitionen in den EG-Ländern
Mio. DM
4000
3500
3000
2500
2000
1500
1000
500
0
B
F
GB
I
L
N
übrige EG-Länder
1980
1986

14

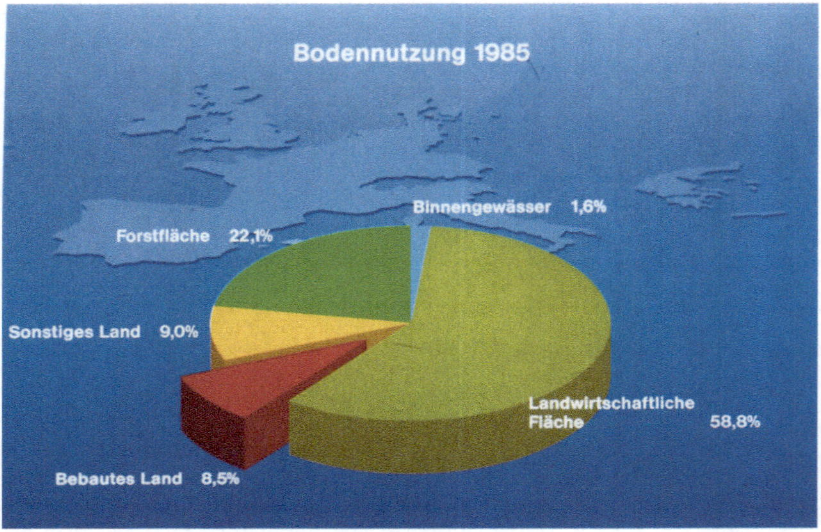
Bodennutzung 1985
Binnengewässer 1,6%
Forstfläche 22,1%
Sonstiges Land 9,0%
Landwirtschaftliche Fläche 58,8%
Bebautes Land 8,5%

15

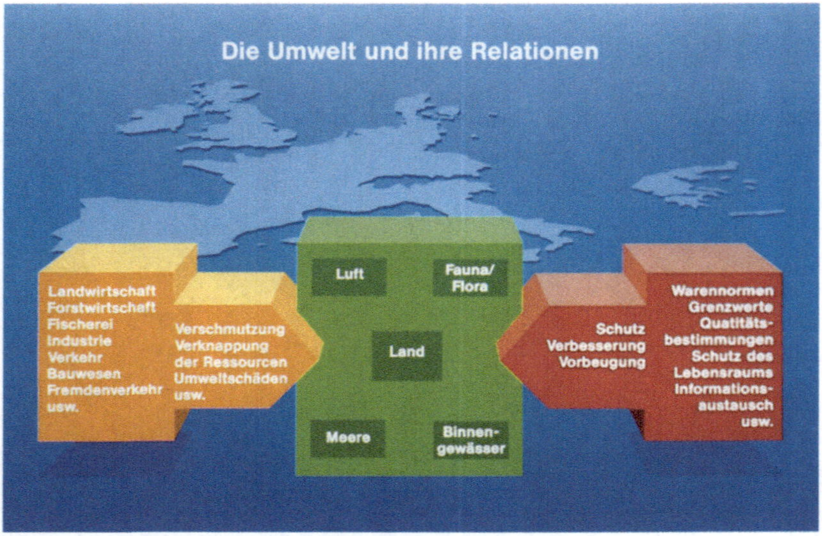
Die Umwelt und ihre Relationen
Landwirtschaft
Forstwirtschaft
Fischerei
Industrie
Verkehr
Bauwesen
Fremdenverkehr
usw.
Verschmutzung
Verknappung
der Ressourcen
Umweltschäden
usw.
Luft
Fauna/Flora
Land
Meere
Binnengewässer
Schutz
Verbesserung
Vorbeugung
Warennormen
Grenzwerte
Quatitätsbestimmungen
Schutz des
Lebensraums
Informationsaustausch
usw.

16

„Betrachtet man die Zahl der Erwerbstätigen, so zeigt sich auch hier das Gefälle zwischen dem Ruhrgebiet, dem übrigen Nordrhein-Westfalen und dem übrigen Bundesgebiet. Von diesen drei Regionen ist das Ruhrgebiet die einzige Region, in der die Zahl der abhängig Beschäftigten 1986 geringer war als 1970. Im übrigen Nordrhein-Westfalen ist das Beschäftigtenniveau weitgehend gehalten worden, für das übrige Bundesgebiet ergibt sich sogar ein Plus von 480000 Personen. Dagegen sind die regionalen Unterschiede in der Entwicklung der Zahl der Selbständigen und mithelfenden Familienangehörigen relativ gesehen nicht sehr groß. Diese Unterschiede in der Entwicklung haben dazu geführt, daß etwa 45 Prozent des Abbaus der Zahl der Erwerbstätigen im Zeitraum 1970 bis 1986 auf Nordrhein-Westfalen entfallen ist und davon etwa 60 Prozent auf das Ruhrgebiet. Dementsprechend fällt auch der Rückgang der Zahl der Erwerbstätigen im Ruhrgebiet mit 12,5 Prozent von 1970 bis 1986 mehr als viermal so hoch aus wie im übrigen Nordrhein-Westfalen (3 Prozent) und fünfmal so hoch wie im Durchschnitt der übrigen Bundesländer (2,5 Prozent). Der weit überdurchschnittliche Anstieg der Arbeitslosenquote im Ruhrgebiet (von 0,8 Prozent 1970 auf 14,8 Prozent 1986) ist ein Reflex dieser Entwicklung. Im übrigen Nordrhein-Westfalen und im übrigen Bundesgebiet lag der Anstieg um gut 5 Prozentpunkte darunter. Daß es im Ruhrgebiet nicht zu einer höheren Arbeitslosigkeit gekommen ist, ist dem Umstand zu verdanken, daß durch Abwanderung von Personen im erwerbsfähigen Alter das Potential an Erwerbspersonen, die einen Arbeitsplatz suchen, erheblich reduziert worden ist" (DIW-Wochenbericht 39/88, S. 522f.).

1988 hat Nordrhein-Westfalen den Anschluß an die wirtschaftliche Entwicklung im übrigen Bundesgebiet gefunden. Die Wachstumsrate des realen Bruttoinlandsprodukts betrug 3,3 Prozent und lag damit fast gleichauf zum Durchschnittswert der übrigen Bundesländer (3,4 Prozent). „Aber auch der Export (+9,5 Prozent), dessen Anteil an den Ausfuhren der Bundesrepublik sich von 29 Prozent zu Beginn des Jahrzehnts auf 25,5 Prozent 1987 ermäßigt hatte, nahm erstmals wieder weitaus stärker zu als im ganzen Land (+7,5 Prozent). Infolgedessen rückte die Industrie wieder in das Zentrum des Wachstumsprozesses. Die industrielle Produktion legte an Rhein und Ruhr 5 (Bund: 4) Prozent zu". (Süddeutsche Zeitung v. 22. März 1989)

2.5 Betriebs- und Branchenstruktur

In Nordrhein-Westfalen gab es 1987 633404 Arbeitsstätten. Die meisten davon, nämlich 420072, entfielen auf den Dienstleistungssektor. „Von den 5,3 Mio. Erwerbstätigen, die im Jahr 1986 im unternehmerischen Teil der nordrhein-westfälischen Wirtschaft (ohne Staat, private Organisationen ohne Erwerbscharakter und private Haushalte) beschäftigt waren, hatten 2,9 Mio. einen Arbeitsplatz im Warenproduzierenden Gewerbe. Das Verarbeitende Handwerk sowie das Baugewerbe zählten 800000 Beschäftigte, so daß auf den Bereich der Verarbeitenden Industrie (einschließlich Bergbau) 39,6 Prozent der Arbeitsplätze des Unternehmenssektors und 31,8 Prozent aller angebotenen Arbeitsplätze entfielen". (Lamberts, 1988, S. 66)

Tabelle 9: Beschäftigte des Produzierenden Gewerbes in der EG 1983

Gebietseinheit	Produzierendes Gewerbe	Kohlenbergbau (einschl. Kokerei)	Erzeugung von Eisen u. Stahl	Chemische Industrie (einschl. Chemiefasern)	Maschinenbau
Nordrhein-Westfalen	2297500	172179	195630	201584	282844
Anteil NRW an der EG in %	8,0	28,8	24,4	11,6	11,9
Bundesrepublik Deutschland	8169105	216979	245714	570842	946044
Belgien	793738	22101	44805	63850	54610
Dänemark	314608		2936	21009	47243
Frankreich	5265696	59447	130632	294802	270499
Griechenland	293962		6395	20036	5925
Großbritannien	5848037	240954	99027	299765	491444
Irland	222170	664		10817	5774
Italien	3837768		141680	219731	349473
Luxemburg	46279		17149	466	3313
Niederlande	767068		30979	84319	69858
Spanien	2325542	56335	74794	121821	112203
Portugal	960292	1152	8526	35248	21805
EG insgesamt	28844265	597632	802637	1742706	2378191

Gebietseinheit	Elektrotechnik	Straßenfahrzeugbau	Nahrungs- und Genußmittelgewerbe	Textilgewerbe	Baugewerbe
Nordrhein-Westfalen	136226	108720	103879	64865	244599
Anteil NRW an der EG in %	5,0	5,6	4,2	4,7	7,5
Bundesrepublik Deutschland	927469	727065	463187	240417	1020765
Belgien	68878	48591	72151	53254	82773
Dänemark	28891	3382	67106	10903	
Frankreich	498434	438163	402732	238832	816647
Griechenland	14678	3658	56039	55353	
Großbritannien	516835	289958	567454	220579	726251
Irland	14932	3218	51409	11014	22130
Italien	379190	241332	249423	243500	341296
Luxemburg	1445		2339		9061
Niederlande	104867	27497	124077	20603	
Spanien	134799	145281	354506	131098	
Portugal	32935	16580	87666	140259	241150
EG insgesamt	2723353	1944731	2498089	1365812	3260073

Quelle: LDS NRW — 411.4111 —

Nordrhein-Westfalen ist vor allem ein Land des Mittelstands, der den überwiegenden Teil der Betriebe auf sich vereinigt. Diese Betriebe stellen allein 85 Prozent der Ausbildungsplätze zur Verfügung.

Größte Produktionszweige hinsichtlich der Beschäftigungsstruktur sind der Maschinenbau, das Baugewerbe und die Chemische Industrie. (vgl. Tabelle 9) Das produzierende Gewerbe weist in Nordrhein-Westfalen eine breite Palette auf, wobei eine Veränderung in der Bedeutung der einzelnen Branchen im Verlauf der letzten drei Jahrzehnte zu bemerken ist. Kohle und Stahl haben ihre dominante Position eingebüßt zugunsten der Investitionsgüterindustrie sowie der Chemie und des Fahrzeugbaus. In Nordrhein-Westfalen haben zahl-

Tabelle 10: Wirtschaftsstruktur Nordrhein-Westfalen Bruttowertschöpfung[1] im Jahr 1986[2]

Wirtschaftsbereich bzw. Sektor	Nordrhein-Westfalen Mio. DM	%	Anteil an BRD	Bundesrepublik Deutschland Mio. DM	%
Land- u. Forstwirtschaft, Tierhaltung, Fischerei	5639	1,1	17,1	33030	1,7
Warenproduzierendes Gewerbe	224304	45,0	27,7	810470	42,8
— Energiewirtschaft und Bergbau	29252	5,9	42,8	68380	3,6
— Verarbeitendes Gewerbe	173542	34,8	26,8	646490	34,1
— Baugewerbe	21510	4,3	22,5	95600	5,0
Handel und Verkehr	72996	14,7	26,0	280820	14,8
— Handel	46375	9,3	27,1	171400	9,0
— Verkehr und Nachrichtenübermittlung	26621	5,3	24,3	109380	5,8
Dienstleistungsunternehmen	127873	25,7	24,9	513010	27,1
— Kreditinstitute und Versicherungsunternehmen	23448	4,7	22,6	103930	5,5
— Wohnvermietung	33409	6,7	25,8	129650	6,8
— Sonstige Dienstleistungsunternehmen	71016	14,3	25,4	279430	14,7
Unternehmen insgesamt	430811	86,5	26,3	1637330	86,4
Staat, private Haushalte, private Organisationen	67254	13,5	26,1	257350	13,6
— Staat	54272	10,9	24,9	217850	11,5
— Private Haushalte und private Organisationen ohne Erwerbscharakter	12982	2,6	32,9	39500	2,1
Bruttowertschöpfung (unbereinigt)	498066	100,0	26,3	1894680	100,0

1 Bruttowertschöpfung (unbereinigt); 2 Vorläufige Werte

— unterstellte Entgelte für Bankleistungen; + nicht abzugsfähige Umsatzsteuer; + Einfuhrabgaben; = Bruttoinlandsprodukt

Tabelle 11:

Rang NRW 1988	Rang Bund (Vorj.) (1987/86)	Unternehmen	Branche	Umsatz in Mio. DM	Umsatz Veränd. in %	Gewinn (-Verlust) in Mio. DM 1988	Gewinn (-Verlust) in Mio. DM 1987	Beschäftigte 1988	Beschäftigte Veränd. in %
1	4 (5/6)	VEBA	Energie/Öl/Chemie	42646	10,0	1188	1030	84715	13,6
2	7 (6/5)	Bayer	Chemie	40468	9,0	1909	1544	165700	0,8
3	8 (9/8)	Thyssen	Stahl/Masch./Handel	29220	3,9	680	270	128690	-4,5
4	10 (8/9)	RWE	Energie	25584	-1,4	766	779	76298	4,8
5	12 (11/11)	Ruhrkohle	Bergbau	20650	1,9	-110	38	120341	-4,0
6	13 (15/13)	Mannesmann	Maschinen	20422	22,6	292	134	121782	7,5
7	14 (14/14)	Ford	Auto	19247	13,1	545	810	49530	5,2
8	18 (17/15)	Krupp	Stahl/Masch.	14737	4,5	-202	42	63391	-2,8
9	22 (27/30)	Bertelsmann	Verlag	11325	23,6	362	207	41961	-0,1
10	23 (26/27)	Henkel	Chemie	10252	10,8	352	292	35943	3,5
11	26 (30/40)	VIAG	Holding	9471	12,2	219	191	33427	2,1
12	27 (25/18)	Ruhrgas	Energie	8614	-9,7	430	513	8322	29,1
13	30 (32/33)	Hoesch	Stahl	8345	13,7	58	49	33800	3,0
14	33 (23/25)	Feldmühle Nobel	Chemie / Papier / Metall	7901	-19,4	159	151	33469	-22,0
15	36 (34/32)	Klöckner	Stahl	6121	8,0	0	-390	27672	-2,0
16	39 (39/37)	VEW	Energie	5755	5,3	170	167	7948	-1,6
17	42 (45/42)	Nixdorf	Elektronik	5347	5,4	26	264	31037	5,4
18	45 (48/47)	Deutsche Babcock	Industrieanlagen	5150	6,7	40	45	22451	1,5
19	48 (42/43)	Enka	Chemie	4854	9,0	150	80	30700	1,0
20	49 (49/46)	Hochtief	Bau	4701	0,0	52	51	26351	-6,7
21	51 (52/49)	KHD	Maschinen	4511	0,1	-75	-287	18751	22,1
22	58 (56/—)	Solvay	Chemie	3841	5,7	89	89	11418	1,7
23	67 (70/71)	Rheinmetall	Masch. / Rüstung	3252	8,9	83	64	15465	4,0
24	73 (73/69)	Oetker[1]	Lebensmittel	3000	3,0	k.A.	k.A.	8400	-5,0
25	78 (84/79)	Strabag	Bau	2629	9,4	41	21	12717	-9,9

26	79 (80/82)	Du Pont	Chemie	2532	4,1	104	79	4196	0,0
27	84 (88/93)	Miele	Elektro	2400	11,8	k.A.	k.A.	12862	5,4
28	96 (–)	Benteler	Stahl / Maschinen	1943	15,0	k.A.	21	8873	0,3
29	100 (92/92)	Melitta	Lebensmittel	1912	-4,5	k.A.	k.A.	7305	-9,8

Quelle: Die Zeit Nr. 32 — 4. August 1989

1 Zahlen von Redaktion geschätzt

reiche Industrieunternehmen mit Weltruf ihren Hauptsitz. 46 der 100 größten Unternehmen der Bundesrepublik aus Industrie, Handel, Dienstleistungen und Verkehr, hatten 1987 ihren Sitz in Nordrhein-Westfalen.

Betrachtet man nur die Industrieunternehmen, so haben von den 100 größten Industrieunternehmen der Bundesrepublik in den letzten drei Jahren 29 ihren Sitz in Nordrhein-Westfalen. Mit einem Umsatz von 42646 Mrd. DM im Jahr 1988 ist die VEBA AG weiterhin Spitzenreiter noch vor der Bayer AG (40468 Mrd. DM). Zwischen Platz drei und vier gab es einen Wechsel. An dritter Stelle liegt nun Thyssen (29,22 Mrd. DM) und an vierter Stelle RWE (25584 Mrd. DM) (vgl. Tabelle 11).

Einige konnten ihre bundesweite Stellung in den letzten drei Jahren verbessern und — gemessen an den Umsätzen — einen höheren Rang einnehmen: VEBA, Bertelsmann, Henkel, VIAG, Hoesch, Nixdorf, Rheinmetall, Du Pont, Miele und Benteler. Andere Unternehmen sind auf der bundesweiten Rangliste nach unten gerutscht: Bayer, Krupp, Ruhrgas, Feldmühle Nobel, Klöckner, VEW, Enka und Hochtief und Melitta.

Trotz der renommierten Großunternehmen ist für die Betriebsgröße nach wie vor der Klein- und Mittelbetrieb strukturbestimmend. In Nordrhein-Westfalen haben 510000 Betriebe weniger als 500 Beschäftigte, die aber 3,7 Mio. Arbeitnehmer beschäftigen. Daher sind über 60 Prozent der Beschäftigten in mittelständischen Betrieben tätig. Diese Betriebe tragen wesentlich zur wohnortnahen Versorgung bei und geben wichtige Impulse für strukturelle Veränderungen.

2.6 Außenwirtschaftliche Verflechtung

In seiner Regierungserklärung vom 10. Juni 1985 sagte Ministerpräsident Johannes Rau: „Als exportstärkstes Land der Bundesrepublik müssen wir bei zunehmendem Wettbewerb unsere Außenwirtschaftsaktivitäten noch verstärken. Vor allem wollen wir den kleinen und mittleren Unternehmen durch intensivere Beratung, durch Förderung der Exportkooperation und durch spezielle Finanzierungsprogramme Türen öffnen. Wir werden unsere international ausgewiesenen Messegesellschaften und die Erfahrungen unserer Landesbank nutzen, um unserer Wirtschaft zusätzliche Chancen für den Eintritt in die Exporte zu verschaffen". Aus diesem kurzen Abschnitt der Regierungserklärung wird deutlich, daß die außenwirtschaftliche Verflechtung Nordrhein-Westfalens bereits heute schon sehr groß ist, in Zukunft aber noch weiter steigen wird. Heute ist schon jeder vierte Arbeitsplatz im Land vom Export abhängig. Da die Bundesrepublik Deutschland seit drei Jahren von allen Staaten der Welt den höchsten Export aufweist, kommt dem Land Nordrhein-Westfalen ein großer Anteil daran zu.

Die Öffnung der Grenzen in der Europäischen Gemeinschaft hat zu einer Verflechtung der Volkswirtschaften wie auch zur Vergrößerung der Märkte geführt. Inländische Produzenten erhalten dadurch ein größeres Absatzpotential, wenngleich sich natürlich durch die höhere Zahl der Anbieter auch die Konkurrenz erhöht. Zusätzlich wird inländischen Verbrauchern eine größere Auswahl der Produkte geboten. Insgesamt führt diese Entwicklung zu einer Erhöhung der Wirtschaftsleistung. So hat sich der Handel zwischen den EWG-Gründerstaaten seit der Gründung der EWG 1957 mehr als vervierzigfacht. Der Anteil des Exports der Bundesrepublik in die EG-Staaten ist seit 1958 von 35,8 Prozent auf 54,2 Prozent im Jahr 1988 gestiegen (vgl. auch Farbgraphik 7).

Nordrhein-Westfalen hat 1988 Waren im Wert von 148 Mrd. DM exportiert, was einem Anteil von 3,0 Prozent aller weltweiten Exporte ausmacht. Es gab 1988 nur neun Staaten, die Waren in einem größeren Volumen als Nordrhein-Westfalen exportierten. Im Vergleich zum Exportvolumen Dänemarks hat Nordrhein-Westfalen einen dreimal so großen Anteil, im Vergleich zu Spanien einen zweieinhalbmal so großen. Vergleichen wir den nordrhein-westfälischen Export mit dem addierten Export der Alpenländer Schweiz und Österreich, so weist er in Nordrhein-Westfalen immer noch ein größeres Volumen auf. Staaten wie Argentinien, Brasilien, Mexiko, Indien oder die Volksrepublik China betreiben einen geringeren Export als Nordrhein-Westfalen. Kein Wunder also, wenn sich die Entwicklung der Exportbedingungen im internationen Umfeld für Nordrhein-Westfalen als eine sehr wichtige Variable seiner ökonomischen Entwicklung herausstellt.

Der größte Teil des Exports Nordrhein-Westfalens wird mit Europa abgewickelt; allein 1987 betrug der Exportanteil in die EG-Länder 56,8 Prozent. Damit lag der nordrhein-westfälische Exportanteil um 4,2 Prozentpunkte höher als der bundesdeutsche Durchschnitt von 52,6 Prozent (vgl. Farbgraphik 7).

Wichtigste Exportländer für Nordrhein-Westfalen sind die Benelux-Staaten sowie Frankreich; nicht zuletzt durch die geographische Nähe bedingt. Im Jahr 1987 entfielen allein ein Drittel der nordrhein-westfälischen Gesamtexporte auf diese vier EG-Staaten (vgl. Tab. 13).

Die Ausfuhren Nordrhein-Westfalens nach Amerika betrugen 1987 9,3 Prozent, nach Asien 8,8 Prozent und nach Afrika 2,8 Prozent.

Den Exporten von 135 Mrd. DM im Jahr 1987 standen Importe von 119 Mrd. DM gegenüber, so daß Nordrhein-Westfalen einen Exportüberschuß von 16 Mrd. DM erwirtschaftete. Auch bei den Importstrukturen dominiert der Handel mit den EG-Staaten, aus denen 60 Prozent der Importe bezogen wurden. Hierbei lag der Anteil der Niederlande bei 18 Prozent, Belgiens und Luxemburgs bei 11 Prozent und Frankreichs bei 10,5 Prozent, so daß allein diese vier Staaten 40 Prozent der von Nordrhein-Westfalen importierten Güter lieferten. Somit wird deutlich, daß die Handelsbeziehungen Nordrhein-West-

Tabelle 12: Außenhandels Nordrhein-Westfalens 1987

Herstellungs- bzw. Verbrauchsland	Einfuhr insgesamt	Einfuhr Anteil	Ausfuhr insgesamt	Ausfuhr Anteil	Hauptausfuhrgüter: Eisen- und Metallwaren	Maschinen	Chemische Erzeugnisse	Fahrzeuge	Elektrotechnische Erzeugnisse	Textilien und Lederwaren
	Mill.DM	%	Mill. DM	%	Mill.DM					
Frankreich	12617	10,6	13938	10,3	2330	2197	3029	1332	924	388
Belgien und Luxemburg	13280	11,1	16026	11,9	1786	1307	1930	5793	873	447
Niederlande	21470	18,0	15572	11,5	2914	1692	2566	1070	1185	1226
Italien	9188	7,7	10253	7,6	1476	1384	3007	882	716	295
Großbritannien	8692	7,3	12030	8,9	1787	1679	2221	2754	745	523
Irland	1114	0,9	690	0,5	78	199	134	32	104	43
Dänemark	1552	1,3	2652	2,0	616	456	510	237	223	120
Griechenland	931	0,8	1042	0,8	135	174	222	60	64	165
Portugal	739	0,6	985	0,7	181	200	215	108	74	84
Spanien	2385	2,0	4038	3,0	746	770	695	886	297	44
EG-Länder	71970	60,2	77225	57,3	12049	10058	14528	13154	5204	3335
Welt	119476	100	134850	100	23776	24733	26380	17727	9297	5662

falens weitaus stärker auf den EG-Raum orientiert sind als der Handel der übrigen Bundesländer. „Sowohl bei den Exporten (1986 NRW 55 Prozent, Bund ohne NRW 49 Prozent) als auch bei den Importen (NRW 61 Prozent, Bund ohne NRW 47 Prozent) liegen die Anteile der EG an den Gesamtwerten deutlich höher. Zurückzuführen ist dies ausschließlich auf die enge Verflechtung Nordrhein-Westfalens mit den Benelux-Staaten (Exportanteil: NRW 23 Prozent, Bund ohne NRW 13 Prozent; Importanteil: NRW 31 Prozent, Bund ohne NRW 13 Prozent), während bei den anderen EG-Ländern der Außenhandel Nordrhein-Westfalens schwächere Anteile aufweist". (Schaefer 1988, S. 88)

Allerdings ist auch zu berücksichtigen, daß zwischen 1977 und 1986 in den Exportbeziehungen Nordrhein-Westfalens ein, wenn auch kleiner Rückgang von drei Prozentpunkten festzustellen ist, während bei den Importen die Benelux-Staaten einen Zuwachs von fünf Prozentpunkten verzeichnen konnten. Diese Entwicklung kann unterschiedliche Gründe haben, sei es, daß sich die nordrhein-westfälischen Produkte auf anderen Märkten einfacher verkaufen ließen, sei es, daß der Spielraum für Marktanteilsgewinne auf einem hohem Niveau immer kleiner wird.

Zur Darstellung der Ergebnisse der Außenhandelsstatistik werden sowohl national als auch international folgende gesamtwirtschaftliche Außenhandelsbegriffe angewendet:

a Spezialhandel
b Generalhandel
c Durchfuhr
d Lagerverkehr

Der *Spezialhandel* umfaßt die Einfuhr und Ausfuhr der Waren, die die Zollgrenzen überschreiten, also den Handel mit dem Zollgebiet. Da mit dem Spezialhandel im wesentlichen die aus dem bzw. in den freien Verkehr kommenden Waren einbezogen sind, die also intermediäre Verwendung oder Endnachfrage im Inland betreffen, stellt er im Sinne der gesamten Verwendung den *produktionswirtschaftlichen Begriff* des Außenhandels dar.

Der *Generalhandel* umfaßt alle die Grenzen des Erhebungsgebietes überschreitenden Warensendungen ohne Durchfuhr und Zwischenauslandsverkehr. Generalhandel und Spezialhandel unterscheiden sich um den Lagerverkehr. Im Gegensatz zum Spezialhandel stellt der Generalhandel den *finanzwirtschaftlichen Begriff* des Außenhandels dar. Im Rahmen der Volkswirtschaftlichen Gesamtrechnungen müssen somit die ausgewiesenen Exporte und Importe Generalhandelsgrößen sein.

Die *Durchfuhr* hat von allen Darstellungsformen die geringste ökonomische und statistische Bedeutung, da hierbei Warensendungen aus dem Ausland durch das Erhebungsgebiet wieder ins Ausland befördert werden.

Beim *Lagerverkehr* handelt es sich um eingeführte Waren aus dem Ausland in Zollfreigebiete, sowie um ihren Import nach Verzollung in den freien inländischen Verkehr oder um ihren Export ohne Zollzahlung ins Ausland.

Ohne Zweifel hat die EG für den Export nordrhein-westfälischer Güter eine große Bedeutung. So ist der Anteil der Gesamtexporte des Landes in die EG-Länder zwischen 1977 und 1988 von 51,3 Prozent auf 58,0 Prozent angestiegen, d.h. eine Zunahme um 6,7 Prozentpunkte.

Tabelle 13: Anteile der Exporte in die EG am Gesamtexport Nordrhein-Westfalen und Bund ohne Nordrhein-Westfalen 1977 und 1988 in Prozent

Land	NRW			Bund ohne NRW		
	1977	1988	Diff.	1977	1988	Diff.
Frankreich	10,1	10,4	+0,3	13,3	13,3	0
Belgien und Luxemburg	12,0	12,0	0	6,0	5,8	-0,2
Niederlande	12,7	11,1	-1,6	8,9	7,8	-1,1
Italien	5,4	7,8	+2,4	7,5	9,6	+2,1
Großbritannien	5,5	9,7	+4,2	5,3	9,2	+3,9
Irland	0,4	0,5	+0,1	0,2	0,4	+0,2
Dänemark	2,1	1,8	-0,3	2,3	2,1	-0,2
Griechenland	1,0	0,8	-0,2	1,0	1,0	0
Portugal	0,6	0,8	+0,2	0,6	0,8	+0,2
Spanien	1,8	3,3	+1,5	1,4	3,0	+1,6
EG-Länder	51,3	58,0	+6,7	46,6	53,0	+6,4

Quelle: LDS NRW

Verglichen mit der Gebietseinheit „Bund ohne Nordrhein-Westfalen" liegt die nordrhein-westfälische Handelsverflechtung wesentlich höher, konnte doch diese Gebietseinheit ihren Anteil zwischen 1977 und 1988 von 46,6 Prozent auf 53,0 Prozent steigern. Die Erhöhung des nordrhein-westfälischen Exportanteils in den EG-Raum wird durch die starke Zunahme des Exports nach Großbritannien sowie die iberischen Länder bedingt.

Doch insgesamt ist aufgrund des schwächeren Wirtschaftswachstums der nordrhein-westfälische Export an den gesamten Exporten des Bundes in den EG-Raum von 32,5 Prozent im Jahr 1977 auf 28,6 Prozent im Jahr 1986 zurückgegangen. „Die Entwicklung der NRW-Exporte in den EG-Raum entsprach etwa dem Wirtschaftswachstum in der EG (NRW-Exporte 79,1 Prozent; BIP in der EG ohne Bund +83,8 Prozent). Gemessen am Stand von 1977 kann somit bei den Exporten nicht von einer Zunahme der Verflechtung zwischen Nordrhein-Westfalen und der EG gesprochen werden. Die relative Position Nordrhein-Westfalens im Wirtschaftswachstum der EG konnte zwar gehalten, aber nicht ausgebaut werden. Bezogen auf das Wachstum der einzelnen Volkswirtschaften der Europäischen Gemeinschaft konnte Nordrhein-Westfalen Positionsgewinne insbesondere in Belgien/Luxemburg, Großbritannien, Irland und Spanien gewinnen". (Schaefer 1988, S. 99)

Schaubild 4: Anteil der Intrahandels an den Gesamtausfuhren der einzelnen EG-Länder 1987

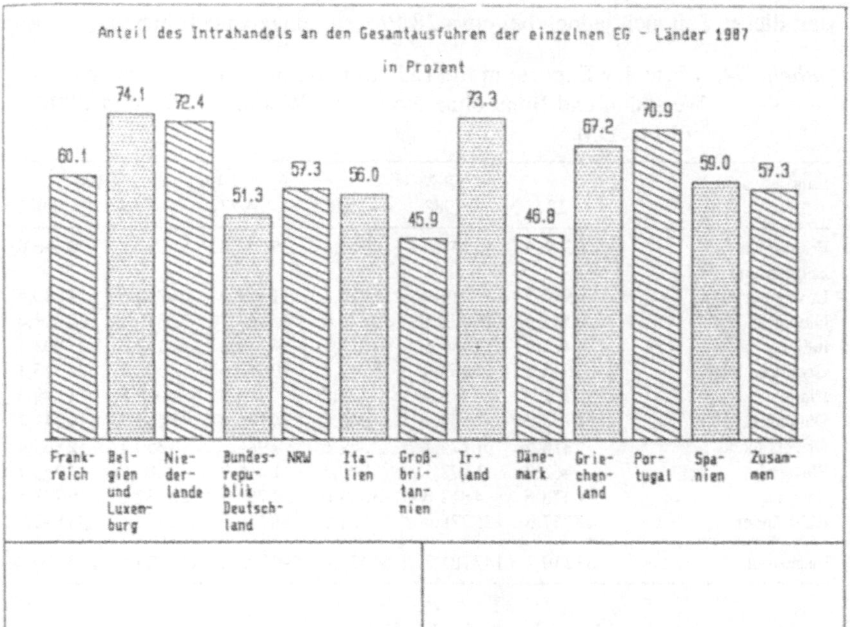

Doch zeigt der Vergleich zweier Jahre nur unzulänglich den Entwicklungsverlauf der nordrhein-westfälischen Exporte in die EG. Aus Schaubild Nr. 6 wird gut erkennbar, daß Nordrhein-Westfalens Anteile am bundesdeutschen Export in die EG zwar zwischen 1977 und 1982 relativ stark zurückgingen, seit dieser Zeit sich jedoch bei etwa 28 Prozent eingependelt haben.

Tabelle 14: Werte der Exporte in die EG am Gesamtexport Nordrhein-Westfalen und Bund ohne Nordrhein Westfalen 1977 und 1988 in Mio. DM

Land	NRW			Bund ohne NRW		
	1977	1988	Diff.	1977	1988	Diff.
Frankreich	8392,6	15353,0	6960,4	25251,3	55917,3	30666,0
Belgien und Luxemburg	9990,5	17716,9	7726,4	11512,0	24352,5	12840,5
Niederlande	10565,6	16372,5	5806,9	16964,7	32819,1	15854,4
Italien	4471,0	11489,5	7018,5	14259,0	40162,5	25903,5
Großbritannien	4545,0	14263,3	9718,3	10063,6	38608,7	28545,1
Irland	303,7	775,9	472,2	475,5	1664,8	1189,3
Dänemark	1733,0	2648,4	915,4	4291,4	8633,1	4341,7
Griechenland	814,5	1174,1	359,6	1984,7	4350,1	2365,4
Portugal	462,8	1172,1	709,3	1049,3	3402,0	2352,7
Spanien	1478,6	4812,6	3334,0	2759,1	12532,6	9773,5
EG-Länder	42757,3	85778,4	43021,1	88610,6	222442,6	133832,0
Insgesamt	83310,2	147781,2	64471,0	190303,2	419923,5	229620,3

Struktur und Entwicklung des Außenhandels

Exportierte Nordrhein-Westfalen 1981 Waren im Werte von 111 Mrd. DM, so stieg dieser Wert bis 1988 auf 148 Mrd. DM. Ebenso verhält es sich mit dem Import, wo Importe im Jahr 1981 im Wert von 109 Mrd. DM Importe von 131 Mrd. DM im Jahr 1988 gegenüberstanden, so daß Nordrhein-Westfalen allerdings immer einen Exportüberschuß erwirtschaftete. (vgl. Tabellen 15 und 16) Dabei sind die wichtigsten Hauptausfuhrgüter Chemische Erzeugnisse (19,4 Prozent), Maschinenbau (17,5 Prozent), Eisen- und Metallwaren (18,0 Prozent), Fahrzeuge (14,2 Prozent), Elektrotechnische Erzeugnisse (6,4 Prozent) sowie Textilien und Lederwaren (3,9 Prozent). (vgl. Tabelle 17)

Nimmt man als Basisjahr 1981, so zeigt sich, daß die Chemische Industrie, Kautschukwaren, Büromaschinen und Fahrzeuge wesentlich größere Exporterfolge aufweisen als die Eisen- und Metallwarenindustrie, die in einigen Sparten sogar einen Rückgang ihres Exports hinnehmen mußte.

Tabelle 17 zeigt die Warenstruktur des Exports. Danach bilden Chemische Erzeugnisse, Eisen- und Metallwaren, Maschinenbau und Fahrzeugindustrie jene Industriezweige, die die größten Exportanteile aufweisen.

Tabelle 15: Entwicklung der wichtigsten Importgüter der NRW-Wirtschaft auf der Basis 1981

Importgüter	1988	1987	1986	1985	1984	1983	1982	1981
Textilien und Lederwaren	151,1	147,7	134,6	127,6	122,8	107,5	101,8	100
Chemische Erzeugnisse	170,0	151,7	148,9	156,0	134,9	119,0	105,4	100
Eisen- und Metallwaren	157,2	129,0	139,0	136,3	121,1	111,7	107,5	100
Fahrzeuge	165,0	155,0	145,4	119,9	119,3	113,7	88,3	100
Maschinen	182,9	159,9	163,2	151,1	129,8	114,3	103,0	100
Elektrotechnische Erzeugnisse (auch elektrische Maschinen)	219,3	189,8	176,6	160,4	139,2	118,9	102,1	100
Nahrungsmittel pflanzl. Ursprungs	114,8	106,6	108,3	119,0	117,5	104,8	102,9	100
Kraftstoffe, Schmieröle, Erdgas	47,1	55,5	77,0	134,5	123,8	126,3	108,0	100
Nahrungsmittel tier. Ursprungs	107,7	104,9	117,5	111,1	111,3	108,8	108,0	100
Erdöl, roh	30,8	35,7	39,5	88,6	90,4	66,5	87,4	100
Papier und Papierwaren	164,9	145,0	142,4	138,6	129,9	105,4	101,0	100
Feinmechanische und optische Erzeugnisse, Uhren	184,1	150,1	145,3	137,8	127,0	107,8	98,2	100
Holz und Holzwaren	129,1	119,6	110,7	107,7	109,8	108,1	93,3	100
Stein-, Ton- und Glaswaren	153,8	139,2	130,7	124,6	125,9	112,5	96,4	100
Eisenerze	78,3	83,9	118,3	131,0	118,7	100,9	102,0	100
Kautschukwaren	161,9	139,4	137,9	129,6	110,8	117,7	104,7	100
Genußmittel	137,6	128,6	136,6	140,8	134,7	120,4	110,2	100
Lebende Tiere	97,7	89,5	82,0	110,9	94,3	82,4	98,8	100
Sonstige Waren	111,4	90,4	98,9	125,9	121,3	99,9	98,1	100
Einfuhr insgesamt	**120,1**	**109,5**	**113,0**	**127,0**	**119,1**	**105,5**	**100,1**	**100**
davon								
Ernährungswirtschaft	114,2	107,7	113,0	117,8	116,2	106,6	105,0	100
Gewerbliche Wirtschaft	120,9	109,8	113,0	128,2	119,5	105,4	99,5	100
darunter								
Rohstoffe	45,4	48,0	55,2	98,4	96,0	73,9	90,6	100
Halbwaren	83,4	74,4	90,1	132,1	125,3	113,8	103,1	100
Fertigwaren	166,4	149,3	145,0	137,3	125,4	112,9	101,0	100
Vorerzeugnisse	151,9	131,6	138,8	139,9	125,1	111,4	104,0	100
Enderzeugnisse	172,7	156,8	147,6	136,3	125,5	113,5	99,7	100

Quelle: Statistisches Informationssystem Außenhandel LDS NW

Tabelle 16: Entwicklung der wichtigsten Exportgüter der NRW-Wirtschaft auf der Basis 1981

Exportgüter	1988	1987	1986	1985	1984	1983	1982	1981
Chemische Erzeugnisse	150,8	139,0	138,5	144,2	130,5	112,8	101,0	100
darunter Kunststoffe	176,0	154,4	147,8	150,2	137,3	118,8	101,9	100
Eisen- und Metallwaren	109,2	97,8	104,4	115,5	105,3	94,7	104,3	100
darunter								
Blech aus Eisen	99,0	91,3	92,5	114,0	104,0	92,0	98,2	100
Stab- und Formeisen	111,0	91,3	103,1	110,5	98,5	86,3	93,2	100
Guß- und Stahlröhren	81,8	66,8	72,1	93,9	81,1	62,6	104,1	100
Maschinen	126,4	120,7	127,1	123,2	110,8	103,2	106,4	100
darunter								
Maschinen für Spinnstoff-, Leder und Lederwarenindustrie	201,3	177,1	175,4	151,0	131,0	109,4	103,0	100
Werkzeugmaschinen (einschl. Walzwerksanlagen)	114,1	108,3	117,9	101,6	94,9	99,9	97,6	100
Pumpen,Druckluftmaschinen u. dgl.	129,9	128,9	119,8	124,1	107,0	100,1	97,4	100
Büromaschinen	234,9	244,7	260,6	236,1	204,4	155,2	116,1	100
Fördermittel	95,3	88,7	92,0	100,8	85,5	81,9	97,1	100
Landwirtschaftliche Maschinen (einschl. Ackerschlepper)	85,1	87,4	108,1	115,9	109,9	100,5	111,0	100
Fahrzeuge	191,6	161,7	158,2	147,8	123,2	127,8	114,7	100
darunter Kraftfahrzeuge	203,1	172,0	166,3	153,3	125,3	130,1	115,3	100
Elektrotechnische Erzeugnisse (auch elektrische Maschinen)	136,5	134,7	137,9	130,6	114,4	105,8	110,7	100
Textilien und Lederwaren	129,1	126,3	129,8	128,7	115,3	103,5	101,8	100
Papier und Papierwaren	179,1	163,2	154,5	153,1	134,6	119,7	110,4	100

Holz und Holzwaren	133,9	127,3	123,1	117,4	110,0	103,1	102,1	100
Stein-, Ton- und Glaswaren	150,7	131,0	132,1	131,6	120,2	122,2	107,8	100
Kohle	46,7	56,5	75,0	93,9	101,3	91,9	94,8	100
Feinmechanische und optische Erzeugnisse, Uhren	162,0	136,9	121,9	115,2	109,1	104,1	112,0	100
Kautschukwaren	159,8	166,6	160,3	155,0	135,2	120,9	117,2	100
Sonstige Waren	117,1	101,1	106,4	129,9	122,7	101,1	97,0	100
Ausfuhr insgesamt	**132,8**	**121,2**	**124,5**	**129,4**	**116,9**	**105,7**	**104,4**	**100**
davon								
Ernährungswirtschaft	126,6	111,5	116,6	122,2	111,5	93,9	99,3	100
Gewerbliche Wirtschaft	133,0	121,5	124,8	129,6	117,0	106,0	104,6	100
darunter								
Rohstoffe	65,0	72,2	85,7	101,6	103,2	94,5	93,6	100
Halbwaren	112,7	93,0	99,6	132,0	127,8	101,5	95,4	100
Fertigwaren	137,9	126,6	129,1	130,4	116,4	107,0	106,0	100
Vorerzeugnisse	125,1	114,1	117,3	128,1	116,6	99,9	100,0	100
Enderzeugnisse	144,5	133,0	135,2	131,6	116,2	110,6	109,1	100

Quelle: Statistisches Informationssystem Außenhandel LDS NW

Tabelle 17: Ausfuhr Nordrhein-Westfalens und der Bundesrepublik 1988 nach den wichtigsten Warengruppen

Warenbenennung	Nordrhein-Westfalen			Bundesrepublik Deutschland			Anteil
	Mio. DM	Veränderung [1] %	Anteil %	Mio. DM	Veränderung [1] %	Anteil %	NRW an BRD %
Chemische Erzeugnisse	28 627,5	+ 8,5	19,4	84 152,1	+ 10,0	14,8	34,0
darunter Kunststoffe	8 551,7	+ 13,4	5,8	21 082,7	+ 16,7	3,7	40,6
Eisen – und Metallwaren	26 558,0	+ 11,7	18,0	52 435,6	+ 12,6	9,2	50,6
darunter							
Blech aus Eisen	4 061,2	+ 9,0	2,7	6 772,7	+ 13,5	1,2	60,0
Stab – und Formeisen	3 509,8	+ 21,6	2,4	5 033,9	+ 16,8	0,9	69,7
Guß – und Stahlröhren	2 988,4	+ 22,4	2,0	3 563,3	+ 22,9	0,6	83,9
Maschinen	25 907,0	+ 4,7	17,5	100 532,7	+ 7,7	17,7	25,8
darunter							
Maschinen für Spinnstoff –, Leder und Lederwarenindustrie	3 460,6	+ 13,7	2,3	8 403,0	+ 7,5	1,5	41,2
Werkzeugmaschinen (einschl. Walzwerkanlagen)	3 372,5	+ 5,3	2,3	11 106,6	+ 8,5	2,0	30,4
Pumpen,Druckluftmaschinen u. dgl.	1 817,7	+ 0,8	1,2	9 704,0	+ 22,8	1,7	18,7
Büromaschinen	1 618,9	– 4,0	1,1	12 550,1	– 2,0	2,2	12,9
Fördermittel	1 357,4	+ 7,5	0,9	5 008,8	+ 13,0	0,9	27,1
Landwirtschaftliche Maschinen (einschl. Ackerschlepper)	1 292,3	– 2,5	0,9	4 132,6	– 1,2	0,7	31,3
Fahrzeuge	20 996,5	+ 18,4	14,2	116 737,5	+ 6,0	20,6	18,0
darunter Kraftfahrzeuge	19 844,0	+ 18,1	13,4	101 736,1	+ 4,4	17,9	19,5
Elektrotechnische Erzeugnisse (auch elektrische Maschinen)	9 429,5	+ 1,4	6,4	59 869,4	+ 5,0	10,5	15,8
Textilien und Lederwaren	5 788,9	+ 2,2	3,9	25 449,0	+ 5,2	4,5	22,7
Papier und Papierwaren	4 665,6	+ 9,8	3,2	15 925,6	+ 10,9	2,8	29,3
Holz und Holzwaren	2 061,7	+ 5,1	1,4	6 272,2	+ 7,5	1,1	32,9

Stein–, Ton– und Glaswaren	1 473,4	+ 15,0	1,0	6 555,7	+ 10,8	1,2	22,5
Kohle	1 134,9	– 17,3	0,8	1 210,0	– 16,2	0,2	93,8
Feinmechanische und optische Erzeugnisse, Uhren	1 057,5	+ 18,4	0,7	14 617,8	+ 23,1	2,6	7,2
Kautschukwaren	863,6	– 4,1	0,6	5 098,2	+ 9,5	0,9	16,9
Sonstige Waren	19 225,9	+ 15,7	13,0	78 848,9	+ 4,5	13,9	24,4
Ausfuhr insgesamt	**147 789,9**	**+ 9,6**	**100**	**567 704,7**	**+ 7,6**	**100**	**26,0**
davon							
Ernährungswirtschaft	4 200,9	+ 13,6	2,8	28 952,4	+ 9,7	5,1	14,5
Gewerbliche Wirtschaft	143 589,0	+ 9,5	97,2	536 804,3	+ 7,9	94,6	26,7
darunter							
Rohstoffe	2 406,8	– 10,0	1,6	6 733,6	+ 1,6	1,2	35,7
Halbwaren	11 759,1	+ 21,0	8,0	32 223,4	+ 12,6	5,7	36,5
Fertigwaren	129 423,0	+ 9,0	87,6	497 847,4	+ 7,7	87,7	26,0
Vorerzeugnisse	39 981,3	+ 9,7	27,1	96 849,6	+ 11,4	17,1	41,3
Enderzeugnisse	89 441,8	+ 8,7	60,5	400 997,7	+ 6,9	70,6	22,3
Rückwaren und Ersatzlieferungen	–	– –	–	1 947,9	– 45,9	0,3	–

1 Veränderungen zum Vorjahreszeitraum

Quelle: Statistisches Informationssystem Außenhandel LDS NW

Tabelle 18: Ausfuhr (Spezialhandel) der Bundesrepublik Deutschland und Nordrhein-Westfalens 1981 - 1988

Jahr	Nordrhein-Westfalen 1 000 DM	Veränderung zum Vorjahr %	Bundesrepublik Deutschland 1 000 DM	Veränderung zum Vorjahr %	Anteil NRW an BRD %
1981	111302,4	+10,8	396897,6	+13,3	28,0
1982	116196,1	+4,4	427740,5	+7,8	27,2
1983	117616,9	+1,2	432280,6	+1,1	27,2
1984	130064,4	+10,6	488222,4	+12,9	26,6
1985	143978,7	+10,7	537163,7	+10,0	26,8
1986	138586,8	-3,7	526362,4	-2,0	26,3
1987	134849,7	-2,7	527376,2	+0,2	25,6
1988	147781,2	+9,6	567704,7	+7,6	26,0

1 Quelle: Statistisches Informationssystem Außenhandel LDS NW

Tabelle 19: Einfuhr (Generalhandel) der Bundesrepublik Deutschland und Nordrhein-Westfalens 1981 - 1988

Jahr	Nordrhein-Westfalen 1 000 DM	Veränderung zum Vorjahr %	Bundesrepublik Deutschland 1 000 DM	Veränderung zum Vorjahr %	Anteil NRW an BRD %
1981	109070,0	+5,6	379511,7	+8,2	28,7
1982	109227,5	+0,1	385588,2	+1,6	28,3
1983	115107,6	+5,4	398576,1	+3,4	28,9
1984	129927,6	+12,9	445225,4	+11,7	29,2
1985	138478,7	+6,6	475200,9	+6,7	29,1
1986	123208,0	-11,0	423999,9	-10,8	29,1
1987	119476,0	-3,0	419076,3	-1,2	28,5
1988	130969,3	+9,6	449460,6	+7,3	29,1

1 Quelle: Statistisches Informationssystem LDS NW

Insgesamt weist das Bundesland Nordrhein-Westfalen im Industriebereich eine Exportquote von 29,7 Prozent auf. Gliedert man diese Quote für die Betriebe auf, so zeigt sich die Tendenz, daß bei zunehmender Beschäftigungsgröße der Exportanteil steigt. Bei kleineren Betrieben bis zu 49 Beschäftigten liegt die Exportquote bei nur 11,9 Prozent. Bei Betrieben von 50 bis 199 Beschäftigten beträgt diese Quote bereits 18,9 Prozent. Betriebe, die zwischen 200 und 499 Beschäftigte haben, erreichen eine Exportquote von 26,1 Prozent. Und Großbetriebe mit mehr als 500 Beschäftigten erreichen eine Exportquote von 36,1 Prozent. Auf Betriebe mit mehr als 1 000 Beschäftigten entfiel 56,4 Prozent des Auslandsumsatzes, auf Betriebe mit mehr als 500 Beschäftigten, das sind 6,1 Prozent der Betriebe — 70 Prozent des Auslandsumsatzes. Somit erwirtschaften die Betriebe mit weniger als 500 Beschäftigten

Schaubild 5: Warenstruktur Nordrhein-Westfalens 1987 — Ausfuhr

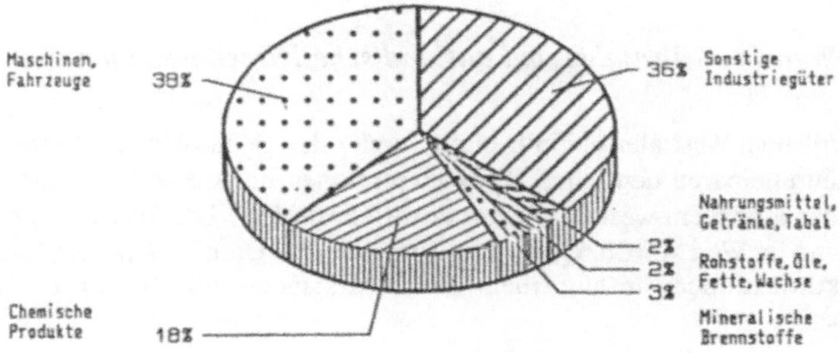

Schaubild 6: Regionale Struktur Nordrhein-Westfalens nach Ländern — Anteile in %

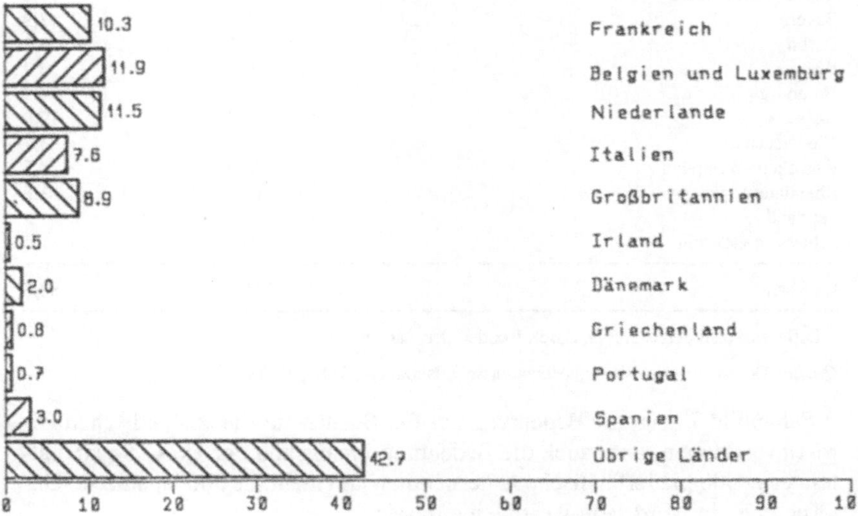

und damit der industrielle Mittelstand (93,7 Prozent aller Betriebe mit 46,5 Prozent der im industriellen Bereich tätigen Arbeitnehmer) nur 30,1 Prozent des gesamten Auslandsumsatzes.

2.7 Nordrhein-Westfalen und ausländische Direktinvestitionen

Nordrhein-Westfalen ist Spitzenreiter unter den Bundesländern hinsichtlich der unmittelbaren deutschen Direktinvestitionen im Ausland. So waren seitens der nordrhein-westfälischen Industrie Ende 1985 Direktinvestitionen im Ausland im Wert von 36,5 Mrd. DM ausgewiesen. Unmittelbare ausländische Direktinvestitionen in Nordrhein-Westfalen standen mit 20,5 Mrd. DM zu Buche.

Tabelle 20: Deutsche Direktinvestitionen im Ausland und ausländische Direktinvestitionen in der Bundesrepublik nach Bundesländern Stand Ende 1985: Mrd.DM

Bundesland	Unmittelbare deutsche Direktinvestitionen im Ausland	Unmittelbare ausländische Direktinvestitionen in der Bundesrepublik
Baden-Württemberg	18,1	17,2
Bayern	27,8	7,9
Berlin	1,7	0,9
Bremen	0,4	0,9
Hamburg	5,5	14,3
Hessen	19,3	19,0
Niedersachsen	8,9	3,1
Nordrhein-Westfalen	36,5	20,5
Rheinland-Pfalz	11,3	1,8
Saarland	1,2	1,2
Schleswig-Holstein	0,5	1,5
Insgesamt[1]	131,1	88,3

1 Differenzen in den Summen durch Runden der Zahlen

Quelle: Deutsche Bundesbank, Außenwirtschaftskonzept, 1987, S. 88

Schaubild 7 zeigt die Bedeutung der EG-Staaten für die ausländischen Direktinvestitionen, aber auch die Bedeutung Japans und der USA. So sind allein etwa 300 niederländische Unternehmen und mehr als 500 japanische Unternehmen in Nordrhein-Westfalen ansässig.

Unterteilt man die Direktinvestitionen nach Wirtschaftszweigen, so steht bei den unmittelbaren Direktinvestitionen im Ausland das Verarbeitende Ge-

Tabelle 21: Unmittelbare und mittelbare Direktinvestitionen des Landes Nordrhein-Westfalen sowie wichtige Kenngrößen der Unternehmen im Ausland nach Anlageländern
Stand Ende 1987

Ländergruppe / Land	Unmittelb. u. mittelb. deutsche Direktinvestitionen im Ausland	Unternehmen im Ausland[1]				
			Bilanzsumme ohne Kreditinstitute	Kreditinstitute	Jahresumsatz	Beschäftigte
	Mill. DM	Anzahl	Mrd. DM			Tsd
EG-Mitgliedsländer	18644	2041	49,2	70,6	64,0	177
darunter:						
Belgien	3004	235	6,6	x	14,5	36
Frankreich	3079	493	9,6	4,3	15,4	40
Großbritannien	2672	346	6,1	x	8,6	21
Italien	1502	189	4,1	—	6,0	15
Luxemburg	2899	42	2,7	35,4	0,9	1
Niederlande	2613	365	13,5	x	9,4	24
Spanien	1939	204	4,5	x	6,0	26
Übrige industrialisierte westliche Länder[2]	19008	1827	49,1	25,8	76,3	251
darunter:						
Japan	767	68	2,3	x	3,7	5
Kanada	981	132	2,5	—	2,5	7
Österreich	1473	339	5,3	x	9,0	26
Schweden	291	62	1,5	—	2,3	5
Schweiz	1912	335	4,2	3,1	4,9	10
USA	11754	612	28,5	11,4	48,8	167
Entwicklungsländer	4914	551	20,7	21,0	12,8	125
darunter:						
Brasilien	2166	145	4,3	—	5,8	67
OPEC-Länder	698	89	1,8	—	1,5	6
Staatshandelsländer	9	8	0,0	—	0,0	0
Regional nicht aufteilbar[3]	2534	—	2,5	—	—	—
Insgesamt	45807	4516	123,3	117,4	154,6	561

x = Aus Gründen der Geheimhaltung von Einzelangaben nicht bekanntgegeben

1 Ohne abhängige Holdinggesellschaften, jedoch einschl. der Kredite der abhängigen Holdinggesellschaften an andere ausländische verbundene Unternehmen

2 Einschl. Entwicklungsländer in Europa

3 Kredite der abhängigen Holdinggesellschaften an andere ausländische verbundene Unternehmen

Schaubild 7: Ausländische Direktinvestitionen in Nordrhein-Westfalen
Nach wichtigsten Herkunftsländern in Mio. DM —
Stand Ende 1986

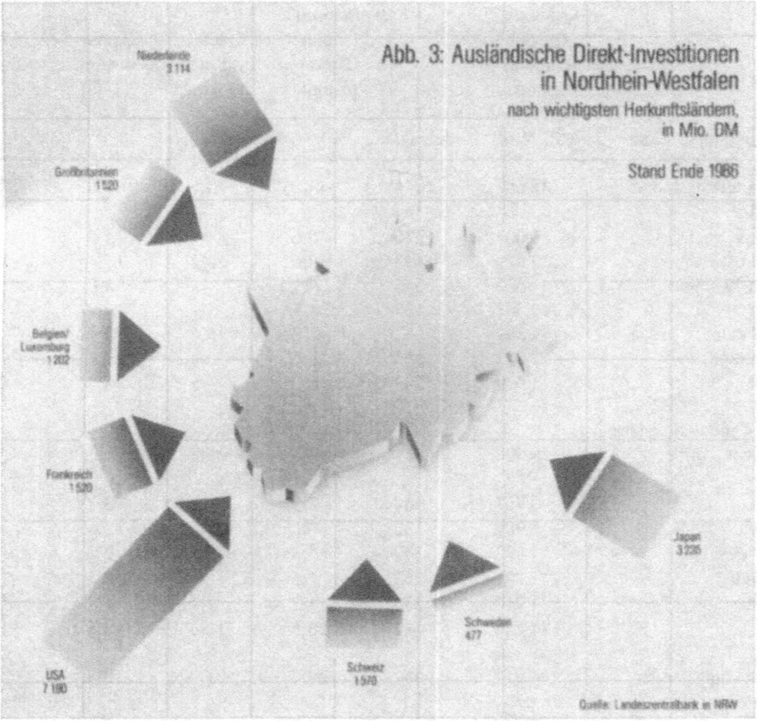

Quelle: Landeszentralbank in NRW

werbe eindeutig an der Spitze. Hierbei haben wiederum die Chemische Industrie, der Maschinenbau, das Baugewerbe und die Eisen- und Stahlerzeugung den größten Anteil.

Tabelle 22: Bilanz der Direktinvestitionsbeziehungen des Landes Nordrhein-Westfalen zum Ausland nach Wirtschaftszweigen
Stand Ende 1987; Mio DM

Wirtschaftszweig[1]	Unmittelbare deutsche Direktinvestitionen im Ausland	Unmittelbare ausländische Direktinvestitionen in der Bundesrepublik
Bergbau[2]	2310	141
Verarbeitendes Gewerbe	18860	9667
darunter:		
Chemische Industrie	8233	2975
Mineralölverarbeitung	703	320
Herstellung von Kunststoff- und Gummiwaren	272	656
Gewinnung und Verarbeitung von Steinen und Erden, Feinkeramik und Glasgewerbe	303	399
Eisen- und Stahlerzeugung[3]	1755	324
Maschinenbau	2753	643
Herstellung von Büromaschinen, Datenverarbeitungsgeräten und -einrichtungen	1435	48
Straßenfahrzeugbau	680	1995
Elektrotechnik	479	651
Feinmechanik und Optik, Herstellung von EBM-Waren usw.[4]	547	364
Ernährungsgewerbe	216	405
Baugewerbe	373	75
Handel	2806	6678
Verkehr und Nachrichtenübermittlung	549	416
Kreditinstitute	2428	1167
Beteiligungsgesellschaften und sonstige Vermögensverwaltung	5802	5222
Sonstige Dienstleistungen[5]	2021	1287
Sonstige Unternehmen	1951	227
Privatpersonen	1677	—
Insgesamt	38777	24880

1 Nach dem deutschen Investor bzw. deutschen Investitionsobjekt

2 Einschl. Mineralölgewinnung

3 Einschl. Stahlverformung

4 Einschl. Herstellung von Musikinstrumenten, Sportgeräten, Spiel- und Schmuckwaren

5 Einschl. Finanzierungsinstitutionen, Versicherungsunternehmen, Wohnungsunternehmen und sonstige Grundstückswesen

3. Kohle und Stahl — die zentrale Rolle der EG

3.1 Der Faktor Kohle in Nordrhein-Westfalen

Das Profil des Bundeslandes Nordrhein-Westfalen wurde in den Anfängen der Republik durch die Sektoren Kohle und Stahl geprägt. Nordrhein-Westfalen war nach dem Zweiten Weltkrieg zweifellos das Zentrum für die Energieversorgung Deutschlands. Im ersten Jahrzehnt der Existenz der Bundesrepublik deckte Nordrhein-Westfalen vier Fünftel des Gesamtenergieverbrauchs. „Bei einem Primär-Energieverbrauch in der gesamten Republik von nicht einmal 200 Millionen SEK (Steinkohleeinheiten) lieferte der Bergbau in Nordrhein-Westfalen 134 Millionen Tonnen Steinkohle und rund 80 Millionen Tonnen Braunkohle. Das sind Zahlen, die eindrucksvoll dokumentieren, daß Nordrhein-Westfalen im ersten Nachkriegsjahrzehnt das unumschränkte Kraft- und Machtzentrum war. Nordrhein-Westfalen hatte praktisch ein Monopol in der Energieversorgung (Erzeugung und Verteilung) der Bundesrepublik, und das sollte sich später rächen." (Beinhauer 1988, S. 106)

Wichtigster Faktor für die Energieversorgung war die Kohle, die die Wirtschaftsplanung und -lenkung in der frühen Nachkriegszeit beherrschte. Die Kohle wurde zu einem Politikum. Von den Bestimmungen der Alliierten in unmittelbarer Nachkriegszeit über das Ruhrstatut gelangte man zur Europäischen Gemeinschaft für Kohle und Stahl (EGKS) im Jahr 1952. Ziel der Integration war und ist es, entsprechend Art. 2 EGKSV, im Einklang mit der Gesamtwirtschaft der Mitgliedstaaten und auf der Grundlage eines gemeinsamen Marktes zur Ausweitung der Wirtschaft, zur Steigerung der Beschäftigung und zur Hebung der Lebenshaltung in den Mitgliedstaaten beizutragen. Die EGKS sollte insbesondere die Voraussetzungen schaffen, die rationellste Verteilung der Erzeugung auf dem höchsten Leistungsstand zu sichern. Zu diesem Zweck wurden den Organen für die Kohle- und Stahlpolitik folgende Aufgaben zugewiesen:

- auf die Bildung niedrigster Preise zu achten;
- allen Verbrauchern den gleichen Zugang zu den Produkten zu sichern;
- eine Politik rationeller Ausnutzung der natürlichen Hilfsquellen unter Vermeidung von Raubbau zu verfolgen;

— auf eine Verbesserung der Lebens- und Arbeitsbedingungen hinzuwirken;
— die geordnete Ausweitung und Modernisierung der Erzeugung sowie die Verbesserung der Qualität und die Entwicklung des zwischenstaatlichen Austausches zu fördern.

Somit bündelte der EGKS-Vertrag wichtige, bisher im nationalen Bereich verankerte Kompetenzen in der Kohle- und Stahlindustrie und übertrug sie der Hoheitsgewalt der EGKS. Doch unabhängig von der Vergemeinschaftung der Kohle- und Stahlindustrie geriet zunächst der Kohlebergbau in eine dramatische Existenzkrise.

1958 stellte sich für den Ruhrkohlebergbau die erste Absatzkrise ein. Seit Mitte der 50er Jahre eroberte sich das Mineralöl einen immer stärkeren Anteil am Wärmemarkt. Mineralöl war preiswert — da von Steuern und Zoll zunächst befreit — und darüber hinaus auch leicht handhabbar. Raffinerien wurden vornehmlich in jenen Bundesländern angesiedelt, die über keine Energiereserven verfügen und in der Mineralölindustrie — zu recht — die preiswertere Alternative sahen. Die Kohleförderländer, also Nordrhein-Westfalen und das Saarland, versuchten, politisch die Förderkapazitäten des deutschen Steinkohlebergbaus auf 140 Millionen Tonnen festzusetzen. Sie scheiterten jedoch an den unterschiedlichen Interessen der Bundesländer. Da die Mineralölindustrie in starker Konkurrenz zueinander stand und einen Preiskampf führte, verstärkte sich der Druck auf den Kohlebergbau. Der Rückgang des Absatzes war die zwangsläufige Folge, zumal sich auch keine Kontingentierung für die Mineralölindustrie erreichen ließ. So sank der Gesamtabsatz des deutschen Steinkohlebergbaus kontinuierlich und halbierte sich in nahezu dreißig Jahren (vgl. Tabelle 23).

Es wurde im Verlauf der Entwicklung auf dem Wärmemarkt Ende der 50er / Anfang der 60er Jahre immer deutlicher, daß der Kohlebergbau gegenüber dem Energieträger Mineralöl nur eine Chance besaß, wenn eine Rationalisierung dieses Industriezweigs vorgenommen wurde. Die Gründung eines „Rationalisierungsvereins" 1963 stellte sich nur als Vorspiel zur Schaffung der Ruhrkohle AG heraus. Obwohl Bundeswirtschaftsminister Erhard 1962 eine Fördergarantie für 140 Millionen Tonnen Steinkohle pro Jahr gegeben hatte, wuchsen trotz Verminderung der Kohlegruben die Halden, da der Kohleabsatz ebenfalls rückläufig war. 1968 wurden alle Unternehmen mit Bergbauaktivitäten aufgefordert, sich zu einer Unternehmensfusion zusammenzuschließen. Ziel war es, für den Bergbau an der Ruhr die bestmögliche Lösung unter gesamtwirtschaftlichen, regionalen, sozialen und allgemeinpolitischen Gesichtspunkten wie auch unter betriebs- und organisationswirtschaftlichen Aspekten zu finden. So entstand im November 1968 die Ruhrkohle AG, an der nicht alle aufgeforderten Unternehmen teilnahmen.

Doch auch unter der Ruhrkohle AG fand keine Anpassung des Steinkohlebergbaus an die Marktverhältnisse statt, wie es von Wirtschaftsinstituten emp-

Tabelle 23: Absatz des deutschen Steinkohlebergbaus nach Verbrauchergruppen

Jahr	Inland			EG-Länder			
	Wärme-markt	Kraft-werke[1]	Stahl-industrie	übrige	Dritt-länder	Gesamt-absatz	
			Mio. t (t = t)				
1957	67,6	20,2	30,3	24,9		6,8	149,9
1960	60,8	24,8	31,3	27,0		5,8	149,7
1965	44,7	28,9	27,1	22,2		4,7	127,6
1970	28,1	35,6	27,9	19,8	5,7	3,6	120,7
1971	21,2	38,6	23,1	18,9	5,0	2,0	108,8
1972	17,7	36,7	22,5	17,5	4,6	2,2	101,2
1973	16,2	36,3	25,8	18,5	4,6	4,3	105,7
1974	16,2	37,7	29,6	20,9	5,0	6,8	116,2
1975	12,1	27,0	21,8	16,4	4,5	3,4	85,2
1976	10,6	34,9	21,6	14,4	3,5	3,8	88,8
1977	9,7	32,3	19,7	11,7	5,4	5,0	83,8
1978	8,9	36,8	20,8	12,3	7,7	9,2	95,7
1979	9,5	38,9	24,7	15,7	7,1	7,7	103,6
1980	8,7	39,4	24,9	13,0	5,0	2,8	93,8
1981	7,8	40,4	24,6	12,8	4,0	2,9	92,5
1982	7,6	41,8	20,6	9,4	3,8	1,9	85,1
1983	7,5	44,9	19,8	9,3	3,8	2,9	88,2
1984	7,2	45,9	2,6	11,3	4,4	3,0	94,4
1985	7,1	45,4	23,7	9,0	3,4	3,3	91,9
1986	5,7	46,7	20,2	7,1	2,8	1,7	84,2

1 Davon 3 bis 4 Mio. t für Wärmezwecke ab 1969 statistisch erfaßt

Quelle: Beinhauer 1988, S. 108

fohlen worden war. Die Situation für den Steinkohlebergbau verschlechterte sich zunehmend, da das Mineralöl inzwischen die Kohle als tragende Säule der Energieversorgung abgelöst hatte. „Der Anteil der Kohle sackte um 34 Prozentpunkte auf knappe 44 Prozent ab, der Anteil der Steinkohle sogar auf 30 Prozent. Mit diesen strukturellen Verwerfungen auf dem Energiemarkt bei einem kräftigen Anstieg des Primär-Energieverbrauchs um knapp 50 Prozent und des Stromverbrauchs um gar 100 Prozent hatte Nordrhein-Westfalen seine Vorrangstellung als Energielieferant der Republik verloren. Das Drittel Rohölverarbeitungskapazität, das ins Land kam, war für diesen gewaltigen Verlust kein Ausgleich" (Beinhauer 1988, S. 111).

Die Kohle hatte neben dem Öl noch zwei zusätzliche Konkurrenten auf dem Energiemarkt erhalten, nämlich das Erdgas und die Kernenergie. Hatte die Steinkohle 1960 unter den Energieträgern des Primär-Energieverbrauchs einen Anteil von gut 60 Prozent, so lag der Anteil des Naturgas bei nur 0,6 Pro-

Schaubild 8: Entkoppelung von Wirtschaftswachstum und Primärenergieverbrauch

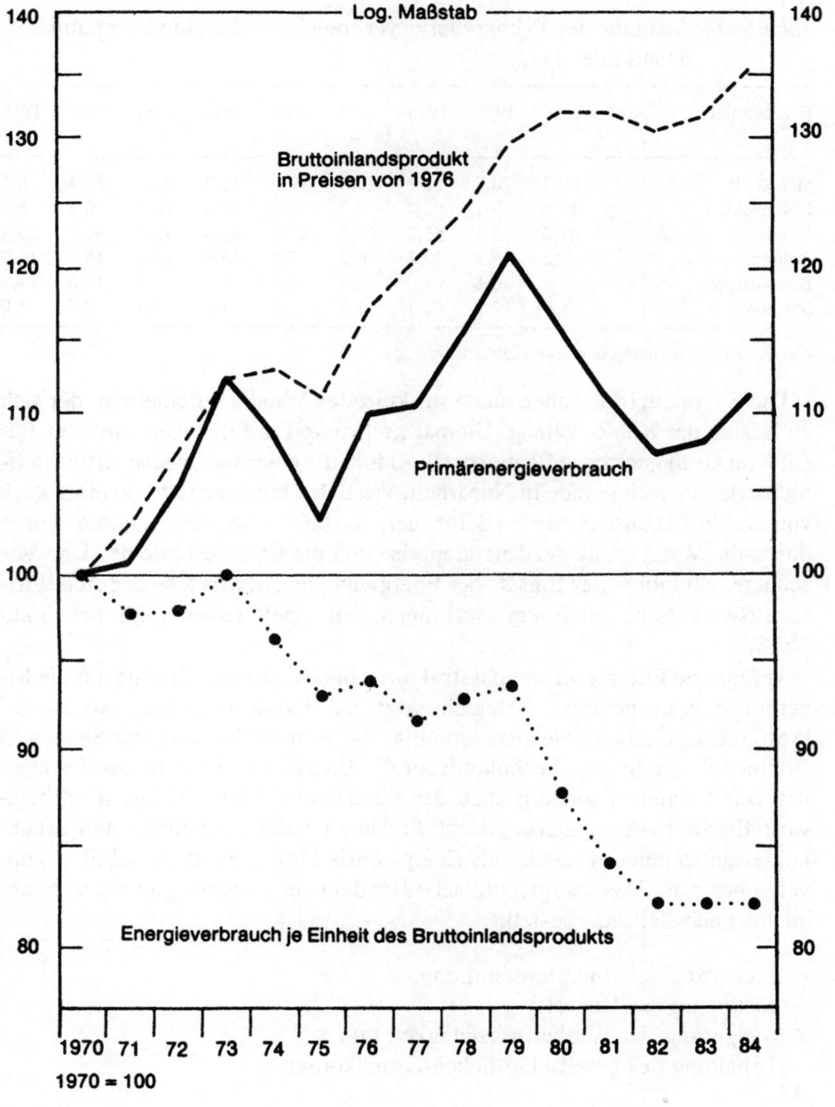

Quelle: Beinhauer, 1988, S. 114

zent und die Kernenergie war zu jener Zeit nicht meßbar. Bereits 1970 hatte sich das Verhältnis sehr zu ungunsten der Kohle verschlechtert und 1986 betrug der Steinkohleanteil nur noch ein Fünftel (vgl. Tabelle 24).

Tabelle 24: Struktur des Primärenergieverbrauchs in der Bundesrepublik Deutschland

Energieträger	1960	1970	1973	1979 in %	1980	1983	1984	1985	1986
Steinkohle	60,7	28,8	22,2	18,6	19,7	21,3	21,5	20,4	20,1
Braunkohle	13,8	9,1	8,7	9,3	9,9	10,5	10,2	9,3	8,6
Erdöl	21,0	53,1	55,2	50,7	47,8	43,4	42,0	41,5	43,3
Naturgas	0,5	5,5	10,2	16,2	16,5	15,6	15,6	15,5	14,9
Kernenergie	-	0,6	1,0	3,4	3,6	5,9	7,9	10,6	10,1
Sonstige	4,0	2,9	2,7	1,8	2,5	3,3	2,8	2,7	3,0

Quelle: Arbeitsgemeinschaft Energiebilanzen

Die Energiemärkte haben einen strukturellen Wandel durchlaufen, der sich zu Lasten der Kohle vollzog. Einmal „schrumpft mit der Abnahme des Bedarfs an Grundstoffen je Bruttosozialprodukt die energieintensive Grundstoffindustrie, die sich gerade in Nordrhein-Westfalen konzentriert und einst stark von Kohle begünstigt war“ (Beinhauer, S. 113). Und zum anderen wurde durch die Verteuerung der Energiepreise und die Erfordernisse des Umweltschutzes ein rationeller Einsatz der Energienutzung bewirkt, so daß sich Wirtschaftswachstum und Energieverbrauch entkoppelt haben (vgl. Schaubild Nr. 8).

Veränderte Energieverbrauchsstrukturen haben zu einem Bedarf auf niedrigerem Niveau geführt. Dennoch setzt die Landesregierung Nordrhein-Westfalens auf eine Kohlevorrangpolitik, da sie in der Nutzung der Stein- und Braunkohle langfristig die Zukunft für die Energiepolitik nicht nur des eigenen Bundeslandes, sondern auch der Bundesrepublik sieht. Die nordrhein-westfälische Landesregierung sieht die Nutzung der Steinkohle- und Braunkohlelagerstätten des Landes als Energiebasis für die Bundesrepublik als unverzichtbar an. Das energiepolitische Handeln der Landesregierung wird unter folgende Leitsätze gestellt:

— Sicherung der Energieversorgung;
— Schonung der Umwelt;
— Steigerung der Wettbewerbsfähigkeit und
— Erhaltung des gesellschaftlichen Grundkonsens.

Für die Landesregierung ermöglichen vorrangig die heimischen Energieträger, Energie langfristig sicher und zuverlässig kalkulierbar anzubieten. So wurde 1980 der sogenannte Jahrhundertvertrag zwischen dem Gesamtverband des Deutschen Steinkohlebergbaus und der öffentlichen sowie industriellen Elektrizitätswirtschaft einschließlich der Deutschen Bundesbahn für die zeit von 1981 bis 1995 geschlossen. Er sieht ein Gesamtvolumen von 638,5 Mio. t SKE vor. Beginnend mit einem Absatz von 37 Mio. t SKE sollen 1995 47,5 Mio. t SKE Absatz garantiert werden. Auch im Hüttenvertrag verpflichteten sich die deutschen Stahlwerke zur Abnahmegarantie von deutscher Steinkohle. Inzwischen wurde der Hüttenvertrag über 1988 hinaus verlängert, so daß die deutschen Hütten sich bis zum Jahr 1997 ausschließlich mit heimischer Kokskohle versorgen werden. Auch zwischen dem Eschweiler Bergwerksverein und der ARBED wurde Einvernehmen über die Lieferung deutscher Kokskohle bis zum Jahr 2000 erzielt. Diese Maßnahmen haben zwar dazu beigetragen, Förderkapazität zu erhalten und den personellen Anpassungsbedarf zu begrenzen, jedoch konnten sie einen Belegschaftsabbau im Steinkohlebergbau nicht verhindern. So sind zwischen 1982 und Ende 1988 mehr als 42000 Arbeitsplätze im Steinkohlebergbau abgebaut worden, der Ende 1987 noch ca. 133000 Arbeitskräfte umfaßte. Da auch Unternehmen nicht dauerhaft an ökonomischen Realitäten vorbeigehen können, d.h., da Kohle- und Koksabsatz in der deutschen und europäischen Stahlindustrie sowie auf dem Wärmemarkt rückläufig sind, wurde in der nationalen Kohlerunde 1987 eine Reduzierung der Förderkapazität bis 1995 um 13-14 Mio. t vereinbart. Das bedeutet, daß damit ein weiterer Personalabbau von 25000-30000 Stellen im Bergbau verbunden ist. Für den deutschen Steinkohlebergbau spricht allerdings, daß einmal Vorkommen für Jahrhunderte hier lagern und zum anderen die weltweit führende Position des technologischen Niveaus.

Das zweite Standbein im Kohlebergbau bildet die Braunkohle, von der allein 95 Prozent der in der Bundesrepublik geförderten Menge in Nordrhein-Westfalen, vor allem im Städtedreieck Aachen — Köln — Mönchengladbach zu Tage kommen. Braunkohle ist somit eine der bedeutendsten Primärquellen der deutschen Stromversorgung. Sie eignet sich auch gut zur Umwandlung in gasförmige und flüssige Veredelungsprodukte und dürfte somit zukunftsträchtig sein. In Nordrhein-Westfalen befindet sich mit etwa 55 Mrd. t das bedeutendste Braunkohlevorkommen Europas. Der Abbau ist durch staatliche Genehmigungen bis zum Jahr 2000 gesichert. Steinkohle und Braunkohle trugen zur nordrhein-westfälischen Energiebilanz im Jahr 1985 mit 50 Prozent bei, während der Anteil des Mineralöls bei einem Drittel lag. Auf Naturgas entfielen 15 Prozent.

3.2 Zukunftsinitiative Montanregionen/Zukunftsinitiative Nordrhein-Westfalen (ZIM/ZIN)

Da sich 1987 sowohl im Steinkohlebergbau als auch in der Stahlindustrie die Probleme zugespitzt hatten, beschloß die Landesregierung im Juni 1987 die „Zukunftsinitiative Montanregionen“. In dieser Initiative wurden fünf strukturpolitisch bedeutsame Felder vorgeschlagen, deren Maßnahmen sich in besonderem Maße eignen sollten, einen zusätzlichen Innovationsschub in den Montanregionen hervorzurufen. Es handelte sich dabei um

— Innovations- und Technologieförderung,
— Förderung zur zukunftsorientierten Qualifikation der Arbeitnehmer,
— arbeitsplatzschaffende und arbeitsplatzsichernde Maßnahmen,
— Ausbau und Modernisierung der Infrastruktur und
— Verbesserung der Umwelt- und Energiesituation.

Die Maßnahmen sollten in folgenden Montanregionen Anwendung finden: Aachen-Jülich, Bochum (mit Hattingen und Witten), Dortmund-Unna, Duisburg-Oberhausen, Essen, Gelsenkirchen, Hamm-Beckum und dem nordrhein-westfälische Teil von Siegen.

Die „Zukunftsinitiative Montanregionen“ verstand sich als Teil des von allen drei Landtagsfraktionen 1987 geforderten „Programms Montanregionen“. Hier sollten von den unterschiedlichen Ebenen — Kommunen, Land, Bund und Europäische Gemeinschaft — gemeinsame Maßnahmen beschlossen und zum Teil finanziert werden. Nur die Bündelung von Fördermitteln kann zur Schaffung einer größtmöglichen Zahl von Ersatzarbeitsplätzen zu zukunftsorientierten Ausbildungsmöglichkeiten und zur Verbesserung der Infrastruktur in den Montanstandorten führen. Zur Finanzierung der „Zukunftsinitiative Montanregionen“ sollen für den Zeitraum von 1988 bis 1991 4 x 500 Mio. DM zur Verfügung gestellt werden, von denen Nordrhein-Westfalen ein gutes Drittel übernimmt. Die „Zukunftsinitiative Montanregionen“ mit ihrer neuen Qualität der Landespolitik ist einmal darauf angelegt, „das Engagement und die Fähigkeit zur Selbstorganisation und zur Kooperation der für die wirtschaftliche und strukturelle Entwicklung in den Montanregionen Verantwortlichen zu stärken und zu stützen“. Zum anderen soll damit ein Innovationsschub über die Stärkung des Innovations- und Technologiepotentials angeregt werden, um neue zukunftssichere Arbeitsplätze zu schaffen und die Arbeitnehmer zukunftsorientiert zu qualifizieren. (Der Minister für Wirtschaft, Mittelstand und Technologie des Landes NRW, 1987, S. 21)

Die Grundprinzipien der Zukunftsinitiative Montanregionen — Regionalisierung der Strukturpolitik, intensive regionale Kooperation der regionalpolitisch Verantwortlichen und stärkere Koordination auf regionaler und Landesebene — stießen bei den Verantwortlichen in den vom Strukturwandel besonders betroffenen Montanregionen auf Resonanz und Zustimmung. „ZIM führte im Ergebnis nicht nur zu einer neuen Qualität der Zusammenarbeit unterschiedlicher Entscheidungsträger und Institutionen, sondern auch zu einer vielfalt und Vielzahl von innovativen, strukturwirksamen Projekten, in denen sich die spezifischen Stärken der jeweiligen Regionen und die Vorstellungskraft ihrer Repräsentanten widerspiegelten". (Der Minister für Wirtschaft, Mittelstand und Technologie des Landes NRW, 1990, S. 2.) Da ZIM positiv angenommen wurde, andere Landesteile auch ihr Interesse an diesem Verfahren der regionalisierten Strukturpolitik anmeldeten und eine Chancengleichheit der Regionen gewährleistet werden sollte, wurde die Zukunftsinitiative auf alle Regionen ausgeweitet und 1989 in Zukunftsinitiative Nordrhein-Westfalen (ZIN) umgewandelt. Mit ZIN wird angestrebt, sich den strukturellen Herausforderungen zu stellen und durch eine Kombination und Bündelung von strukturwirksamen EG-, Bundes- und Landesprogrammen den strukturellen Wandel in Nordrhein-Westfalen zu ermöglichen.

3.3 Die europäische Dimension der Kohle- und Stahlpolitik

Wenn auch nach Abschluß des EGKS-Vertrags mit der Entflechtung der Ruhrindustrie begonnen und die Kontrolle über die deutschen Stahlfirmen aufgebrochen wurde, blieben aber die deutschen Stahlwerke in der Montanunion die größten Einheiten (vgl. Zellentin 1984, S. 324). Ab 1954 erlaubte die Hohe Behörde der EGKS die Konzentration von Zusammenschlüssen der Unternehmen im Montanbereich, wenn dadurch die Produktionskapazität erhöht wurde. „Im Kohle-Bereich hatte sich über der entflochtenen Kohleförderungsgesellschaft eine zentrale Gemeinschaftsorganisation Ruhrkohle (GEORG) gebildet, die in Konkurrenz zur Hohen Behörde Aufträge erteilte, Preise festlegte und die Beschäftigung zu stabilisieren versuchte; und obwohl auch das dem EGKS-Vertrag widersprach, wurde die Kohle als einzig wichtige Natur-Ressource in Nordrhein-Westfalen und der Bundesrepublik dem freien Wettbewerb nicht ausgesetzt." (Zellentin ebenda) Die Schaffung eines gemeinsamen Kohle- und Stahlmarkts mit der Beseitigung der Zollschranken führte innerhalb der EGKS zu einer schnellen Ausweitung des Handels im Montanbereich und zu erhöhtem Wohlstand, aber auch zu mehr wirtschaftlicher Verflechtung. Zwischen 1952 und 1957 nahm der innergemeinschaftliche Kohle- und Stahlhandel um 129 Prozent zu.

Somit bedeutete die Expansion in den Montan-Industrien auch keinerlei Strukturveränderung für das Revier. Die EGKS ließ praktisch die alten Strukturen an der Ruhr wiederentstehen.

Lediglich im sozialen Bereich wurde die europäische Dimension erkennbar, als die Mitbestimmung in den Montansektoren in den Großunternehmen dieser Industriezweige in der Bundesrepublik Deutschland eingeführt wurde. Ansonsten konnte die EGKS jedoch keine Europabegeisterung an der Ruhr wecken.

Bis 1974 bildete die EGKS den Rahmen für den wirtschaftlichen Aufschwung, doch dann geriet die Stahlindustrie in eine schwere Krise. Stieg noch bis 1974 die weltweite Stahlnachfrage um 6 Prozent, so brach die Stahlnachfrage und -produktion nach der ersten Ölpreiskrise von 1973/74 in EG-Europa faktisch zusammen (vgl. Schaubild Nr. 9). Die parallele internationale Wirtschaftskrise führte zum Rückgang der Stahlnachfrage, da die großen Stahlverbraucher wie Werften, Ausrüstungswesen und das Bauwesen sich im Niedergang befanden bzw. rückläufige Entwicklungen vermeldeten. Zum Beispiel führten neue Entwicklungen in der Automobilindustrie dazu, daß hier der Stahlanteil zwischen 1975 und 1980 um mehr als 10 Prozentpunkte zurückging. Somit verlor die europäische Stahlindustrie im weltweiten Vergleich an Bedeutung. So war z.B. weltweit die Rohstahlerzeugung zwischen 1970 und 1984 um 19,1 Prozent auf ca. 710 Mio. t gestiegen, in der EG war sie dagegen im gleichen Zeitraum um 12,3 Prozent zurückgegangen. Zur selben Zeit fanden Veränderungen hinsichtlich des Verbrauchs statt. Der Industrieländeranteil reduzierte sich von 59 Prozent im Jahr 1974 auf 46 Prozent im Jahr 1983. Allein in der EGKS verringerte sich der Stahlverbrauch in dieser Zeit von 124 Mio. t auf 100 Mio. t. Gleichzeitig entstanden in der Dritten Welt neue Stahlindustrien, die mit modernen und wettbewerbsfähigen Produktionsanlagen ausgerüstet waren und nicht zuletzt aufgrund ihrer geringeren Produktionskosten — insbesondere durch die niedrigen Löhne — bisherige Märkte der Europäer übernehmen konnten. Trotz des Produktionsrückgangs wurden allerdings in der Gemeinschaft die Produktionskapazitäten der gemeinschaftlichen Stahlindustrie ausgeweitet, so daß es zu immer geringeren Auslastungen kam. Wurde 1973 noch mit einer Auslastung der Unternehmen von 87 Prozent gearbeitet, so sank diese Quote auf 57 Prozent im Jahr 1983, so daß ein strukturelles Ungleichgewicht zwischen Stahlangebot und Stahlnachfrage entstand und schließlich zu einem drastischen Preisverfall führte. Allein zwischen 1974 und 1977 fielen die Preise um mehr als 40 Prozent, so daß die Unternehmen sich zunehmend verschuldeten und ein gewaltiger Abbau der Beschäftigten erfolgte. Die Krise der Stahlindustrie korrespondierte somit mit der Kohlekrise und verschlimmerte diese noch, da ja die Stahlindustrie einer der größten und sichersten Abnehmer der Kohle war.

In dieser Krisensituation sollte die EGKS eine bedeutsamere Rolle spielen als in Hochkonjunkturzeiten. Nun wurde die EG-Kommission — die nach der Zusammenlegung der Verträge die Funktionen der Hohen Behörde im Rahmen der EGKS wahrnimmt — zu einem wichtigen Instrument für die Regulierung des Marktes. Ab 1977 führte sie ein System für den Stahl zur Anpassung des Angebots an die Nachfrage ein. Sie gab Empfehlungen an Unternehmen

Schaubild 9: Aufteilung weltweiter Rohstahlerzeugung

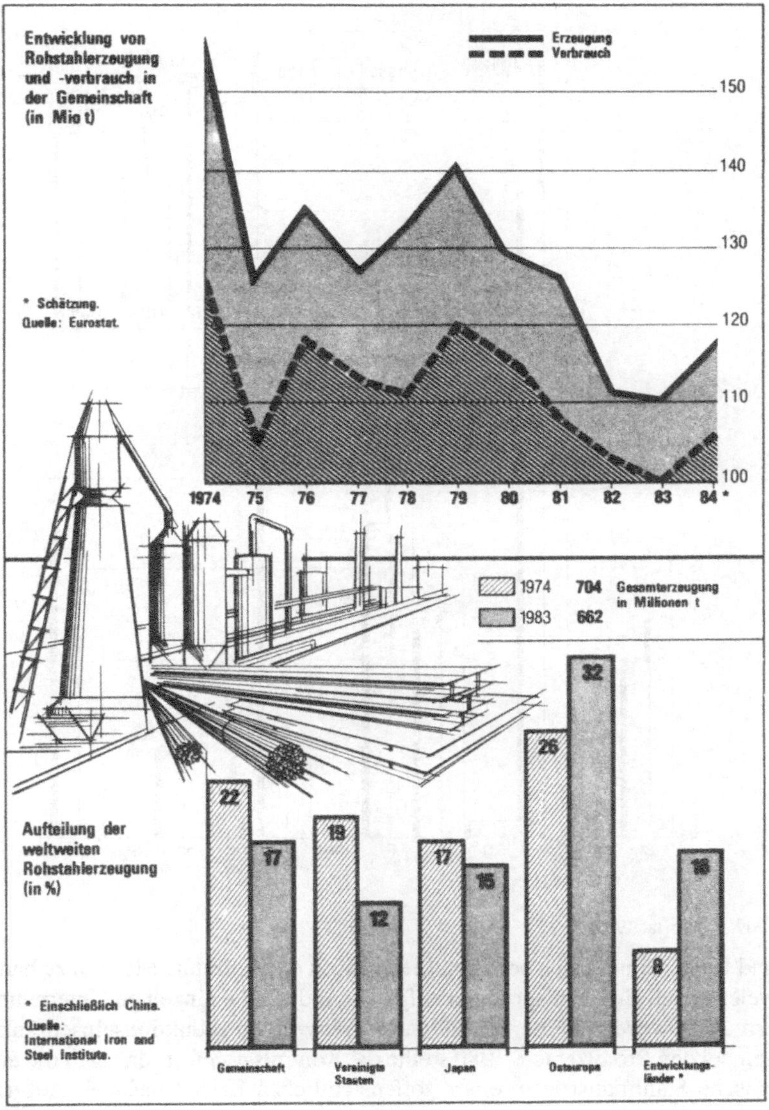

Quelle: Stichwort Europa 2 / 1985, S. 4

Schaubildung 10: Rohstahlerzeugung

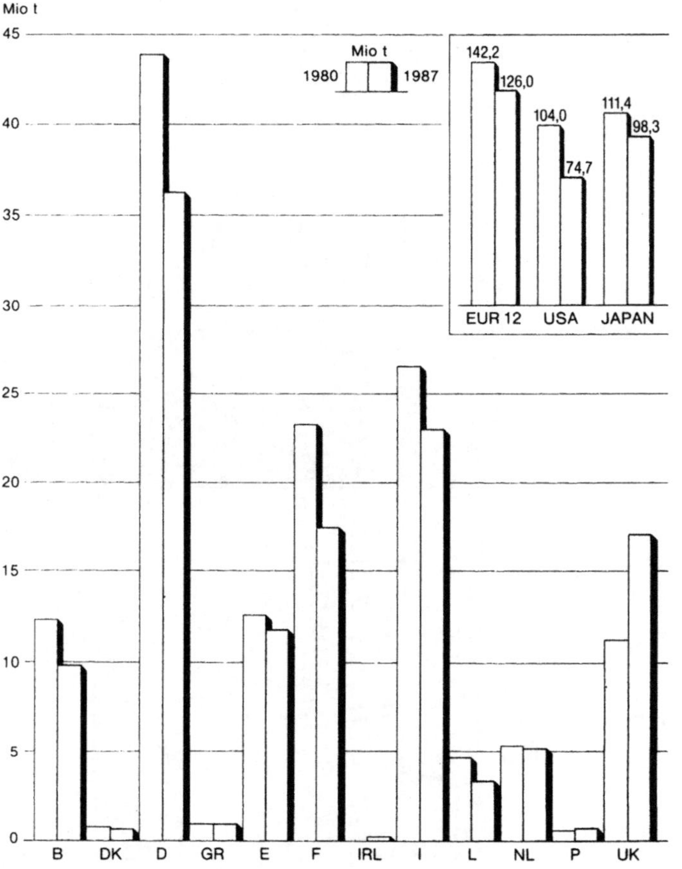

Quelle: eurostat 1989, S. 25

und Unternehmer, sich bei ihren Lieferungen an bestimmte Mengen zu halten, welche nach Erzeugnisgruppen aufgeteilt und für die einzelnen Unternehmen errechnet wurden und erreichte damit freiwillige Produktionseinschränkungen bei den Produzenten. 1980 stellte die Kommission fest, daß sich die europäische Stahlindustrie in einer „offensichtlichen Krise“ befände. Aufgrund der Vertragsbestimmungen setzte die Kommission nun ein System von Erzeugungsquoten fest, daß bis Ende 1985 in Kraft blieb und mehr als 80 Prozent der Stahlerzeugung erfaßte.

Parallel dazu bezog die Kommission auch den Handel in die Preissteuerung des Vertrags für Stahl ein. Neben der Regulierung des Marktes und der Preisgestaltung baute die EGKS auch ihre Rolle im sozialen Bereich weiter aus. Einvernehmlich mit den Mitgliedstaaten wurden gemeinschaftliche Rahmenbedingungen für einzelstaatliche Beihilfen eingeführt, die laut EGKS-Vertrag grundsätzlich untersagt sind. Ab 1980 wurden sie unter der Voraussetzung zugelassen, daß sie zur Umstrukturierung des Stahlsektors beitragen, zeitlich begrenzt und nicht wettbewerbsverzerrend sind. Neben den nationalen Beihilfen gewährt die Gemeinschaft finanzielle Hilfe zur Modernisierung der Stahlindustrie sowie zur Behebung der regionalen und sozialen Auswirkungen der Stahlkrise. Zwischen 1975 und 1983 wurden allein für Investitionen auf dem Stahlsektor Darlehen von der EGKS in Höhe von 4 Mrd. ECU zur Verfügung gestellt. Zur Schaffung neuer Arbeitsplätze in den Stahlgebieten hat die EGKS in der gleichen Zeit 1,8 Mrd. ECU bereit gehalten, was zur Schaffung von 96000 Arbeitsplätzen führte. An nicht rückzahlbaren Zuschüssen aus dem Europäischen Fonds für regionale Entwicklung wurden an die Stahlgebiete 1 Mrd. ECU ausgeschüttet. Nach Nordrhein-Westfalen flossen aus den Mitteln der EGKS zwischen 1981 und 1987:

1. Umstellungsbeihilfen in Höhe von	831,33 Mio. DM
Davon:	
a) Wiedereingliederungsbeihilfen und soziale Begleitmaßnahmen zur Umstrukturierung in der Montanindustrie	402,81 Mio. DM
b) Forschungsbeihilfen	189,42 Mio. DM
c) Pilot-/Demonstrationsvorhaben im Stahlbereich	9,01 Mio. DM
d) Zinsverbilligungen	230,07 Mio. DM
2. Darlehen in Höhe von	2306,24 Mio. DM
Davon:	
a) Industriedarlehen	1395,27 Mio. DM
b) Umstellungsdarlehen	855,71 Mio. DM
c) Finanzierung von Arbeiterwohnungen	55,29 Mio. DM

Darüber hinaus fördert die EGKS seit 1954 den Neubau von Wohnungen für Stahl- und Bergbauarbeiter sowie die Modernisierung von Altbauwohnungen.

Die Wohnungsbauförderung der EGKS wurde als Begleitmaßnahme für die gemeinschaftliche Politik im Sektor Stahl und Kohle verstanden und leistet einen Beitrag zur Verbesserung der Lebensqualität von Arbeitnehmern, die besonders harten Arbeitsbedingungen ausgesetzt sind.

Von 1954 bis 1983 wurden insgesamt neun Mehr-Jahres-Programme für über 100000 Wohnungseinheiten durchgeführt.

Im Jahre 1985 hat die EG-Kommission die Durchführung eines zehnten Programms „EGKS-Sozialwohnungen“ beschlossen.

Der erste Abschnitt dieses Programms ist inzwischen abgeschlossen. Zum Neubau von 1936 Wohnungen und zur Modernisierung von 824 Wohnungen für Stahlarbeiter — bundesweit — sind 7419320 DM und zur Förderung von 337 Wohnungen für Wohnungsberechtigte im Kohlebergbau (nur Nordrhein-Westfalen) sind 6210000 DM eingesetzt worden.

Für einen zweiten Abschnitt des zehnten Programms ist die Verteilung von 39 Millionen ECU — das sind rund 82 Millionen DM — für die 12 Mitgliedstaaten der Europäischen Gemeinschaften beschlossen worden. Dieser Programmteil wird zur Zeit durchgeführt, wobei für Nordrhein-Westfalen rund 6,8 Millionen DM für den Stahlbereich und rund 8,8 Millionen DM für den Kohlebereich zur Verfügung stehen.

Ende der 80er Jahre bestand in der EG auf dem EG-Stahlmarkt eine Überkapazität von 30 Mio. t. Allein in der Bundesrepublik Deutschland werden nach derzeitigen Unternehmensplänen etwa 35000 bis 40000 Arbeitsplätze im Stahlbereich verloren gehen, davon allein ca. 28000 in Nordrhein-Westfalen.

3.4 Herausforderungen durch den Binnenmarkt für Kohle und Stahl

Der europäische Binnenmarkt wird in den 90er Jahren auch auf die Energiepolitik — und damit auf Kohle und Stahl in Nordrhein-Westfalen — seine Auswirkungen haben. Die zur Zeit bestehende, national ausgerichtete Energiewirtschaft wird in einem Einheitlichen Binnenmarkt kaum Bestand haben, da einheitliche Bedingungen im Wirtschafts- und Sozialbereich auch den Energiesektor berühren.

Im September 1986 verabschiedete der Ministerrat der Gemeinschaft „die energiepolitischen Ziele für 1995“ mit folgenden Zielvorgaben:

— Begrenzung der Abhängigkeit von Öleinfuhren auf etwa 40 Prozent des Energieverbrauchs;
— Festschreibung der Netto-Erdöleinfuhren auf weniger als ein Drittel des gesamten Energieverbrauchs der EG;
— Verbesserungen des energetischen Wirkungsgrades um wenigstens 20 Prozent;
— Begrenzung des Anteils der Stromerzeugung auf 15 Prozent;
— Erhöhung des Anteils der Kohle und Aufrechterhaltung des Anteils des Erdgases an der Energieversorgung und
— substantielle Erhöhung des Beitrags der neuen und erneuerbaren Energien an der Energieversorgung der EG.

(Jahrbuch Europäische Integration 1986/87, S. 194f.)

Im Einheitlichen Binnenmarkt werden insbesondere jene Wirtschaftsbereiche besonders betroffen sein, die heute durch nationale Maßnahmen — seien es direkte oder indirekte Subventionen — einen speziellen Schutz genießen. Dies gilt besonders für den deutschen Steinkohlebergbau. Dieser Industriezweig ist durch den Binnenmarkt mehrfach in seiner bisherigen Existenz berührt. Da stellt sich zunächst das Problem der Fortführung des Jahrhundertvertrags sowie des Hüttenvertrags. Die EG-Kommission erhebt seit 1990 vorerst keine Einwände mehr gegen die Verstromungsmenge von jährlich 40,9 Mio. t bis 1995. Sie will zur Stabilisierung der Situation im deutschen Steinkohlebergbau beitragen. Doch drängt die EG-Kommission mittelfristig auf eine Rücknahme der Subventionen sowie der garantierten Verstromungsmengen aus wettbewerbsrechtlichen Gründen.

Eine weitere Gefahr für den nordrhein-westfälischen Steinkohlebergbau besteht durch einen gemeinsamen Energiemarkt in der Forcierung anderer Energieträger durch manche EG-Länder. So wartet Frankreich bereits darauf, nach 1993 seinen preiswerteren Atomstrom in die Bundesrepublik Deutschland zu liefern. Und schließlich ist mit Großbritannien ein echter Konkurrent zum deutschen Steinkohlebergbau entstanden. Britische Kohle wird aufgrund ihrer geologisch günstigeren Lage und ihres leichteren Abbaus, der geringeren Löhne und Soziallasten billiger als die deutsche Kohle angeboten. Endlich bedeutet die Einführung des Binnenmarkts auch einen verstärkten Druck ausländischer Importkohle auf die EG-Anbieter.

4. Nordrhein-Westfalen im europäischen Verkehrsnetz

4.1 Infrastruktur

4.1.1 Verkehrssysteme

Für das ordnungsgemäße Funktionieren moderner Industriegesellschaften ist neben dem Nachrichtenwesen (Postdienste, Rundfunk, Fernsehen, Zeitungen, Telefon usw.) das Verkehrswesen eine unabdingbare Voraussetzung. Erst die Vermittlerrolle des Verkehrs, d.h. die Arbeitsteilung sowie die Verteilung der produzierten Güter, ermöglicht die Verbindungen zwischen Produzenten und Verbrauchern, zwischen Arbeitnehmern und Arbeitsplätzen. Der Verkehr ist somit eine Vorbereitung zur Mobilität. In den letzten Jahrzehnten haben Wirtschaftswachstum, wachsende internationale Verflechtung wie auch internationale Arbeitsteilung, zunehmende Grenzüberschreitungen im Personenverkehr u.a.m. zu einer erheblichen Steigerung des Verkehrsaufkommens geführt. Wichtigste Voraussetzung dafür war die Existenz eines adäquaten Verkehrsinfrastruktursystems.

Verkehrspolitik zielt auf die bewußte, aktive, zielgerichtete Beeinflussung von Entwicklungen in bezug auf die Raumüberwindung von Personen, Gütern und Nachrichten. Aufgabe der Verkehrspolitik ist es somit, die Mobilität der Bevölkerung und Wirtschaft bei größtmöglicher Verkehrssicherheit durch eine leistungsstarke Infrastruktur zu erhalten bzw. zu fördern.

Für den ab 1993 vorgesehenen einheitlichen Binnenmarkt in EG-Europa erfüllt der Verkehr dabei eine besondere Aufgabe. In Art. 8a des erweiterten Römischen Vertrags heißt es dazu: „... Der Binnenmarkt umfaßt einen Raum ohne Binnengrenzen, in dem der freie Verkehr von Waren, Personen, Dienstleistungen und Kapital gemäß den Bestimmungen dieses Vertrags gewährleistet ist.“ Nordrhein-Westfalen ist für den Binnenmarkt verkehrsstrukturell gut gerüstet. Doch Nordrhein-Westfalen kann weder allein noch mit der Bundesregierung eine deutsche Verkehrspolitik gestalten, zumal es geographisch, aber auch industriell im Herzen EG-Europas liegt.

Da auch die Römischen Verträge sich ausdrücklich zum Ziel einer gemeinsamen Verkehrspolitik bekennen, muß eine EG-Verkehrspolitik durchgeführt werden, die die einzelnen Verkehrsträger und Verkehrssysteme in einer Gesamtplanung koordiniert und eine volkswirtschaftlich sinnvolle Arbeitsteilung zwischen den verschiedenen Verkehrsträgern realisiert.

Aufgrund seiner geographisch günstigen Lage wird Nordrhein-Westfalen im zukünftigen Binnenmarkt im Verkehrsbereich eine wichtige Drehscheibenfunktion wahrnehmen. Nordrhein-Westfalen ist innerhalb der EG eine der wirtschaftlich und kulturell bedeutendsten Regionen. Zum einen ist das EG-Verwaltungszentrum Brüssel nur 200km von der Landeshauptstadt Düsseldorf entfernt, zum anderen sind die Entfernungen zu den anderen bedeutsamen regionalen Zentren der Gemeinschaft — also z.B. London und Paris — nicht größer als 450km und in kurzer Zeit zu erreichen (vgl. Schaubild Nr. 11). Bedeutsam für die exportorientierte Industrie Nordrhein-Westfalens ist, daß in einem Umkreis von 500km um die Landeshauptstadt Düsseldorf 140 Mio. Menschen, also mehr als 40 Prozent der EG-Bevölkerung, leben.

Schaubild 11: Nordrhein-Westfalen und Europa

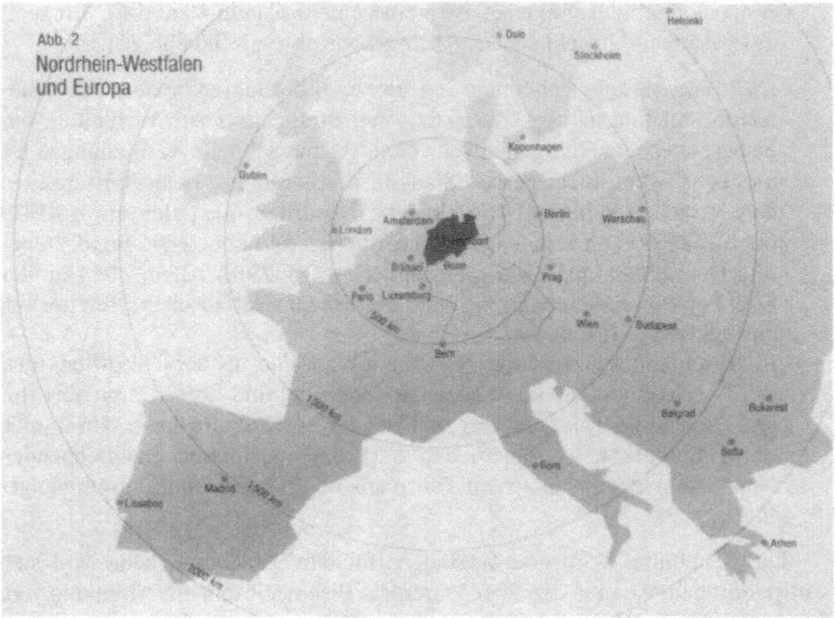

Neben diesen Standortvorteilen im zukünftigen gemeinsamen Binnenmarkt kann Nordrhein-Westfalen darüber hinaus seine hervorragende Infrastruktur als wichtiges Pfund in den Binnenmarkt einbringen.

— im Luftverkehr verfügt Nordrhein-Westfalen mit den internationalen Verkehrsflughäfen Düsseldorf, Köln/Bonn und Münster/Osnabrück sowie den Regionalflughäfen Paderborn/Lippstadt und Siegerland und den Satellitenflugplätzen Mönchengladbach, Essen/Mülheim und Bonn/Hangelar über eine attraktive Flughafendichte, die neben dem internationalen Flugverkehr vor allem auch dem Regionalluftverkehr und dem Geschäftsreiseverkehr dient.
— Im Binnenschiffsverkehr stehen mit dem Rhein und dem Kanalsystem (Rhein-Herne-Kanal, Datteln-Hamm-Kanal und Dortmund-Ems-Kanal) leistungsfähige Wasserverkehrsachsen zur Verfügung, die neben ihrer Funktion als europäische Wasserstraßen (Rhein) insbesondere für die wirtschaftliche Entwicklung, vor allem für die Grundstoffindustrie, unabdingbar sind. In Nordrhein-Westfalen können von der Binnenschiffahrt 700 km Wasserstraßen befahren werden, davon allein 233 km auf dem Rhein. Auch der größte Binnenhafen der Welt, Duisburg, und der zweitgrößte deutsche, Köln, liegen auf nordrhein-westfälischem Territorium. Der Duisburger Binnenhafen wickelte dabei 1988 etwas mehr als ein Viertel (27 Prozent) des gesamten Umschlags des Rheingebiets ab (vgl. Tabelle 26).
— Im Straßenverkehr steht ein in den 60er und 70er Jahren modern ausgebautes und leistungsfähiges Autobahn- und Straßennetz zur Verfügung, das insbesondere im Ruhrgebiet sehr dicht ist und schnelle Verbindungen ermöglicht (wenn nicht gerade Staus in bestimmten Verkehrsspitzenzeiten den Verkehr behindern). So verfügte Nordrhein-Westfalen am 1.1.1989 über 29 849 km an Straßen des überörtlichen Verkehrs. (Die Bundesrepublik Deutschland hatte zur gleichen Zeit 173 652 km) Allein 2 054 km der 8 721 km Bundesautobahn sind auf nordrhein-westfälischem Territorium angelegt (vgl. Tabelle 25).
— Im Eisenbahnverkehr liegt Nordrhein-Westfalen an der Nord-Süd- und Ost-West-Verbindung im deutschen Intercity- und Inter-Cargo-Verkehr. (vgl. Schaubild 19). Daneben sind Straßen- und Stadtbahnen, zusammen mit Omnibussen, zu einem den Verkehrsbedürfnissen entsprechenden Nahverkehrssystem in einem Fahrplan- und Tarifverbund zusammengeführt.

Die Bedeutung Nordrhein-Westfalens für den Schienenverkehr wird sich noch erhöhen, wenn in den 90er Jahren die Eisenbahnschnellverbindung vom Rhein-Gebiet nach Paris (Köln, Aachen, Brüssel, Lille, Paris) sowie nach London realisiert sein wird. Somit wird nicht nur eine quantitative, sondern auch eine qualitative Verbesserung der Verkehrsbedingungen erfolgen. Kürzere Reisezeiten, verbesserter Komfort und eine größere Leistungsfähigkeit der Verkehrssysteme sind Voraussetzung, um die Wettbewerbsfähigkeit im EG-Binnenmarkt erfolgreich aufrecht erhalten zu können. Auch die Fertig-

Schaubild 12: Euro-City-Linien

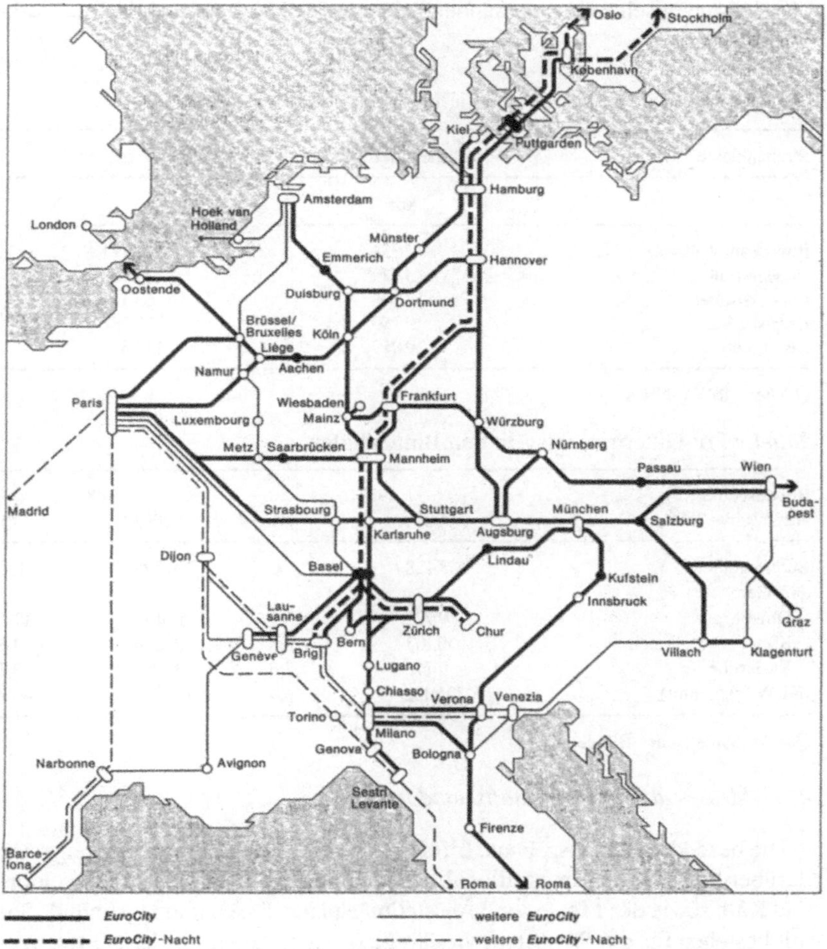

stellung des Ärmelkanaltunnels wird dazu führen, daß die drei größten Ballungsräume der Europäischen Gemeinschaft (London, Paris und Rhein-Ruhr) verkehrstechnisch enger aneinanderrücken werden (vgl. Schaubild 12). (Farbgrafik 3/4)

Tabelle 25: Straßen des überörtlichen Verkehrs am 1.1.1989

Straßenklasse	Nordrhein-Westfalen	Bundesgebiet
	km	
Bundesautobahnen	2054	8721
Bundesstraßen	5479	31108
Landesstraßen	12366	63441
Kreisstraßen	9950	70382
zusammen	29849	173652

Quelle: MSWV-NRW

Tabelle 26: Güterumschlag in den Binnenhäfen

Bundesgebiet	1987		1988	
ausgewählte Häfen	1000 t	%	1000 t	%
Bundesgebiet	268428	100	280575	100
darunter:				
Duisburg	49782	18,5	54432	19,4
Köln	10103	3,8	10226	3,6
Karlsruhe	9746	3,6	10312	3,7
(NRW insgesamt)	125131	46,6	130721	46,7

Quelle: Statistisches Bundesamt

4.1.2 Messe- und Wissenschaftsstandort

Die besonders gut ausgebaute Infrastruktur Nordrhein-Westfalens zeigt sich darüber hinaus in der internationalen Bedeutung der Messeplätze Düsseldorf und Köln sowie der Messe- und Ausstellungsplätze Essen und Dortmund. Somit bestehen für die Wirtschaft vielfältige Möglichkeiten, ihr Leistungsangebot zu präsentieren und gleichzeitig wichtige Kontakte zu ausländischen Interessenten zu knüpfen. In Nordrhein-Westfalen

- gibt es ein dichtes Netz modernster Kommunikationstechnologien und Datenbanksysteme;
- existiert die konzentrierteste Hochschullandschaft Europas (10 Universitäten, 6 Universitäts-Gesamthochschulen, 20 Fachhochschulen und 10 Kunst-, Musik- und Theologische Hochschulen);
- gibt es zahlreiche Großforschungsinstitute;

— gibt es aufgrund dieser hervorragenden wissenschaftlichen Ausbildungsstruktur eine große Anzahl qualifizierter Arbeitskräfte;
— besteht ein besonders effizienter Technologietransfer zwischen Wissenschaft und Wirtschaft.

Insgesamt ist Nordrhein-Westfalen also gut gerüstet, die durch den gemeinsamen Binnenmarkt auf das Land zukommenden Verkehrsprobleme zu bewältigen. Aufgrund der — besonders noch im Vergleich mit den peripheren Regionen der EG — hervorragenden Infrastruktur, kann das Land den Herausforderungen, die der Binnenmarkt mit sich bringen wird, ruhig entgegensehen. Der Standortvorteil, kombiniert mit den o.a. Faktoren, führt bereits jetzt dazu, daß sich zahlreiche ausländische Unternehmen in Nordrhein-Westfalen niederlassen. So wurden allein zwischen 1981 und 1983 mehr als 30 Prozent der ausländischen Direktinvestitionen in Nordrhein-Westfalen vorgenommen. Fast 500 der 650 deutschen Niederlassungen japanischer Unternehmen haben ihren Sitz in Nordrhein-Westfalen. Immer mehr wird die besondere Bedeutung Nordrhein-Westfalens als leistungsfähiges Dienstleistungszentrum in Europa anerkannt. Aus der ehemals traditionell durch die eisen- und stahlverarbeitende Industrie gekennzeichneten Bergmanns- und Hüttenlandschaft ist das Land im Begriff, sich zu einem durch Dienstleistungen geprägten Raum zu entwickeln. Im Jahr 1985 hatte Nordrhein-Westfalen erstmals eine höhere Beschäftigungsquote im Dienstleistungsbereich mit 54,2 Prozent als der Bund mit 53,6 Prozent.

Schaubild 13: Ballungsraumschema EG-Zentrum

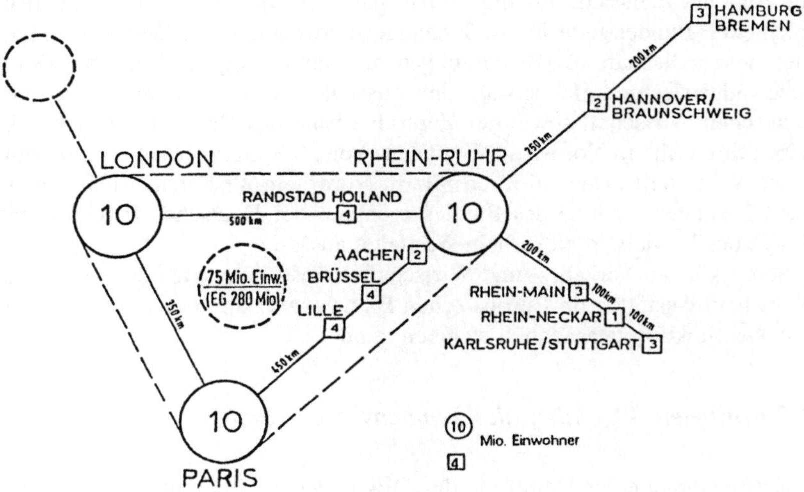

Auch die Ruhrlandschaft ändert ihr Gesicht, da neue Produktions- und Gewerbezweige sich im alten Revier zwischen Duisburg im Westen und Hamm im Osten, Recklinghausen im Norden und Wuppertal im Süden ansiedeln. Jahrelang wurde die Industrielandschaft Ruhrgebiet durch Strukturprobleme wie hohe Arbeitsplatz- und Bevölkerungsverluste, schlechte städtebauliche Rahmenbedingungen, hohe Umweltbelastungen und ein schlechtes Image geprägt. Erst ein jahrzehntelanger Prozeß kann das Ruhrgebiet zu einer zukunftsorientierten Industrielandschaft entwickeln. Strukturpolitik und Arbeitsmarktpolitik, Städtebau- und Wohnungspolitik, Verkehrspolitik und Umweltpolitik, Kultur-, Bildungs- und Technologiepolitik müssen zu einem umfassenden Konzept zusammengefügt werden, um aus der industriereichsten europäischen Landschaft wieder eine attraktive Region zu machen.

Daß diese Politiken durchaus greifen und auch in gewisser Hinsicht aufeinander abgezielt sind, zeigt das Entstehen einer Hochschullandschaft im Ruhrgebiet, verbunden mit neuen technologischen Zentren wie z.B. dem Technologiepark Dortmund. Für die zukünftige Entwicklung der Volkswirtschaften kommt den neuen Technologien eine ganz besondere Bedeutung zu.

So werden z.B. Softwaretechnik, Umweltberatung und -technik sowie der Informationstransfer zwischen Wissenschaft und Politik für die zukünftige Entwicklung Nordrhein-Westfalens innerhalb der EG eine große Rolle spielen.

Nordrhein-Westfalen verfügt darüber hinaus über eine besonders gut und breit ausgestattete außenwirtschaftsfördernde Infrastruktur. Institutionen wie die Außenhandelsstelle für die mittelständische Wirtschaft Nordrhein-Westfalens, die Bundesstelle für Außenhandelsinformation, die Deutsche Finanzierungsgesellschaft für Beteiligungen an Entwicklungsländern, der Deutsche Industrie- und Handelstag, der Ausstellungs- und Messeausschuß der Deutschen Wirtschaft sowie der Zentralverband des Deutschen Handwerks haben ihren Sitz in Nordrhein-Westfalen. Von 20 Spitzenverbänden der deutschen Wirtschaft haben 16 ihren Sitz in Nordrhein-Westfalen. Auch sind 15 der 35 Bundesverbände des Bundesverbandes der Deutschen Industrie und des Exporthandels in Nordrhein-Westfalen ansässig.

Somit können Verkehrs- und Wirtschaftsinfrastruktur dazu beitragen, daß Nordrhein-Westfalen im Europäischen Binnenmarkt die beanspruchte Drehscheibenfunktion tatasächlich ausüben kann.

4.2 Nordrhein-Westfalen als Fremdenverkehrsland

Entsprechend einer Definition der OECD gelten als Fremdenverkehr alle Urlaubs-, Geschäfts- oder Studienreisen sowie Aufenthalte zur ärztlichen Behandlung mit einer Dauer von mehr als 24 Stunden.

Schaubild 14: Anteil des Fremdenverkehrs an den Zahlungsbilanzen der Mitgliedstaaten der Gemeinschaft (1985, in %)

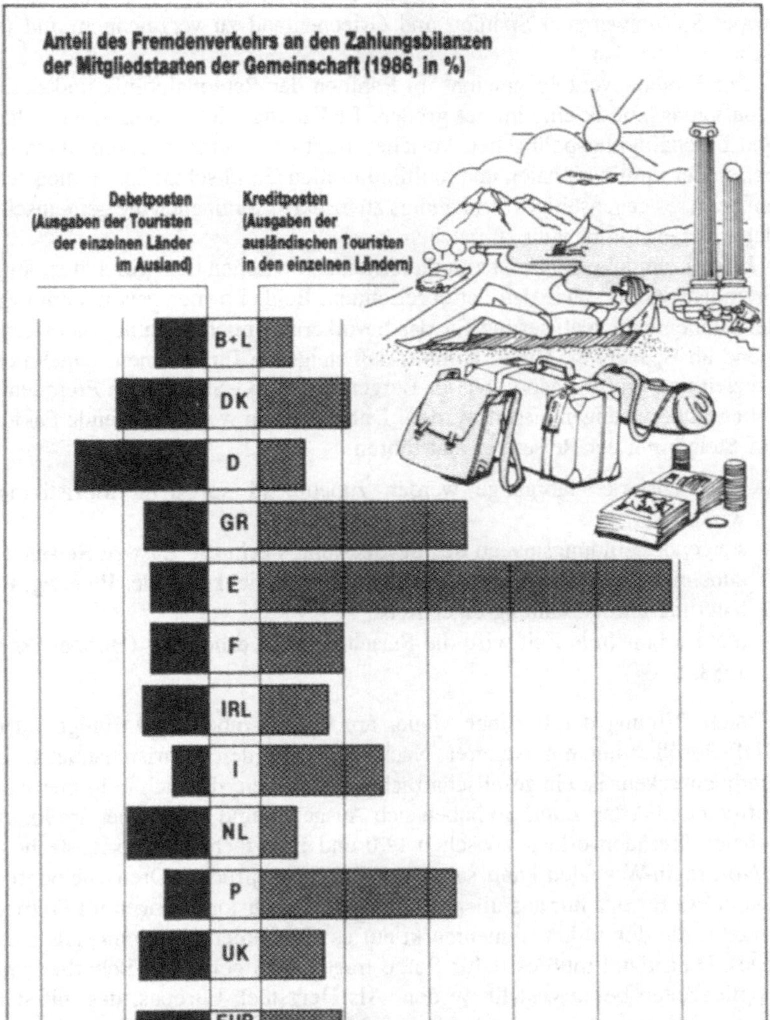

Die wirtschaftliche Bedeutung des Fremdenverkehrs wird daran erkennbar, daß er rund 5,5 Prozent des Bruttoinlandprodukts der Zwölfergemeinschaft und 8 Prozent des privaten Verbrauchs entspricht. Der Fremdenverkehr trägt entscheidend zum Gleichgewicht der Zahlungsbilanzen der Mitgliedstaaten bei, wobei Spitzenwerte in Spanien und Griechenland zu verzeichnen sind (vgl. Schaubild Nr. 14).

Der Fremdenverkehr gewinnt im Rahmen der Regionalpolitik und der Beschäftigungspolitik eine immer größere Bedeutung. Neben diesen wirtschafts- und beschäftigungspolitischen Vorteilen trägt der Fremdenverkehr auch dazu bei, in der multinationalen und multikulturellen Gesellschaft der Gemeinschaft ein besseres gegenseitiges Verständnis zu fördern, somit auch die gemeinschaftliche Dimension bewußt zu machen.

Beim Fremdenverkehr ist zu unterscheiden zwischen dem geschäftsmäßigen Fremdenverkehr sowie den Ferienreisenden. Beide Formen gewinnen im Zuge der Binnenmarktrealisierung für das bevölkerungsreichste Bundesland zunehmend an Bedeutung. Hinzu kommt, daß steigende Einkommen, zunehmende Freizeit und größere Mobilität der Bürger in den EG-Staaten den Fremdenverkehr weiter ansteigen lassen werden. Dabei werden weitere folgende Faktoren zur Steigerung der Reiseintensität führen:

„— geburtenstarke Jahrgänge werden zunehmend auf dem Touristikmarkt wirksam
— steigendes Bildungsniveau der Bevölkerung weckt die Lust zu Reisen
— zunehmende Reiseerfahrung erweitert die Möglichkeiten der Planung, Realisierung und Gestaltung einer Reise
— mehr arbeitsfreie Zeit wird die Reisehäufigkeit erhöhen.“ (Hübner/Rohlfs 1988, S. 37)

Nach Öffnung der Berliner Mauer am 9. November 1989 drängt mit der DDR-Bevölkerung ein weiterer Nachfrager auf den Tourismusmarkt. Der Fremdenverkehr ist ein gesellschaftliches Phänomen, das sich in immer neuen Formen und Arten zeigt. So haben sich Ausgaben und Einnahmen im internationalen Fremdenverkehr zwischen 1970 und 1984 mehr als versechsfacht.

Nordrhein-Westfalen kann seine von ihm beanspruchte Drehscheibenfunktion in EG-Europa nur ausfüllen, wenn es die Herausforderungen im Fremdenverkehr, die durch den Binnenmarkt auf es zukommen, annimmt. Als klassisches Transitland muß es dafür Sorge tragen, daß genügend Beherbergungsmöglichkeiten bereit gestellt werden. Als Herzstück Europas, das mit seiner dichten Industrie- und Kulturlandschaft Menschen anziehen will, muß es auch die dafür erforderliche fremdenverkehrsmäßige Infrastruktur zur Verfügung stellen. Die zahlreichen Messen und Ausstellungen finden vor allem in den städtischen Gebieten am Niederrhein sowie der Ruhr statt, da hier eine leistungsfähige Hotelkapazität und gepflegte Gastronomie besteht.

Dem Ferienreisenden erschließt sich in Nordrhein-Westfalen eine Vielfalt der Landschaften, der Kultur, des Brauchtums, der Mundarten u.a.m.. So gibt es zwar in Nordrhein-Westfalen keine den Alpen vergleichbare Berglandschaft, doch verfügt es mit Sauerland, Bergischem Land, Siegerland und der Eifel über reizvolle Mittelgebirge. Eine Dampferfahrt auf dem Rhein mit einem der Schiffe der weißen Flotte ist nicht nur für den ausländischen Touristen ein großes Erlebnis. Weltberühmte Weinorte bietet das Land ebenfalls. Nordrhein-Westfalen ist zwar kein klassisches Urlaubsland, vergleichbar etwa mit Bayern, aber Nordrhein-Westfalen wird zunehmend als Ziel für einen Zweit- oder Dritturlaub genutzt. Seine Haupturlauber sind aktive Senioren, Familien mit kleineren Kindern, Singles. Besonders geschätzt wird am Angebot in Nordrhein-Westfalen: „Sicherheit, Hygiene, gepflegte Gastronomie, ärztliche Versorgung und besondere Programme für Gesundheit, Bildung und Unterhaltung". (Landtag intern v. 15.3.1988: S. 17) Nordrhein-Westfalen wird inzwischen bei Ausländern als Reiseziel immer beliebter und konnte 1988 bei dieser Gruppe gegenüber den deutschen Urlaubern größere Steigerungsraten verbuchen. Die meisten Besucher kommen aus den Niederlanden, Großbritannien und Frankreich.

Einen besonderen Zweig im nordrhein-westfälischen Fremdenverkehrsgewerbe nimmt der Bäderzweig ein. In 42 staatlich anerkannten Heilbädern und Kurorten „bietet Nordrhein-Westfalen Gesundheit nach modernsten Erkenntnissen durch überwiegend natürliche Heilmittel wie Sole, Moor, Fango, mildes Klima und Physiotherapie". (ebenda).

Innerhalb der Bundesländer nimmt Nordrhein-Westfalen bei den Übernachtungen den dritten Platz nach Bayern und Baden-Württemberg ein.

5. Die nordrhein-westfälische Landwirtschaft und die EG

5.1 Übersicht über die EG-Agrarpolitik

Ein wesentlicher Kernbereich der Europäischen Gemeinschaft ist die Gemeinsame Agrarpolitik (GAP). Um überhaupt zu einem Gemeinsamen Markt zwischen den sechs beteiligten Staaten Frankreich, Italien, den Benelux-Staaten und der Bundesrepublik Deutschland 1957 zu gelangen, mußte vor allem ein Kompromiß zwischen den Agrarexportinteressen Frankreichs und den Industrieexportinteressen der Bundesrepublik Deutschland gefunden werden. Eine Ausklammerung der Landwirtschaft hätte zu Verzerrungen in den anderen Wirtschaftssektoren geführt, da die Fortsetzung der einzelstaatlichen Agrarpolitik unmittelbar die Wettbewerbsfähigkeit der Industriepolitik bedingt hätte. So ist die Verbindung von Zollunion auf dem industriellen Sektor und gemeinsamen Agrarmarkt auch heute noch die Geschäftsgrundlage der Europäischen Gemeinschaft. Art. 39 EWGV nennt die Ziele der Gemeinsamen Agrarpolitik:

„a) die Produktivität der Landwirtschaft durch Förderung des technischen Fortschritts, Rationalisierung der landwirtschaftlichen Erzeugung und den bestmöglichen Einsatz der Produktionsfaktoren, insbesondere der Arbeitskräfte, zu steigern;
b) auf diese Weise der landwirtschaftlichen Bevölkerung, insbesondere durch Erhöhung des Pro-Kopf-Einkommens der in der Landwirtschaft tätigen Personen, eine angemessene Lebenshaltung zu gewährleisten;
c) die Märkte zu stabilisieren;
d) die Versorgung sicherzustellen;
e) für die Belieferung der Verbraucher zu angemessenen Preisen Sorge zu tragen“.

Die Gemeinsame Agrarpolitik der EG beruht im wesentlichen auf folgenden drei Grundsätzen: Markteinheit, Gemeinschaftspräferenz und finanzielle Solidarität. Markteinheit bedeutet, daß alle Agrarprodukte — wie auch die Industrieprodukte — frei von Zöllen und mengenmäßigen Beschränkungen zwischen den Mitgliedstaaten gehandelt werden können, also sich ein echter Wettbewerb zwischen den Agrarproduzenten in der Gemeinschaft entwickelt.

Das Prinzip der Gemeinschaftspräferenz beinhaltet eine Abschirmung des Binnenmarktes gegen Niedrigeinfuhren und übermäßige Preisschwankungen auf dem Weltmarkt. Zwecks Verhinderung von Wettbewerbsverzerrungen wird ein einheitliches Preissystem seitens der EG festgelegt. Mit Hilfe von Abschöpfungen — eine Art Zoll — werden die Einfuhren vom Weltmarkt so stark belastet, daß sie teurer als in der EG werden (Gemeinschaftspräferenz). Je niedriger die Weltmarktpreise sind, desto größer werden die Abschöpfungen. Umgekehrt werden Ausfuhrsubventionen vorgenommen. Treten Angebotsengpässe auf den Weltmärkten auf und steigen die Weltmarktpreise über die Gemeinschaftspreise, werden von der EG auf die eigenen Ausfuhren Abschöpfungen erhoben. Somit wird ein Abfluß der EG-Agrarprodukte auf die Weltmärkte verhindert und die Versorgung der Verbraucher in der Gemeinschaft zu angemessenen Preisen sichergestellt. EG-Agrarprodukte haben innerhalb der Gemeinschaft dadurch immer bessere Absatzchancen.

Gemeinsame finanzielle Verantwortung heißt, daß die gesamten Kosten der Agrarpolitik von der EG getragen werden. Sie wird im Europäischen Ausrichtungs- und Garantiefonds für die Landwirtschaft (EAGFL) erkennbar.

Mit den Gemeinsamen Marktorganisationen (GMO) werden die in Art. 39 niedergelegten agrarpolitischen Ziele verfolgt. Inzwischen werden auf fast alle Agrarprodukte gemeinsame Marktorganisationen angewendet.

Zur Unterstützung der Gemeinsamen Marktorganisationen stehen im wesentlichen folgende drei Elemente zur Verfügung: Interventionen, Direkte Beihilfen und Außenschutz. Marktorganisation besagt, daß für die wichtigsten Agrargüter (Getreide, Rindfleisch, Milch und Zucker) gewisse Mindestpreise garantiert werden, aber bei Milch und Zucker auf bestimmte Abnahmemengen begrenzt oder an bestimmte Marktentwicklungen gebunden werden (z.B. Rindfleisch). Würde man die Landwirtschaft dem freien Spiel der Kräfte von Angebot und Nachfrage ohne staatliche Einwirkung überlassen, so wären die Landwirte bald nicht mehr bereit, Nahrungsmittel zu produzieren, da die erzielbaren Preise die Kosten nicht decken würden. So muß dieser für eine Volkswirtschaft lebensnotwendige Bereich der Nahrungsmittelherstellung im Interesse aller geschützt werden, was durch Marktordnungen erfolgt. Durch sie sollen Preisstürze bei reichen Ernten ebenso verhindert werden wie Preissteigerungen bei knappen Ernten.

Die Gemeinsame Agrarpolitik hat jedoch im Verlauf ihrer 30jährigen Durchführung zu einer Reihe von Fehlentwicklungen geführt. Am bekanntesten sind die Butter- und Rindfleischberge, die Weinseen sowie die Vernichtungsaktionen von Frischobst. Die Entwicklung der Gemeinsamen Agrarpolitik führte zur menschlichen und fachlichen Fehllenkung von Ressourcen- und war darüber hinaus ökonomisch und ökologisch unvernünftig. Somit war auch die soziale Sicherheit in der ländlichen Region nicht länger gewährleistet.

Erst die krisenhafte Entwicklung in den 80er Jahren, die diese Agrarpolitik nicht mehr finanzierbar werden ließ, führte zu Veränderungen und Reformen. So wurde 1984 eine Milchquote eingeführt, d.h., daß nur noch eine bestimmte Höchstmenge mit garantierten Preisen seitens der EG abgenommen wurde. 1988 beschloß der Europäische Rat die allgemeine Begrenzung der Agrarausgaben, die bis 1992 nicht schneller steigen dürfen als 74 Prozent des Wachstums des Bruttosozialprodukts. Instrument dafür soll die Einführung sogenannter Agrarstabilisatoren sein, d.h., daß fast für alle Erzeugnisse mit Interventions- oder Beihilferegelung Garantieschwellen festgelegt wurden, bei deren Überschreitung die garantierten Preise oder die Beihilfen gesenkt werden. Darüber hinaus ist ein Programm angelaufen, daß es den Landwirten ermöglicht, mit 58 Jahren in den Vorruhestand zu gehen. Auch wurde 1988 eine Verordnung erlassen, die die Mitgliedstaaten verpflichtet, Programme zur Stillegung von Ackerflächen, zur Umstellung der Erzeugung sowie zur Extensivierung der Erzeugung den Landwirten anzubieten.

5.2 Die Landwirtschaft in Nordrhein-Westfalen und die EG

Die Bedeutung der Landwirtschaft für die Erwirtschaftung des Sozialprodukts in den Industrieländern ist in der Zeit nach dem Zweiten Weltkrieg rückläufig. Sowohl hinsichtlich ihres Anteils an der Bruttowertschöpfung als auch an den Erwerbstätigen und der Wohnbevölkerung macht sich dieser Rückgang deutlich bemerkbar. Erst recht treffen diese Aussagen für einen Flächenstaat wie Nordrhein-Westfalen zu, der bei einer Bevölkerung von gut 27 Prozent an der Gesamtbevölkerung der Bundesrepublik nur über eine Fläche von 13,7 Prozent am Bundesgebiet verfügt. Nordrhein-Westfalen gilt zu recht als Industrieland, sind doch 97,5 Prozent der Erwerbstätigen im produzierenden Gewerbe sowie im Dienstleistungssektor beschäftigt. Doch trotz des Vorherrschens der anderen Wirtschaftssektoren gibt es in Nordrhein-Westfalen eine hochentwickelte und leistungsfähige Landwirtschaft. 1987 waren im Land- und Forstwirtschaftssektor nur noch 2,5 Prozent der Beschäftigten tätig. Diese 2,5 Prozent Erwerbstätigen arbeiteten 1988 in ca. 85 000 Betrieben. Die drastische Veränderung bzw. der Strukturwandel der Landwirtschaft kommt u.a. im enormen Rückgang der landwirtschaftlichen Betriebe in Nordrhein-Westfalen zum Ausdruck. Gab es im bevölkerungsreichsten Bundesland 1949 noch insgesamt 211 000 landwirtschaftliche Betriebe, so hatte sich ihr Anteil bereits 1979 auf 108 000 fast halbiert (vgl. Schaubild 15 und Farbgraphik 7/8)

Schaubild 15: Landwirtschaft im Wandel

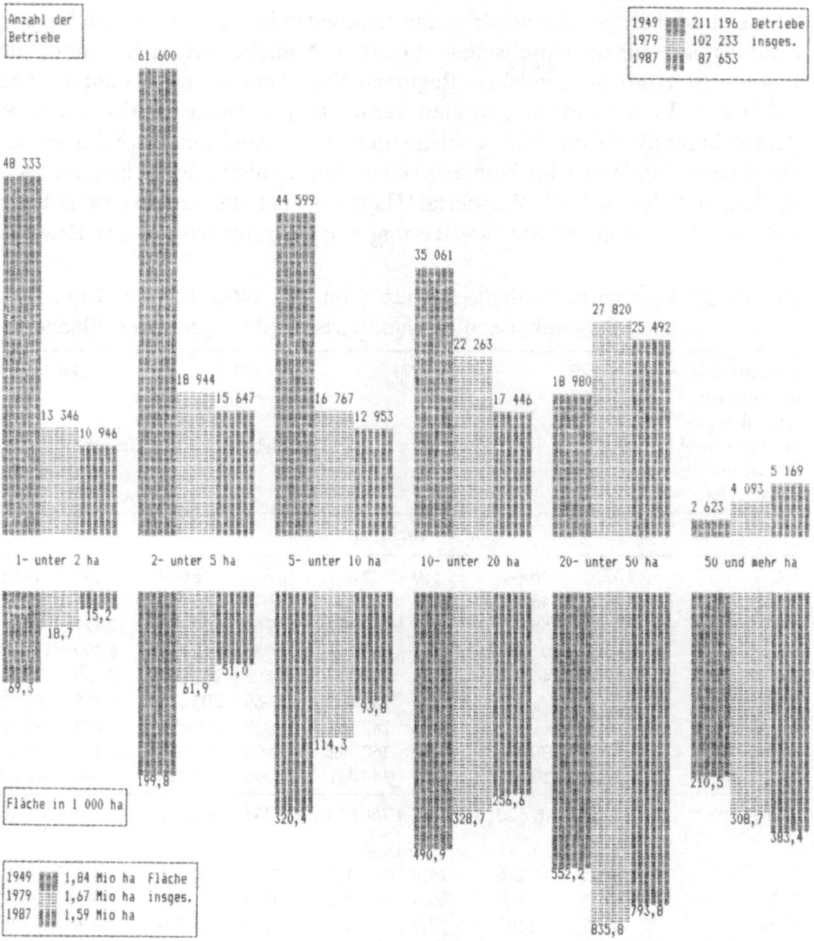

1986 erzielten die 2,5 Prozent in der Land- und Forstwirtschaft Beschäftigten lediglich einen Anteil von 1,1 Prozent an der gesamten Bruttowertschöpfung der nordrhein-westfälischen Volkswirtschaft, während ihr Anteil 1960 noch bei 2,8 Prozent lag. (vgl. Vogel / Nieder-Vahrenholz 1988, S. 125)

Die landwirtschaftlich genutzte Fläche ging in Nordrhein-Westfalen von 1,8 Mill. Hektar im Jahr 1960 auf knapp 1,6 Mill. ha im Jahr 1987 zurück. Zunehmend fand eine Flächeninanspruchnahme für außerlandwirtschaftliche Zwecke statt, insbesondere für Bauland und Verkehrsflächen. Von der Fläche Nordrhein-Westfalens werden 54,5 Prozent als Landwirtschaftsfläche und

24,6 Prozent als Waldfläche genutzt. Das bedeutet, daß ca. 79 Prozent des nordrhein-westfälischen Territoriums durch den Landwirtschafts- und Forstwirtschaftssektor genutzt wird und der Landwirtschaft damit eine wichtige soziale Aufgabe für die Gesellschaft zukommt. Natürlich ist die Bedeutung der Landwirtschaft in den einzelnen Regionen Nordrhein-Westfalens unterschiedlicher Art. In den großen zentralen Verdichtungsgebieten — also vor allem dem Ruhrgebiet und der Rheinschiene (dem Raum von Bonn im Süden entlang des Rheins bis Wesel im Norden) sowie den Gebieten Mönchengladbach / Krefeld und Remscheid / Wuppertal / Hagen — hat die Landwirtschaft hinsichtlich des Anteils an der Bevölkerung wie auch hinsichtlich der Erwerbs-

Tabelle 27: Landwirtschaftliche Betriebe* im Mai 1960, 1971, 1979 und 1988 nach Größenklassen der landwirtschaftlich genutzten Fläche

Größenklasse der landwirtschaftlich genutzten Fläche von … bis unter … ha	1960		1971		1979		1988	
	Betriebe	LN	Betriebe	LF	Betriebe	LF	Betriebe	LF
	Anzahl / ha							
1-2	32262	46446	19150	27203	13346	18689	10683	14812
2-5	44216	143857	26946	88089	18944	61933	15246	49739
5-10	36373	265482	22179	160727	15767	114268	12421	89813
10-15	23763	291960	17257	214147	11755	145790	8899	110033
15-20	14201	244344	14188	246006	10508	182863	7786	135421
20-25	13053	315320	10490	233405	8969	200676	6818	152700
25-30			6676	182104	6953	189892	5757	157510
30-50	7788	290090	9687	360092	11898	445278	12351	469702
50 und mehr	2724	210121	3204	244841	4093	308670	5396	399976
Insgesamt	174380	1807620	129777	1756613	102233	1668051	85357	1579703
	Prozent							
1-2	18,5	2,6	14,8	1,5	13,1	1,1	12,5	0,9
2-5	25,3	8,0	20,8	5,0	18,5	3,7	17,9	3,1
5-10	20,9	1407	17,1	9,1	15,4	6,9	14,6	5,7
10-15	13,6	16,2	13,3	12,2	11,5	8,7	10,4	7,0
15-20	8,1	13,5	10,9	14,0	10,3	11,0	9,1	8,6
20-25	7,5	17,4	8,1	13,3	8,8	12,0	8,0	9,7
25-30			5,1	10,4	6,8	11,4	6,7	10,0
30-50	4,5	16,0	7,5	20,5	11,6	26,7	14,5	29,7
50 und mehr	1,6	11,6	2,5	13,9	4,0	18,5	6,3	25,3
Insgesamt	100	100	100	100	100	100	100	100

* Betriebe mit der Hauptproduktionsrichtung „Landwirtschaft“

1 1960 Landwirtschaftliche Nutzfläche; 1971, 1979 und 1988: landwirtschaftlich genutzte Fläche

Quelle: Statistisches Jahrbuch Nordrhein-Westfalen 1989, S. 258

struktur einen geringen Stellenwert. Doch erhält sie hier eine besondere Bedeutung „als Nutzer und Erhalter des Freiraums als Landwirtschafts- und Waldfläche“ (Vogel / Nieder-Vahrenholz 1988, S. 126).

Größere Bedeutung unter ökonomischen Gesichtspunkten hat die Landwirtschaft für die ländlich ausgerichteten Gebiete Nordrhein-Westfalens, umfassen sie doch drei Viertel der Landesfläche, ein Drittel der Wohnbevölkerung und 84 Prozent der landwirtschaftlichen Betriebe. Gebiete wie das Münsterland und Ostwestfalen, wo der landwirtschaftliche Bevölkerungsanteil zwischen 10 und 13 Prozent liegt, sind in diesem Zusammenhang zu nennen. In der nordrhein-westfälischen Landwirtschaft hat sich — wie auch in der Landwirtschaft in den anderen Bundesländern — ein Strukturwandel vollzogen. Einmal ergab sich eine Änderung der durchschnittlichen Betriebsgrößen, die sich von 1960 von 10 auf 18,5 ha (1985) landwirtschaftlich genutzter Fläche erhöht hat. Parallel zu dem Konzentrationsprozeß in der Landwirtschaft ist eine Abnahme der Beschäftigten in diesem Wirtschaftszweig festzustellen. Mit dem Rückgang der landwirtschaftlichen Betriebe ist auch eine Konzentration mit erhöhter durchschnittlicher Betriebsgröße festzustellen.

Obwohl ein enormer Rückgang landwirtschaftlicher Betriebe in der Zeit nach dem Zweiten Weltkrieg festzustellen ist, entfallen auf die Kleinst- und Kleinbetriebe mit einer landwirtschaftlichen Nutzfläche von 1 bis 5 ha sowie von 5 bis 20 ha jeweils etwa 30 Prozent aller nordrhein-westfälischen landwirtschaftlichen Betriebe. Aber trotz ihres zahlenmäßigen Übergewichts ist ihre wirtschaftliche Bedeutung stark zurückgegangen, „denn ihr Anteil an der gesamten landwirtschaftlich genutzten Fläche ging von 55 Prozent in 1960 auf zur Zeit 27 Prozent zurück“. (Vogel / Nieder-Vahrenholz 1988, S. 128) 1988 betrug dieser Wert bereits 25 Prozent. Von den Flächenländern haben nur die großen Agrar-Länder Schleswig-Holstein und Niedersachsen weniger Kleinbetriebe. (Vgl. Tab. 28)

Tabelle 28: Betriebsgrößenstruktur nach Bundesländern (1987)

Bundesland	Anteil in % aller landwirtschaftlichen Betriebe		
	Kleinbetriebe[1]	Mittelbetriebe[2]	Großbetriebe
Schleswig-Holstein	38	32	30
Niedersachsen	53	31	16
Nordrhein-Westfalen	57	31	12
Rheinland-Pfalz	68	25	7
Bayern	73	25	2
Hessen	75	21	4
Saarland	75	19	6
Baden-Württemberg	79	18	3

durchschnittlich erzielbares Betriebseinkommen jährlich:
1 bis zu 24000 DM; 2 24000-60000 DM; 3 über 60000 DM

Quelle: Agrarbericht 1988

Schaubild 16: Ernährungswirtschaftliche Daten Nordrhein-Westfalens

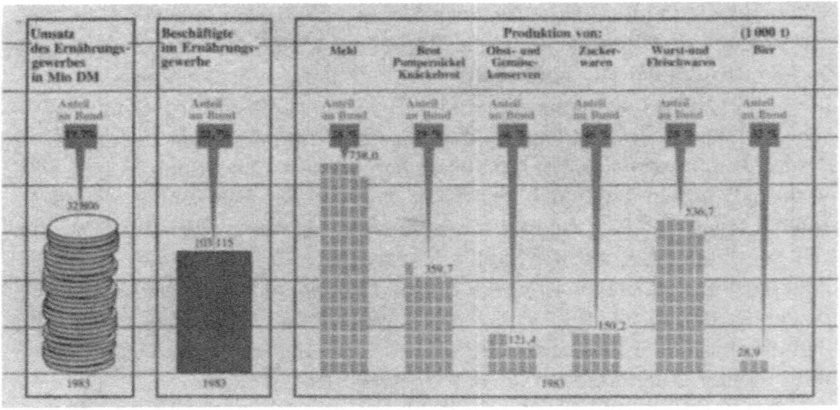

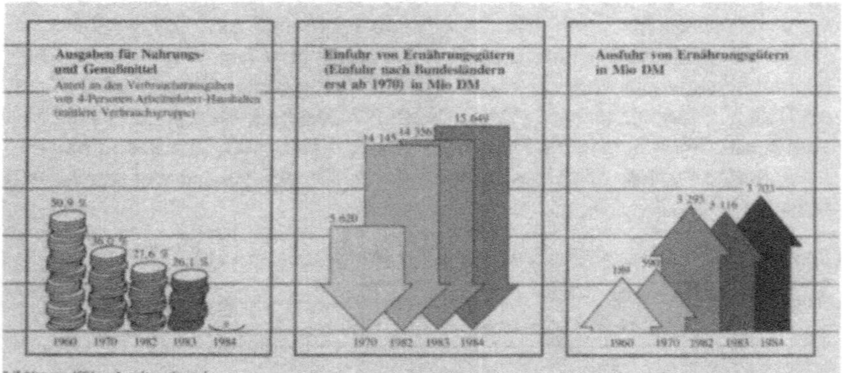

* Zahlen aus 1984 noch nicht vorliegend

Auf der anderen Seite stieg die Zahl großer Betriebe, die über 100 ha landwirtschaftlich genutzter Fläche bearbeiten auf 620 Betriebe im Jahr 1987. Damit beträgt ihr Anteil an der Gesamtzahl aller Betriebe zwar nur 0,7 Prozent, doch bewirtschaften sie fast 6 Prozent der landwirtschaftlich genutzten Fläche.

Aus dieser Analyse folgt, daß die überwiegend kleinbauerlich ausgerichtete nordrhein-westfälische Landwirtschaft durch Familienbetriebe geprägt ist. Das bedeutet weiter, daß erstens ein großer Abwanderungsprozeß der Erwerbstätigen aus der Landwirtschaft stattgefunden hat und daß zweitens auch in den nordrhein-westfälischen Landwirtschaftsbetrieben ein Trend zum landwirtschaftlichen Nebenerwerbsbetrieb sichtbar ist. Allein 44 Prozent der Betriebe werden in Nordrhein-Westfalen nebenberuflich bewirtschaftet, d.h., daß neben der Landwirtschaft noch eine weitere Tätigkeit ausgeübt wird, aus der in der Regel das Haupteinkommen bezogen wird.

So waren in Nordrhein-Westfalen 1987 nur noch 247 000 Beschäftigte in der Landwirtschaft registriert, von denen allein 221 000 Familienarbeitskräfte waren (89 Prozent).

Mit dem Konzentrationsprozeß in der Landwirtschaft vollzog sich auch ein Wandel in der Produktion. Die Anbauflächen für Getreide wurden erhöht, während jene für Hackfrüchte, Futterpflanzen und Kartoffeln reduziert wurden. Darüber hinaus fand eine Zunahme der Tierhaltung statt, die nicht nur zur Leistungssteigerung der Tierproduktion führte, sondern auch Umweltprobleme größeren Ausmaßes mit gebracht hat.

Die nordrhein-westfälische Landwirtschaft stellt eine hochwertige Ernährungswirtschaft dar. Mitte der 80er Jahre betrug der nordrhein-westfälische Anteil am bundesdeutschen Umsatz im verarbeitenden Ernähungsgewerbe fast ein Fünftel, im Ernähungshandwerk lag er bei ca. 27 Prozent, im Ernährungsgroßhandel bei 33 Prozent und im Ernährungseinzelhandel bei fast 41 Prozent. (vgl. Landesentwicklungsbericht NRW 1984, S. 113)

Angesichts einer immer intensiver produzierenden Landwirtschaft, die mit immer weniger Beschäftigten immer mehr Güter aufgrund moderner Anbaumethoden, moderner arbeitssparender Tierhaltungsformen, der Vollmechanisierung der Landwirtschaft und dem Einsatz von Agrochemikalien wird die Landwirtschaft unter Umweltgesichtspunkten immer wichtiger. Die Landwirtschaft ist nicht länger nur der für die Ernährung einer Bevölkerung unabdingbare Wirtschaftszweig, sondern auch eine für den Erhalt der Umwelt immer wichtiger werdende Branche. So hat die nordrhein-westfälische Landesregierung die umweltverträgliche Landwirtschaft zu ihrem politischen Ziel erklärt. In seiner Regierungserklärung vom 10. Juni 1985 sagte Ministerpräsident Rau: „Die Erneuerungsstrategie der Natur gehört zum Kern einer ökologischen Erneuerungsstrategie. Schutz der Natur in großen, zusammenhängenden Flächen ist Daueraufgabe für uns alle, auch in einem neuen Miteinanander von Naturschutz und Landwirtschaft. Deshalb wird die Landesregierung alles tun, um bäuerliche Kulturlandschaften zu erhalten und kleinen und mittleren landwirtschaftlichen Betrieben bei der Existenzsicherung zu helfen. Dabei muß jeder wissen, daß die Sicherung der Einkommen unsere bäuerlichen Familienbetriebe und die umweltverträgliche Ausrichtung unserer Landwirtschaft nur über eine grundlegende Reform der EG-Agrarpolitik erreichbar ist. Wir können in Düsseldorf nicht ausgleichen, was in Brüssel oder Bonn nicht geleistet wird. Aber wir können im Rahmen begrenzter Zuständigkeit mit gutem Beispiel vorangehen".

Tabelle 29: Arbeitskräfte in der Landwirtschaft 1989

1 000

Familienarbeitskräfte / Familienfremde Arbeitskräfte[1)]	Arbeitskräfte in Betrieben mit einer landwirtschaftlich genutzten Fläche									
	ab 5 ha		von ... bis unter ... ha							
			5 – 10		10 – 20		20 – 30		30 und mehr	
	männlich	weiblich	männlich	weiblich	männlich	weiblich	männlich	weiblich	männlich	weiblich
April 1979										
Betriebsinhaber	**64,8**	**4,5**	**13,9**	**1,7**	**20,7**	**1,5**	**15,3**	**0,7**	**14,8**	**0,6**
und zwar										
im Betrieb vollbeschäftigt	44,4	0,8	3,4	0,2	13,8	0,4	13,8	0,2	13,4	0,1
außer im Betrieb noch anderweitig erwerbstätig	17,0	0,4	9,2	0,2	6,1	0,2	1,1	0	0,6	0
Im Betrieb und/oder Haushalt mithelfende Familienangehörige	**29,9**	**84,0**	**5,8**	**17,7**	**9,3**	**26,7**	**7,4**	**20,3**	**7,5**	**19,3**
und zwar										
im Betrieb und/oder Haushalt vollbeschäftigt	10,2	60,7	0,5	12,2	2,6	19,1	3,2	14,9	3,9	14,5
im Betrieb beschäftigt	29,5	52,5	5,6	10,3	9,2	17,1	7,4	13,4	7,4	11,7
im Betrieb vollbeschäftigt	10,1	3,0	0,5	0,5	2,5	0,9	3,2	0,8	3,9	0,7
außer im Betrieb noch anderweitig erwerbstätig	8,8	1,5	3,3	0,5	3,3	0,5	1,4	0,4	0,7	0,2
Familienfremde Arbeitskräfte	**13,9**	**4,1**	**1,6**	**0,7**	**2,0**	**0,7**	**2,0**	**0,7**	**8,2**	**2,0**
davon										
ständige Arbeitskräfte	7,7	1,7	1,0	0,2	0,7	0,3	1,0	0,3	5,0	0,9
und zwar										
im Betrieb vollbeschäftigt	6,9	0,7	0,9	0,2	0,6	0,1	0,8	0,1	4,6	0,3
nichtständige Arbeitskräfte	6,2	2,2	0,6	0,4	1,3	0,5	1,1	0,3	3,2	1,0
Arbeitskräfte insgesamt	**108,6**	**92,5**	**21,3**	**20,0**	**32,0**	**28,9**	**24,8**	**21,8**	**30,5**	**21,9**

Quelle: Statistisches Jahrbuch Nordrhein-Westfalen 1989, S. 260

Somit wird deutlich, daß für die nordrhein-westfälische Landwirtschaft zuallererst die Entscheidungen der Europäischen Gemeinschaft in Brüssel von Bedeutung sind. Das Bundesland kann nur ergänzende Maßnahmen treffen. So hat es Anfang der 80er Jahre ein „Programm für eine umweltverträgliche und standortgerechte Landwirtschaft in Nordrhein-Westfalen" vorgelegt. Die in diesem Programm genannten Ziele sind vor allem:

„— die Sicherung der Existenz bäuerlicher Familien,

Tabelle 30: Landwirtschaftliche Betriebe* 1987 nach Haupt- und Nebenerwerbsbetrieben sowie nach Größenklassen des Standardbetriebseinkommens

Größenklasse des Standardbetriebseinkommens a = Betriebe insgesamt b = Haupterwerbsbetriebe[1)] Anteil an Betriebe insgesamt in % c = Nebenerwerbsbetriebe[2)] Anteil an Betriebe insgesamt in %		Landwirtschaftliche Betriebe in der Hand natürlicher Personen	Betriebliche Arbeitsleistung	Landwirtschaftlich genutzte Fläche		Viehhaltung		
				insgesamt	darunter Dauergrünland	Milchkühe	Schweine[3)]	Legehennen[4)]
		Anzahl	AK-Einheit[5)]	ha		Anzahl		
Standardbetriebseinkommen von ... bis unter ... 1 000 DM								
unter 30	a	52 714	39 769	459 053	166 676	83 841	864 727	1 272 628
	b	15 417	19 652	210 666	70 433	40 557	427 895	816 613
		29,2	49,4	45,9	42,3	48,4	49,5	64,2
	c	37 314	20 117	248 387	96 254	43 262	436 821	455 998
		70,8	50,6	54,1	57,7	51,6	50,5	35,8
30–50	a	11 575	17 608	296 515	88 283	114 899	1 051 608	731 285
	b	10 425	16 271	268 154	80 629	104 809	954 343	630 003
		90,0	92,4	90,4	91,3	91,2	90,8	86,2
	c	1 157	1 337	28 360	7 654	10 080	97 262	101 279
		10,0	7,6	9,6	8,7	8,8	9,2	13,8
50 und mehr	a	19 262	39 023	806 272	214 050	358 950	2 476 973	3 622 435
	b	18 268	37 239	761 624	206 714	348 501	2 377 500	2 783 722
		94,8	95,4	94,5	96,6	97,1	96,0	76,9
	c	1 008	1 784	44 656	7 341	10 441	99 475	838 712
		5,2	4,6	5,5	3,4	2,9	4,0	23,1
Insgesamt	a	**83 537**	**96 401**	**1 561 826**	**469 010**	**557 700**	**4 393 312**	**5 626 356**
	b	**44 074**	**73 161**	**1 240 428**	**357 774**	**493 899**	**3 759 749**	**4 230 355**
		52,8	**75,9**	**79,4**	**76,3**	**88,6**	**85,6**	**75,2**
	c	**39 464**	**23 240**	**321 396**	**111 238**	**63 801**	**633 563**	**1 395 996**
		47,2	**24,1**	**20,6**	**23,7**	**11,4**	**14,4**	**24,8**

*) Betriebe mit der Hauptproduktionsrichtung Landwirtschaft (Ergebnisse aus der Agrarberichterstattung) – 1) Betriebe ohne außerbetriebliches Einkommen des Betriebsinhabers und seines Ehegatten oder Betriebe, in denen das betriebliche Einkommen größer ist als das außerbetriebliche Einkommen des Betriebsinhabers und/oder seines Ehegatten – 2) Betriebe, in denen das betriebliche Einkommen kleiner ist als das außerbetriebliche Einkommen des Betriebsinhabers und/oder seines Ehegatten – 3) ohne Ferkel – 4) ½ Jahr und älter – 5) AK-Einheit (Arbeitskrafteinheit): Jede mit betrieblichen Arbeiten vollbeschäftigte Arbeitskraft wird mit einer „AK-Einheit" und jede mit betrieblichen Arbeiten teilbeschäftigte Arbeitskraft mit Bruchteilen dieser „AK-Einheit" bewertet.

— die Erhaltung der Landwirtschaft im Interesse der Landschaftserhaltung und einer tragfähigen Sozial- und Infrastruktur des ländlichen Raumes,
— die Versorgung der Bevölkerung mit qualitativ hochwertigen Nahrungsmitteln auf der Basis einheimischer Erzeugung,
— die Entwicklung und Einführung umweltverträglicher Produktionsverfahren in der gesamten Landwirtschaft, um den Zielkonflikt von Ökonomie und Ökologie abzubauen sowie
— die langfristige Sicherung und Erhaltung der natürlichen Lebensgrundlagen gemeinsam mit Land- und Forstwirtschaft, Gartenbau und Naturschutz." (LEW NRW 1984, S. 115)

So sind eine umweltverträgliche Landwirtschaft und die langfristige Sicherung der Lebensgrundlagen die Eckpunkte des Programms.

Dem Programm der nordrhein-westfälischen Landesregierung über artgerechte und umweltverträgliche Tierhaltung kam 1988 erhebliche Bedeutung zu, als erstmals einer größeren Öffentlichkeit durch den Kälbermastskandal im westlichen Münsterland — Tausende von hormonverseuchten Kälbern mußten geschlachtet werden — die Problematik einer agroindustriell betriebenen Viehhaltung bewußt wurde. So setzt die nordrhein-westfälische Landwirtschaftspolitik auf eine stärker ökologisch ausgerichtete Landwirtschaft. Dabei sollen der Flurbereinigung sowie dem Gewässer- und Bodenschutz besondere Aufmerksamkeit zuteil werden. Doch bleibt für die Landwirtschaftspolitik eines Bundeslandes nur ein schmaler Spielraum, wenn es die Agrarpolitik strukturell verändern will. Die Rahmenbedingungen für die Landwirtschaftspolitik werden vor allem von Brüssel — und z.T. von Bonn — vorgegeben. So versucht Nordrhein-Westfalen auf der Ebene der Kammern, die Berufsausbildung und die Beratung der Landwirte ökologisch zu intensivieren.

6. Nordrhein-Westfalen im EG-Entscheidungsprozeß

Europapolitik ist nicht mehr exklusive Außenpolitik. Viele, wenn nicht sogar alle Politikbereiche, haben entweder bereits eine europäische Dimension erhalten oder werden im Verlauf der nächsten Jahre diese europäische Dimension immer stärker zu spüren bekommen. Frühere nationalstaatliche Außenpolitik wird immer mehr zu europäischer Innenpolitik. Ob es sich um die Montanindustrien handelt, die bereits Anfang der 50er Jahre unmittelbar durch die EGKS beeinflußt wurden, ob die Agrar-, Handels- oder Verkehrspolitik, die seit den Römischen Verträgen zu einer EG-Angelegenheit wurden oder ob es die Auswirkungen des Gemeinsamen Binnenmarkts sind, die Politik in den Mitgliedstaaten wird zunehmend direkt oder indirekt durch die Europäische Gemeinschaft bestimmt. Kein Wunder also, wenn sich in diesem Zusammenhang die Frage nach einer angemessenen Mitwirkung der Länder in den sie betreffenden Aspekten der Europapolitik stellt. Da die Bundesrepublik ein föderativer Staat ist, in dem die Länder über bestimmte eigene Kompetenzen verfügen, ihre Eigenständigkeit grundgesetzlich geschützt ist, müssen die Länder in irgendeiner Weise am Integrationsprozeß beteiligt werden. Die Länder als staatliche Einheiten können und sollen somit von ihrer Ebene aus den Prozeß der Integration in Europa maßgeblich beeinflussen.

In jüngerer Zeit versuchen die Länder durch die Errichtung eigener Büros in Brüssel bei der EG, direkten Zugang zur Gemeinschaft zu gewinnen. Somit stellt sich das Problem der Beteiligung der Länder an der Europapolitik im Dreieck Länder, Bund und Europäische Gemeinschaft.

6.1 Länderbeteiligungsverfahren

Bereits zu Beginn der 50er Jahre drohte eine Aushöhlung der Kompetenzen durch den europäischen Integrationsprozeß. Nordrhein-Westfalen schien davon besonders betroffen, denn der Schuman-Plan betraf natürlich Nordrhein-Westfalen wesentlich stärker als Bayern oder Schleswig-Holstein. Wenngleich der Vertrag über die EGKS nicht als zustimmungspflichtiger Vertrag galt, verlangte aber der nordrhein-westfälische Ministerpräsident Arnold Mitbestimmung im Entscheidungsprozeß für die Länder, da sie sonst „zu reinen Verwaltungsangelegenheiten herabgedrückt würden". Arnold forderte der Staatlichkeit der Länder Rechnung zu tragen und sie in den Entscheidungsprozeß einzubinden: „Die Länder müssen ein Wort bei diesen Instruktionen mitzusprechen haben. Das ist nicht nur billig, sondern auch gerecht, zweckmäßig und nach meiner Auffassung unerläßlich; denn die Tätigkeit der Gemeinschaft berührt unmittelbar das gesamte wirtschaftliche Leben in den Ländern und der Republik" (Bundesrat und Europäische Gemeinschaften 1988, S. 48) Doch eine gesetzliche Verankerung erfolgte nicht. Das Ratifikationsgesetz zur EGKS sieht nur einen Informationsanspruch von Bundestag und Bundesrat vor und verankert die Verpflichtung der Bundesregierung, diesen Institutionen Informationen zu geben.

Erst bei der Unterzeichnung der Römischen Verträge 1957 verpflichtete sich die Bundesregierung, Bundestag und Bundesrat über Entwicklungen im Rat der beiden neuen Gemeinschaften auf dem laufenden zu halten und erforderlichenfalls auch bereits vor der Beschlußfassung des Rats die Länder zu unterrichten.

Die Unterrichtung durch den Bund in bezug auf die Europapolitik wurde seitens der Länder auch nach der im Zusammenhang mit den Römischen Verträgen getroffenen Vereinbarung als nicht ausreichend perzipiert. In den 70er Jahren forderten die Länder, die Mitwirkung in EG-Angelegenheiten auf eine neue Rechtsbasis zu stellen. Das Bundesratsverfahren der Mitwirkung der Bundesländer am Gemeinschaftswillensbildungsprozeß wurde als nicht mehr ausreichend empfunden. So verlangten die Bundesländer eine Regelung, die sie einzeln, entsprechend ihrer politischen und ökonomischen sowie demographischen Bedeutung berücksichtigte. Sie erklärten, daß

„1. das Bundesratsverfahren nur die Information des Bundesrates über die Vorlage im EG-Ministerrat regele, daß die Länder aber an der Festlegung der Marschrichtung, die zwischen EG-Kommission und Regierungen bzw. Rat stattfinde, nicht beteiligt wären; sie wiesen

2. darauf hin, daß Entscheidungen in der EG, die in die ausschließlichen Kompetenzen der Länder eingriffen, ebenfalls frühzeitig mit diesen abgesprochen werden müßten, wenn der deutsche Föderalismus nicht Schaden nehmen soll und sie bestanden

3. auf wesentlichen Interessen der Länder, die ihre Teilhabe am Entscheidungsprozeß geraten erscheinen ließen" (Zellentin 1985, S. 331f.)

Aufgrund mehrjähriger Verhandlungen zwischen Delegationen des Bundes und der Länder wurde unter maßgeblichem Einfluß Nordrhein-Westfalens ein

Briefwechsel ausgehandelt, der von der Bundesregierung nur als Selbstbindung verstanden wurde. In dem vom damaligen Bundeskanzler Schmidt unterzeichneten Brief wird die bisherige Unterrichtspflicht ausgedehnt, wenn es heißt:

„... 1. Der Bund unterrichtet die Länder rechtzeitig und umfassend über die Vorhaben der Europäischen Gemeinschaften.

2. Soweit EG-Vorhaben ganz oder in einzelnen Bestimmungen innerstaatlich in die ausschließliche Gesetzgebungskompetenz der Länder fallen würden, erhalten die Ländern die Möglichkeit, ihren Standpunkt eingehend und umfassend darzustellen. Der Bund erwartet, daß die Länder dabei eine einheitliche Haltung anstreben und diese -- mit Rücksicht auf den zeitlichen Verhandlungsablauf in Brüssel — in angemessener Frist mitteilen werden.

Der Bund geht davon aus, daß sich die Länder bemühen, ihren Beitrag in den außen- und integrationspolitischen Zielsetzungen und Notwendigkeiten des Bundes einzuordnen.

Der Bund bemüht sich, mit den Ländern zu einem einvernehmlichen Standpunkt zu gelangen und in diesem im Laufe der Verhandlungen soweit wie möglich einzubringen und durchzusetzen. Der Bund wird vom Standpunkt der Länder nur aus zwingenden Gründen abweichen. Weicht der Bund vom Standpunkt der Länder ab, so teilt er den Ländern die für seine abweichende Entscheidung maßgeblichen Gründe mit.

Betrifft die beabsichtigte Maßnahme eine ausschließliche Landeskompetenz, so wird der Bund auf Verlangen zu den Verhandlungen in den Beratungsgremien der Kommission und des Rates zwei Vertreter der Länder hinzuziehen, soweit ihm dies möglich ist." (Hrbek/Thaysen 1986, S. 238)

Ab 1979 mußten EG-Vorhaben vor ihrer Einbindung in die EG-Organe den Ländern rechtzeitig mitgeteilt werden, so daß diese sich wiederum wirksam im Meinungsbildungs- und Willensbildungsprozeß beteiligen können, wobei diese ihre Standpunkte jedoch in „angemessener Frist" einzubringen haben. Der Bund kann vom Standpunkt der Länder nur „aus zwingenden außen- und integrationspolitischen Gründen" abweichen. „Der Unterschied zum Zuleitungs- und Bundesratsverfahren ist, daß hier die Stimmen der Länder gewichtet werden, während beim Länderbeteiligungsverfahren jedes Land gleichberechtigt ist und eben kein Mehrheitsvotum angestrebt wird, sondern eine einvernehmliche Lösung, eine einheitliche Auffassung" (Hrbek 1986, S. 30)

Dieses Länderbeteiligungsverfahren ermöglichte den Ländern zwar bessere Partizipationschancen in der Europapolitik, „bürdete ihnen aber schier unüberwindbare Schwierigkeiten bei der Formulierung gemeinsamer, der Bundesregierung rechtzeitig zu übermittelnder Stellungnahmen auf, da sie sich gerade in den Fragen, in denen es um die Beeinträchtigung ihrer eigenen Ge-

setzgebungshoheit durch EG-Maßnahmen ging, des Bundesrates als dafür nicht zuständigen Zwischenträgers nicht bedienen wollte" (Boldt/Reh 1990, S. 60). Die Koordination der Länderinteressen erwies sich als außerordentlich schwierig, so daß man in den 80er Jahren von diesem Verfahren wieder abging und zu einem neuen Verfahren durch die Einheitliche Europäische Akte kam.

6.2 Bund-Länder-Kooperation gemäß Einheitlicher Europäischer Akte

Auf maßgeblichen Einfluß Nordrhein-Westfalens wurde im Gesetz zur Einheitlichen Europäischen Akte vom 28. Februar 1986 dem föderativen Charakter der Bundesrepublik Deutschland auch in der zukünftigen Europapolitik Rechnung getragen, indem die Länder ihre Verantwortung in allen europäischen Fragen aktiv wahrnehmen können. In Art. 2 des Gesetzes zur EEA heißt es: „Die Bundesregierung unterrichtet den Bundesrat ... umfassend und zum frühestmöglichen Zeitpunkt über alle Vorhaben im Rahmen der Europäischen Gemeinschaft, die für alle Länder von Interesse sein könnten".

Der Mitwirkungsanspruch der Länder kommt in Abs. 2 des Art. 2 zum Tragen, in dem folgende Regelung steht:
„Die Bundesregierung gibt vor ihrer Zustimmung bei Beschlüssen der Europäischen Gemeinschaften, die ganz oder in einzelnen Bestimmungen ausschließliche Gesetzgebungsmaterien der Länder betreffen oder deren wesentliche Interessen berühren, dem Bundesrat Gelegenheit zur Stellungnahme binnen angemessener Frist".

Das im Gesetz zur EEA niedergelegte Kooperationsverfahren zwischen Bund und Ländern soll dazu führen, einen Mitspracheanspruch als Surrogat für verloren gegangene Gestaltungsmöglichkeiten zu verankern, zum anderen aber auch sachgerechte Entscheidungen fällen und drittens schließlich auch die gesellschaftlichen und kulturellen Spezifika der Länder und ihrer Einwohner zu erhalten. Die Länder haben sich generell zur Europäischen Gemeinschaft bekannt, legen aber besonderen Wert auf ihre Eigenständigkeit und ihre eigene Entwicklung. (vgl. Gesetz zur EEA vom 28.2.1986)

Gesetz
zur Einheitlichen Europäischen Akte vom 28. Februar 1986
Vom 19. Dezember 1986

Der Bundestag hat mit Zustimmung des Bundesrates das folgende Gesetz beschlossen:

Artikel 1

Der in Luxemburg am 17. Februar 1986 von der Bundesrepublik Deutschland unterzeichneten Einheitlichen Europäischen Akte und der Schlußakte vom 28. Februar 1986 wird zugestimmt. Die Einheitliche Europäische Akte und die Schlußakte werden nachstehend veröffentlicht.

Artikel 2

(1) Die Bundesregierung unterrichtet den Bundesrat unbeschadet des Artikels 2 des Gesetzes zu den Verträgen vom 25. März 1957 zur Gründung der Europäischen Wirtschaftsgemeinschaft und der Europäischen Atomgemeinschaft vom 27. Juli 1957 (BGBI. II S. 753) umfassend und zum frühestmöglichen Zeitpunkt über alle Vorhaben im Rahmen der Europäischen Gemeinschaft, die für die Länder von Interesse sein könnten.

(2) Die Bundesregierung gibt vor ihrer Zustimmung bei Beschlüssen der Europäischen Gemeinschaften, die ganz oder in einzelnen Bestimmungen ausschließliche Gesetzgebungsmaterien der Länder betreffen oder deren wesentliche Interessen berühren, dem Bundesrat Gelegenheit zur Stellungnahme binnen angemessener Frist.

(3) Die Bundesregierung berücksichtigt diese Stellungnahme bei den Verhandlungen. Soweit eine Stellungnahme ausschließliche Gesetzgebungsmaterien der Länder betrifft, darf die Bundesregierung hiervon nur aus unabweisbaren außen- und integrationspolitischen Gründen abweichen. Im übrigen bezieht sie die vom Bundesrat vorgetragenen Länderbelange in ihre Abwägung ein.

(4) Im Falle einer Abweichung von der Stellungnahme des Bundesrates zu einer ausschließlichen Gesetzgebungsmaterie der Länder und im übrigen auf Verlangen teilt die Bundesregierung dem Bundesrat die dafür maßgeblichen Gründe mit.

(5) Ist dem Bundesrat Gelegenheit zur Stellungnahme zu geben, sind, unbeschadet der bereits bestehenden Regelungen, auf Verlangen Vertreter der Länder zu den Verhandlungen in den Beratungsgremien der Kommission und des Rates hinzuzuziehen, soweit der Bundesregierung dies möglich ist.

(6) Einzelheiten der Unterrichtung und Beteiligung bleiben einer Vereinbarung zwischen Bund und Ländern vorbehalten.

Artikel 3

Dieses Gesetz gilt auch im Land Berlin, sofern das Land Berlin die Anwendung dieses Gesetzes feststellt.

Artikel 4

(1) Dieses Gesetz tritt am Tage nach seiner Verkündung in Kraft.

(2) Der Tag, an dem die Einheitliche Europäische Akte nach ihrem Artikel 33 Abs. 2 für die Bundesrepublik Deutschland in Kraft tritt, ist im Bundesgesetzblatt bekanntzugeben.

6.3 Informationen vor Ort — Beobachter der Länder bei der EG

Bereits während der Verhandlungen über die Römischen Verträge entsandten die Bundesländer einen nichtstimmberechtigten Vertreter in die deutsche Verhandlungsdelegation. Dies führte auch dazu, daß auf Druck der Bundesländer seit 1958 der deutschen Ratsdelegation in Brüssel ein Länderbeobachter beigesellt wurde. „Er wird von der Konferenz der Ministerpräsidenten (auf Vorschlag der Wirtschaftsminister) bestellt und nimmt an den Sitzungen des Rats sowie den vorbereitenden Besprechungen teil. Er hält generell Kontakt zu den Organen der Gemeinschaft und den mit EG-Fragen befaßten Bundesressorts in Bonn, informiert die Länder und unterstützt die vom Bundesrat entsandten Ländervertreter, mit deren Aufgabe sich die seine teilweise überschneiden. Im Gegensatz zu ihnen nimmt er an der Beratungen nicht aktiv, sondern eben nur beobachtend teil" (Boldt / Reh 1990, S. 63)

Da der Länderbeobachter an den Tagungen des Rats, des Ausschusses der Ständigen Vertreter und anderer EG-Gremien sowie den vorbereitenden Besprechungen der Bundesregierung über EG-Angelegenheiten teilnimmt, verfügt er über einen hohen Informationsstand. Diesen leitet er an den Bundesrat, den Ausschuß für EG-Fragen des Bundesrats sowie die Länder weiter. Seine wichtigste Aufgabe besteht in der Informationsbeschaffung. „Durch seine Mitteilungen werden in vielen Fällen die allgemeine Verhandlungssituation im Rat sowie die Interessenlage der übrigen Mitgliedstaaten deutlich, womit es den Ausschußmitgliedern erleichtert wird, realitätsnahe Stellungnahmen zu erarbeiten." (Jaspert 1982, S. 18)

Nach Inkrafttreten der Einheitlichen Europäischen Akte im Juli 1987 wurde zwischen den Ländern 1988 ein neues Abkommen über den Beobachter der Länder bei der EG geschlossen, das zum 1. Januar 1989 in Kraft trat. Der Länderbeobachter hat danach die Aufgabe, „den Bundesrat bei der Wahrnehmung seiner Rechte … zu unterstützen und die Länder über für sie gemeinsame Vorgänge im Bereich der Europäischen Gemeinschaften zu informieren".

Zwar ist laut Grundgesetz die Außenpolitik eine Angelegenheit des Bundes, doch beanspruchten die Länder schon immer ein Mitspracherecht bei internationalen Verhandlungen, das sie allerdings formal nicht einhielten und aus verfassungsrechtlichen Gründen auch nicht erhalten können. Doch hat sich auf der politisch-praktischen Ebene eine pragmatische Zusammenarbeit eingestellt, die die Beteiligung von Ländern ermöglicht, „wenn der Bund selbst mangels Kompetenzen nicht über ausreichende Fachkräfte verfügt, wenn zweitens für ein optimales Verhandlungsergebnis zusätzlicher Sachverstand nötig oder nützlich erscheint und wenn drittens in Verhandlungen wesentliche Länderbelange auf dem Spiel stehen".(Hrbek 1986, S. 27) So waren in den

EG-Gremien unter deutschen Vertretern oftmals Ländervertreter zugegen, die durchaus ihre Interessen artikulieren konnten, wenngleich sie keinen Anspruch auf ihre Durchsetzung erheben konnten. Für Nordrhein-Westfalen war diese Mitwirkung von Beginn des europäischen Integrationsprozesses an bedeutsam, da doch die EGKS in ganz besonderer Weise das größte Bundesland betraf. Nordrhein-Westfalen hatte mit der Bundesregierung vereinbart, daß sowohl die Bestellung der deutschen Vertreter in den EG-Organen als auch die Weisungen an den deutschen Vertreter im besonderen Ministerrat die Mitwirkung des Landes vorsah.

6.4 Die Münchner Thesen: Europäischer Mitbestimmungsanspruch der Länder

Gemeinsames Ziel der Länder ist die Schaffung eines Europas, in dem die kulturellen Eigenarten, die gesellschaftliche Vielfalt, eine ausgewogene Wirtschaftsentwicklung und bürgernahe Entscheidungen sichergestellt sind. Um ihren Vorstellungen öffentlichen Nachdruck zu verleihen, haben die Ministerpräsidenten der Länder 1987 folgende 10 Münchner Thesen veröffentlicht:

1. Die EG soll nur im Rahmen der im EWG-Vertrag festgelegten Kompetenzen tätig werden und bei Auslegung und Handhabung die föderative Struktur der Bundesrepublik Deutschland berücksichtigen.
2. Entsprechend dem Subsidiaritätsprinzip soll die EG nur dann neue Aufgaben übernehmen, wenn sie nur von der Gemeinschaft zu lösen sind. Neben dem Verwaltungsvollzug bleiben Kultur, Erziehung und Bildung sowie Gesundheits- und regionale Strukturpolitik Angelegenheiten der Länder.
3. Die künftige Entwicklung der EG muß sich an bundesstaatlichen Regeln ausrichten; die Gemeinschaftstätigkeit ist auf die Gestaltung notwendiger Rahmenbedingungen zu beschränken.
4. Um die kulturelle Vielfalt in Europa weiterhin aufrechtzuerhalten, darf die Kulturhoheit der Länder nicht durch die EG angetastet werden.
5. Die Rundfunkhoheit der Länder ist weiterhin zu wahren. Bei grenzüberschreitenden Regelungen werden zwischenstaatliche Vereinbarungen bevorzugt.
6. Die Agrarmärkte müssen ins Gleichgewicht gebracht werden; die Anforderungen und Bedingungen innerhalb der EG sind anzugleichen. Die Möglichkeit einer Landbewirtschaftung in Einklang mit Natur und Umwelt muß erhalten bleiben.
7. Um regionale Unterschiede ausgleichen zu können und um eine optimale regionale Strukturpolitik betreiben zu können, benötigen die Länder einen größtmöglichen Handlungsspielraum.

8. Bei der Angleichung von Rechtsvorschriften in den Bereichen Gesundheit, Sicherheit, Umweltschutz und Verbraucherschutz ist ein höchstmögliches Schutzniveau zu verwirklichen.
9. Für den Mittelstand müssen angemessene wirtschaftliche, rechtliche, soziale und steuerliche Rahmenbedingungen geschaffen werden.
10. Die EG-Forschungsmittel sollen sich besonders auf diejenigen Projekte konzentrieren, bei denen die EG-weite Durchführung zusätzliche wirtschaftliche und technische Vorteile bringt.

6.5 Eigenständige und direkte Initiativen der Länder bei der EG

Unmittelbare Kontakte mit den EG-Institutionen werden immer bedeutsamer, verlagert sich der Entscheidungsprozeß in vielen Bereichen von der nationalen Ebene auf die europäische Ebene nach Brüssel. Die Politiken, die im Rahmen des Europäischen Binnenmarkts durchgeführt werden, beeinträchtigen nachhaltig die Wirtschafts-, Gesellschafts- und Sozialpolitik in den Mitgliedstaaten. Wie die Entscheidungen letztendlich ausfallen werden, hängt von zahlreichen Faktoren ab; so insbesondere auch davon, welche Möglichkeiten es gibt, den Entscheidungsprozeß frühzeitig zu beeinflussen. Um dabei erfolgreich sein zu können, ist zunächst die Kenntnis des anstehenden Entscheidungsbedarfs erforderlich. Dafür dient neben den bereits aufgeführten Kanälen zur Informationsbeschaffung den Ländern auch die Einrichtung von Informationsbüros in Brüssel. Inzwischen haben alle Bundesländer eigene Informationsbüros in Brüssel eingerichtet, wobei die drei norddeutschen Küstenländer Hamburg, Niedersachsen und Schleswig-Holstein mit dem „Hanse-Office“ ein gemeinsames Verbindungsbüro in Brüssel betreiben. Auch Nordrhein-Westfalen hat seit dem 28. Oktober 1986 als erstes offizielles Bundesland ein eigenes Verbindungsbüro in Brüssel eingerichtet. Seine Aufgabe besteht in der Analyse der Kommissionsentscheidungen, im Aufbau eines dichten Kontaktnetzes zu den entscheidenden EG-Institutionen, aber auch zu den anderen Bundesländern und in der Informationsbeschaffung für die Landesregierung. Die Landesregierung wird frühzeitig und zielgerichtet unterrichtet, so daß sie entscheiden kann, ob seitens der Landesregierung bestimmte Maßnahmen zu treffen sind. Das Verbindungsbüro dient darüber hinaus als Ansprechpartner für Bürger aus Nordrhein-Westfalen — seien es Politiker, Verwaltungsbeamte, Unternehmer, Verbandsvertreter oder Wissenschaftler. Auch ihnen werden die für sie nützlichen Informationen vermittelt. Schließlich hat das Verbindungsbüro die Aufgabe, Nordrhein-Westfalen als zentrale Kultur- und Wirtschaftsregion in Europa bekannt zu machen und Sympathiewerbung zu betreiben.

Die Bundesländer dürfen gemäß Art. 32 des Grundgesetzes keine Nebenaußenpolitik betreiben, so daß die Einrichtung dieser Verbindungsbüros nicht selten auf inoffizieller Basis erfolgt. Nordrhein-Westfalens Verbindungsbüro wurde daher auch von der Westdeutschen Landesbank eingerichtet. Die Mitarbeiter des Verbindungsbüros werden allerdings aus dem Landeshaushalt bezahlt.

Zweifellos verbessern die Verbindungsbüros der Bundesländer den Informationsstand sowie das europapolitische Beurteilungsvermögen von Landesregierung, Landesverwaltung und Landesparlament. Die Bundesländer können bei vorsichtiger Handhabung dieser Büros letztlich ein für den europäischen Integrationsprozeß fördernder Faktor werden, vorausgesetzt, sie akzeptieren den Entscheidungsprozeß der EG und verstehen ihre Funktion als legitimierter Interessenvertreter ihrer Bevölkerungen.

Neben der unmittelbaren Präsenz des Verbindungsbüros versuchen Landesregierung und Landesparlament auch in unmittelbaren Kontakt zu den EG-Institutionen zu treten. Besuche des Ministerpräsidenten und einzelner Landesminister bei der EG-Kommission sowie Besuche von Landtagsausschüssen und Parlamentariern aus Düsseldorf in Brüssel sollen u.a. dazu dienen, nordrhein-westfälische Positionen vor Ort zu verdeutlichen und nach Möglichkeit in den Entscheidungsprozeß einfließen zu lassen. Briefe und Telefonate zwischen den Landesorganen und den EG-Organen sollen zu einem größeren Informationsfluß ebenfalls beitragen. Zwar hat der Bund sein Interesse an diesen Besuchen durch einen Erlaß dokumentiert, nachdem EG-Besuche der Vertreter der Landesregierungen beim Auswärtigen Amt angezeigt werden sollten. Doch die Länder vernachlässigen sehr oft diese Meldepflicht, um ihre Selbständigkeit gegenüber dem Bund zu dokumentieren. „Die Kommission der EG legt besonderen Wert auf diese Kontakte zu den Bundesländern, weil sie sich auf diese Weise den Anschein geben kann, die harte Schale der Staaten mit supranationaler Kompetenz zu durchbrechen und die wirtschaftliche Basis direkt anzusprechen.“ (Zellentin 1984, S. 333)

Die immer stärkere Einbeziehung in die europäische Politik erforderte auch, das Management der Regierung „europafähig“ zu machen. So wurde 1986 ein interministerieller Koordinierungsausschuß für EG-Angelegenheiten eingerichtet. Im Jahr 1988 wurden in jedem Ministerium des Landes Europareferate eingerichtet. Und nicht zuletzt hat seit Mitte der 80er Jahre der Chef der Staatskanzlei die Funktion eines Europabeauftragen der Landesregierung übernommen.

Darüber hinaus dienen europapolitische Debatten im Landesparlament dazu, die spezifische landespolitische Position deutlich zu artikulieren. So haben die Fraktionen in der 9. und 10. Legislaturperiode Anträge in den Landtag eingebracht, die die Europapolitik und ihre Auswirkungen auf Nordrhein-Westfalen zum Inhalt hatten. Der CDU-Antrag vom 19. Dezember 1986 trug den Titel „Das Land Nordrhein-Westfalen und die Europäischen Gemeinschaft". Der Antrag der SPD-Fraktion vom 30. Juni 1987 wurde betitelt: „Die Zukunft unseres Landes in Europa". Der Antrag der FDP-Fraktion vom 7. September 1987 lautete: „Europäische Einheit statt kleinstaatlicher Föderalismus" (vgl. Anhang). Der Landtag debattiert in unregelmäßigen Abständen die Europapolitik und ihre Auswirkungen auf das Bundesland. Hinsichtlich der Zielvorstellung eines gemeinsamen Europas gibt es bei den Fraktionen keine Unterschiede, wohl aber hinsichtlich der Methoden (vgl. Anhang). Da sich die Landtagsabgeordneten ihrer mangelnden rechtlichen Einflußmöglichkeiten bewußt sind, wurde ein ständiger Kontaktausschuß, bestehend aus Landesparlamentariern und den nordrhein-westfälischen Abgeordneten des Europäischen Parlaments geschaffen. In diesem Ausschuß, der in der 9. Legislaturperiode als sporadische Konferenz bereits tagte, sollen die beteiligten Abgeordneten über die Europapolitik beraten. Wenn dieser Ausschuß zunächst auch nur zur Informationsgewinnung der Landtagsabgeordneten dient, so können diese neu gewonnenen Informationen eventuell durch „nordrhein-westfälischen Lobbyismus", sei es über das nationale Parlament, die Bundesregierung oder sogar die Brüsseler EG-Kommission positiv verwertet werden.

6.6 Nordrhein-Westfalen und das Europäische Parlament

Schließlich ist Nordrhein-Westfalen nicht nur über die Landesregierung am europäischen Entscheidungsprozeß beteiligt, sondern durch seine Parlamentarier auch direkt in Straßburg vertreten. Nordrhein-Westfalen stellt von den der Bundesrepublik insgesamt 81 zustehenden Abgeordneten des Europäischen Parlaments 22 Abgeordnete. Bei der Dritten Direktwahl zum Europäischen Parlament am 18. Juni 1989 konnte die SPD mit 10 Abgeordnetenmandaten die größten Gewinne erzielen. Die CDU erlitt deutliche Einbußen und ist seit 1989 nur noch mit acht Abgeordneten im Europäischen Parlament vertreten. Die Grünen entsenden drei Abgeordnete. Die FDP konnte die 5 %-Sperrklausel 1989 überwinden und ist seit dieser Zeit mit einer Abgeordneten im Europäischen Parlament vertreten.

Wenn auch die Abgeordneten des Europäischen Parlaments sich primär als Vertreter europäischer Interessen fühlen, so repräsentieren sie doch faktisch einen europäischen Wahlkreis, der ca. 780000 Bürger umfaßt. Es gilt für sie, den Bürgern deutlich zu machen, welche Auswirkungen Europapolitik auf ihren „Wahlkreis" hat. Das bedeutet wiederum, da sie in der Regel die Wiederwahl anstreben, daß sie auch die regionalen — und damit verbunden auch lan-

Tabelle 31: Europa-Wahl in Nordrhein-Westfalen

	Vorläufige Ergebnisse* 17. Juni 1984	18. Juni 1989
Wahlberechtigte	12657700	12920132
Wähler	7514108	8058173
Wahlbeteiligung	59,4 v.H	62,4 v.H.
Davon entfielen auf die Parteien (Auswahl)		
SPD	3099569	3478418
CDU	3182755	2854149
GRÜNE	597177	634884
F.D.P.	312455	453307
Republikaner	—	327995
Das entspricht		
SPD	41,7 v.H.	43,6 v.H.
CDU	42,8 v.H.	35,7 v.H.
GRÜNE	8,0 v.H.	7,9 v.H.
F.D.P.	4,2 v.H.	5,7 v.H.
Republikaner	—	4,1 v.H.

* *Quelle:* Landesamt für Datenverarbeitung und Statistik

despolitischen — Interessen in ihre jeweiligen Entscheidungen miteinfließen lassen werden.

Und in der Tat verstehen sich die Europaparlamentarier auch als Anwalt der Regionen, insbesondere wenn es um die Situation von Regionen im Hinblick auf den Anteil am Sozialprodukt, an der Verkehrsinfrastruktur, um die Problematik der Arbeitslosigkeit, um die Agrarprobleme und besonders, wenn es um die Mittelverteilung aus den Fonds — Agrarsozial-, Regional- und Sozialfonds — geht.

6.7 Mitwirkung durch informelle Beteiligung

Doch insgesamt gesehen, so sehr auch unterschiedliche Ebenen für eine Mitwirkung der Länder in der Europapolitik bestehen, ein rechtlicher Anspruch an der Willensbildung in der Europäischen Gemeinschaft besteht für die Länder nicht. Für den Bund besteht seit dem Gesetz über die EEA die Selbstverpflichtung, den Willen der Länder in den EG-Entscheidungsprozeß einzubringen. Die Römischen Verträge schließen aus, daß es innerhalb seiner Organe ein imperatives Mandat gibt.

Doch hat sich auf der informellen Ebene, auf dem Weg der politischen Selbstbindung durch den Bund, ein Verfahren zwischen Bund und Ländern herausgebildet, das es den Ländern erlaubt, ihre Interessen einzubringen und in den Entscheidungsprozeß der Europäischen Gemeinschaft einfließen zu lassen. „Die informelle Beteiligung an Beratungsgremien der Kommission widerspricht weder verfassungsrechtlichen noch gemeinschaftsrechtlichen Vorschriften, so daß nichts dagegen zu sagen ist, wenn ein Vertreter der Länder in der Delegation der Bundesrepublik Deutschland beim Rat mitvertreten ist" (Grabitz, in Hrbek/Thaysen, 1988, S. 173).

Über diese informelle Ebene beim Bund hinaus haben sich die Länder mit der Einrichtung ihrer Verbindungsbüros in Brüssel noch eine weitere europäische Ebene geschaffen. Damit haben sie sich zwar keine neuen rechtlichen Kompetenzen erkämpft, aber eine weitere Ebene der informellen Politikbeeinflussung betreten. Durch diese Repräsentanz der Länder vor Ort in Brüssel wird der politische Prozeß der Willensbildung in der EG noch unübersichtlicher, da jetzt neben dem Bund auch noch die Länder direkt vor Ort in Brüssel Politik betreiben zu versuchen. Damit könnte immer stärker eine — sowie bereits schwach ausgeübte demokratische — Kontrolle der Europapolitik noch weiter erschwert werden. Ja, es gibt sogar Befürchtungen, daß sich ein „staatenübergreifendes politisches System, das zentrale Prinzipien, Normen und Grundlagen des demokratischen Rechtsstaats in Westeuropa in Frage stellt" (Wessels, 1986, S. 193) entwickeln könnte. Doch neben dieser Befürchtung existiert auch die Hoffnung, daß durch das Konsensprinzip aller Beteiligten auf den drei Ebenen zwar der Entscheidungsprozeß schwerfälliger wird, daß aber die gefundenen Lösungen für alle akzeptabel und damit um so stabiler für die gesamte Gemeinschaft sind.

7. Gemeindepartnerschaften und regionale grenzüberschreitende Zusammenarbeit und ihre europapolitische Bedeutung

7.1 Transnationale Integration

Der Integrationsprozeß vollzieht sich nicht allein abstrakt auf der Ebene von Staaten. Will er erfolgreich sein, so muß Integration nicht nur auf der Ebene der hohen Politik initiiert und praktiziert werden, sondern vor allem auf der Einstellungs- und Verhaltensebene der am Integrationsprozeß beteiligten Bürger seine Entsprechung finden. Gesellschaftliches Zusammenwachsen auf der Ebene unterhalb von Regierungen sowie Verknüpfungen von grenznahen Gebieten benachbarter Staaten wird von der Wissenschaft als transnationale Integration bezeichnet. Innerhalb dieser transnationalen Integration hat sich die grenzüberschreitende Region benachbarter Staaten als eine neue Form der Zusammenarbeit herauskristallisiert. Vom Nordkap in Norwegen bis zur spanisch-französischen Grenze in den Pyrenäen haben sich unter dem Schlagwort „Europa wächst an seinen Grenzen zusammen" in den letzten Jahrzehnten 46 Regionen mit grenzüberschreitender Zusammenarbeit mit dem Ziel des Abbaus grenzbedingter Hemmnisse gebildet. So sind die bekanntesten die EUREGIO, eine Kommunalgemeinschaft im Raum Rhein, Ems, Ijssel, die ARGE ALP, bestehend aus Bayern, den österreichischen Bundesländern Salzburg, Tirol und Vorarlberg, dem Schweizer Kanton Graubünden, den autonomen Provinzen in Italien Bozen-Südtirol und Trient sowie der Region Lombardei. Die REGIO BASILIENSISIS — in diesem Zusammenhang oft genannt — umfaßt nur die schweizerischen Gebiete am Oberrheingraben. In Nordrhein-Westfalen haben sich neben der EUREGIO nach die REGIO Rhein-Waal, die Grenzregion Rhein-Maas-Nord und die EUREGIO Maas-Rhein als grenzüberschreitende Zusammenschlüsse gebildet.

Neben der grenzüberschreitenden Zusammenarbeit von Regionen entwickelte sich auch die übernationale Kooperation von Gemeinden und Städten, die nach dem Zweiten Weltkrieg entstand. Heute (1990) existieren allein mehr als 1500 Partnerschaften zwischen deutschen und französischen Gemeinden.

Die Aufsplitterung Europas in mehr als 30 Nationalstaaten im Verlauf des letzten Jahrhunderts hat dazu geführt, daß Grenzen einen trennenden Charakter erhielten und damit insbesondere die Grenzregionen in eine problematische Lage brachten. Grenzen wurden Trennungslinien, ja im Zeitalter des Nationalismus sogar Barrieren. So traten gerade in der ersten Hälfte des 20. Jahrhunderts die hemmenden Einflüsse z.B. der deutsch-niederländischen Grenze hervor. Der Nationalstaat richtete seine Interessen auf sein Territorium aus, in dem die Entwicklung der Infrastruktur — wie z.B. Fernstraßennetz und Eisenbahnen — jeweils nur bis zur Grenze geplant und vorangetrieben wurde. Für den grenzüberschreitenden Handels- und Personenverkehr wurden Hemmnisse aufgebaut und somit der natürliche Lebensraum der Grenzbewohner empfindlich beeinträchtigt. Trotz der Öffnung der Grenzen nach dem Zweiten Weltkrieg, trotz der Erleichterungen durch die Schaffung der Europäischen Gemeinschaften gerieten die Grenzregionen durch ihr Randdasein in erheblichen Rückstand zu ihren national vergleichbaren Regionen. Der Abzug von Behörden und Diensten in das Binnenland, die damit im Zusammenhang stehende Abwanderung von Arbeitskräften, die mangelnde Infrastrukturpolitik und die z.T. kulturelle Verödung waren Kennzeichen dieser für dieser Regionen typischen Entwicklungen.

So haben sich bereits in den 50er Jahren Kommunalpolitiker aus Städten und Gemeinden der Regionen zusammengesetzt, um insbesondere die regionale Infrastruktur sowie die grenzüberschreitenden Beziehungen zu verbessern.

Typische Aufgaben für die grenzüberschreitende Zusammenarbeit sind die verbundene Regional- und Kommunalentwicklung, die Verkehrsinfrastruktur, Umweltschutzprobleme (Gewässerschutz, Mülldeponien, Immissionsschutz), Naturschutz, Unterrichtswesen, Berufsausbildung und Forschung, öffentliches Gesundheitswesen, gegenseitige Hilfe im Katastrophen- und Unglücksfall, Grenzgängerprobleme (Verkehrsmittel, soziale Sicherheit, Steuerfragen), Arbeitsplatzprobleme u.a.m.

Grenzüberschreitende Zusammenarbeit in Nordrhein-Westfalen

In den 70er Jahren wurden durch Abkommen der jeweiligen Staatsregierungen die deutsch-belgische Raumordnungskommission (1971) und die deutsch-niederländische Raumordnungskommission (1977) gebildet. Sie sollten nicht nur zu einer besseren Information des jeweiligen Nachbarn über zukünftige Projekte im Grenzraum führen, sondern auch Analysen und Untersuchungen gemeinschaftlich veranlassen, Vorschläge zur Problemlösung erarbeiten und die Entwicklung in den jeweiligen Grenzregionen übernational abstimmen. Diese grenzüberschreitende Zusammenarbeit kann Denkanstöße und Impulse geben, jedoch haben die Kommissionen keine Beschlußkompetenzen. Ihre Empfehlungen werden jedoch bei den zuständigen Organen — z.B. Landesregierungen, Regierungspräsidenten — mit Interesse zur Kenntnis genommen.

Organisierte Zusammenarbeit auf Regionsebene über die Staatsgrenzen hinweg vollzieht sich in Nordrhein-Westfalen heute in folgenden Institutionen:

7.2 REGIO Rhein-Waal

Die REGIO Rhein-Waal ist ein Zusammenschluß von 20 Städten und Gemeinden im Raum Arnheim-Nijmwegen-Goch-Kleve-Emmerich. Sie wurde 1971 gegründet. Darüber hinaus gehören diesem überregionalen Verband auch der Kreis Kleve sowie verscheidene Industrie- und Handelskammern an. In der REGIO Rhein-Waal wohnen mehr als eine Million Menschen auf einer Fläche von ca. 3000 qkm. Etwa zwei Drittel der Bürger leben auf niederländischem Territorium.

7.3 GRENZREGIO Rhein-Maas-Nord

Die GRENZREGIO Rhein-Maas-Nord ist ein übernationaler Zusammenschluß von 18 Städten, Gemeinden und Kreisen sowie Industrie- und Handelskammern im deutsch-niederländischen Grenzraum zwischen den Flüssen Rhein und Maas. Auf deutscher Seite gehören die Städte Krefeld, Mönchengladbach, der Kreis Viersen und das südliche Kreisgebiet Kleve dazu. Das niederländische Territorium von Rhein-Maas-Nord umfaßt das Gebiet von Mittel- und Nordlimburg. Die gesamte Grenzregion hat 1,3 Mio. Einwohner und erstreckt sich über 3000 Quadratkilometer.

7.4 EUREGIO Maas-Rhein

Die EUREGIO Maas-Rhein wurde 1976 gegründet. Bei der EUREGIO Maas-Rhein handelt es sich um den Zusammenschluß von Gebietskörperschaften aus den drei Ländern, nämlich des Vereins „REGIO Aachen" mit Stadt und Kreis Aachen, Heinsberg, Düren und Euskirchen aus Deutschland; den Provinzen Limburg und Lüttich aus Belgien und aus den Niederlanden dem südlichen Teil von Niederländisch-Limburg. In der EUREGIO Maas-Rhein leben 3,5 Mio. Bürger aus vier Regionen in drei Staaten. Anders als andere grenzüberschreitende Zusammenschlüsse in der EG ist die EUREGIO Maas-Rhein eine Arbeitsgemeinschaft von drei Provinzgouverneuren und des

Regierungspräsidenten von Köln. Hier fehlt also, wie z.B. bei der EUREGIO, die Verankerung nach unten. Die Geschäftsstelle der EUREGIO Maas-Rhein befindet sich in Maastricht.

7.5 EUREGIO

EUREGIO wird seit 1965 das deutsch-niederländische Grenzgebiet mit dem Westmünsterland, Grafschaft Bentheim, Twente und Oost-Gelderland genannt. EUREGIO ist somit die grenzüberschreitende Zusammenarbeit im deutsch-niederländischen Grenzgebiet zwischen Rhein, Ems und Ijssel. EUREGIO ist ein Begriff, der aus den Worten EUROPA und REGION gebildet wurde und sich somit als Name, Gebiet und Programm gleichzeitig versteht. Die EUREGIO liegt im Schnittpunkt wichtiger großräumiger europäischer Verkehrsachsen, mit denen das gesamte interregionale und regionale Straßennetz zusammenhängt.

7.5.1 Gründe für die Bildung von EUREGIO

Trotz der Gründung der Europäischen Wirtschaftsgemeinschaft 1957 und der damit verbundenen weiteren Öffnung der Grenzen zwischen den Mitgliedsländern der Gemeinschaft wurden Grenzen zwischen den einzelnen Mitgliedstaaten zu einer unübersteigbaren Mauer, obwohl die durch die Grenzen getrennten Räume soziale, wirtschaftliche und vor allem kulturellen Gemeinsamkeiten sowie historische Verflechtungen aufwiesen. So bildete der Raum der EUREGIO bis ins 14. Jahrhundert eine staatliche und wirtschaftliche Einheit.

Obwohl in den folgenden Jahrhunderten die unterschiedlichsten Herrscher regierten und permanent Grenzverschiebungen vorgenommen wurden, blieben doch Gemeinsamkeiten in den politisch und verwaltungsmäßig getrennten Regionen erhalten. Die heutige Grenze wurde erstmals nach dem Westfälischen Frieden 1648 gezogen. Da sich die Grenzorientierungen aufgrund ihrer grenzbedingten Peripherielage auf ihre jeweiligen nationalen Zentren orientierten, drohten sich die Grenzbevölkerungen auseinanderzuleben. Es bestand sogar die Gefahr, daß die Grenzbewohner beider Seiten Rücken an Rücken standen und wegen der Ausrichtung auf das nationale Zentrum grenzüberschreitende Kooperation mehr als vernachlässigt wurde. Dabei gibt es für Grenzgebiete objektive Gründe verstärkter grenzüberschreitender Kooperation. Da sie Randgebiete sind, sind sie meistens rückständig hinsichtlich der gesamten Infrastruktur sowie der gesamten Lebensqualität. Doch darüber

Schaubild 17:

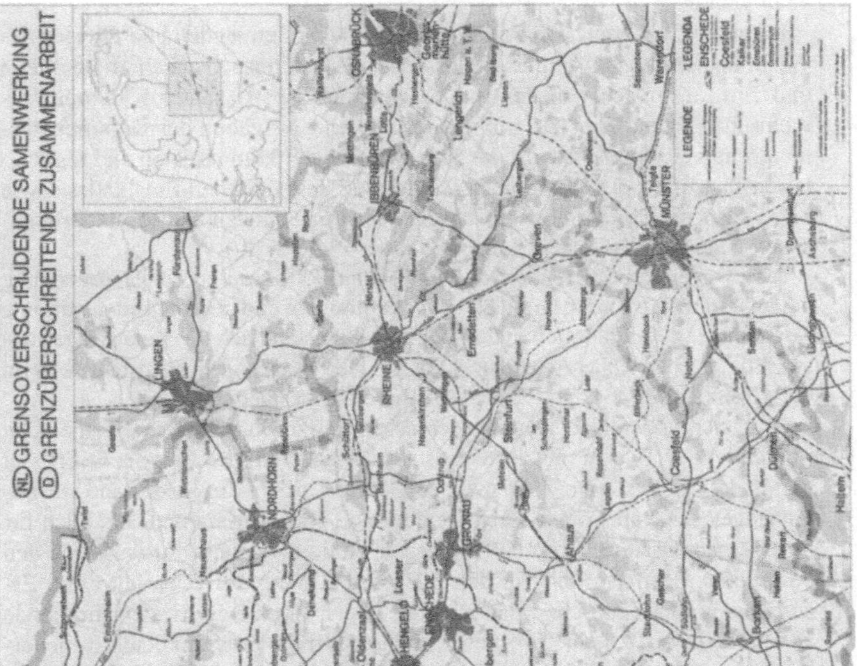

hinaus gibt es grenzüberschreitende Probleme wie Unfall- und Katastrophenbekämpfung, Umweltschutz, Verkehrsstruktur etc., die Kooperation zwingend erfordern.

Bereits 1954 fanden sich Politiker aus Städten, Gemeinden und Kreisen des Westmünsterlandes und der niedersächsischen Kreise Grafschaft Bentheim und Lingen zunächst in der Interessengemeinschaft, später Kommunalgemeinschaft Rhein-Ems zusammen. „Ziele und Aufgaben der Kommunalgemeinschaft richteten sich auf die Verbesserung der kommunalen und regionalen Infrastruktur des Westmünsterlandes und des südlichen Emslandes sowie auf die Entwicklung grenzüberschreitender Beziehungen zu den niederländischen Nachbarn" (Greven / Meyer / Gabbe, 1980, S. 49).

Man war in der Region bei den führenden Politikern zu der Überzeugung gelangt, daß nur durch gemeinsame, kommunal und regional abgestimmte Vorschläge, wenn möglich auch noch durch ausländische Mandatsträger unterstützt, erfolgreiche Aussichten für die Verbesserung der Infrastruktur in der Grenzregion, z.B. im Fernstraßenbereich, bestanden.

Und auch in den Niederlanden schlossen sich im Jahr 1960 die Gemeinden im Gebiet der Twente mit der Großstadt Enschede in der Provinz Overijssel und in dem sich daran anschließenden Gebiet der Provinz Gelderland zur Belangengemeeschap Twente-Oost Gelderland (TOG) zusammen, um auch für ihre vernachlässigte Region Verbesserungen zu erreichen. So wurde in den peripheren Grenzregionen in den 50er und Anfang der 60er Jahre die Erkenntnis immer deutlicher, daß nur eine übernationale grenzüberschreitende Zusammenarbeit zu einer Verbesserung der Infrastruktur im deutsch-niederländischen Grenzraum führen könnte. Die ersten deutsch-niederländischen Kontakte waren vor allem auf den wirtschaftlichen Bereich ausgerichtet, da hier der größte Nachholbedarf gegenüber den nationalen zentralen Regionen bestand. So wurde der Wunsch nach wirtschaftlichen Entfaltungsmöglichkeiten zum Ausgangspunkt für den Aufbau der grenzüberschreitenden Zusammenarbeit. Durch den Abbau der grenzbedingten Hemmnisse und durch Intensivierung der grenzüberschreitenden Zusammenarbeit sollten die positiven Standortfaktoren der Grenzregion(en) besser zur Geltung gebracht werden. Das Ergebnis dieses Erkenntnisprozesses war 1958 die Institutionalisierung der grenzüberschreitenden Zusammenarbeit, die sich seit 1965 unter dem Namen EUREGIO vollzieht.

7.5.2 Politische und wirtschaftliche Struktur der EUREGIO

EUREGIO ist der Zusammenschluß von 102 niederländischen und deutschen Gemeinden, Städten und Kreisen. Sie wird von folgenden drei Kommunalorganisationen getragen. Kommunalgemeinschaft Rhein-Ems auf deutscher Seite. Auf niederländischer Seite sind dies das der „Samenwerkingsverband Twente" und der „Samenwerkingsverband Oost-Gelderland". Auf deutscher Seite arbeiten 57 Gemeinden und vier Kreise in der EUREGIO mit, die von Emlichheim im Norden bis nach Raesfeld im Süden reichen. Auf niederländischer Seite sind 45 Gemeinden in der EUREGIO vertreten. Das Gewest Twente ist mit 43 Gemeinden repräsentiert. EUREGIO umfaßt ein Gebiet von 7000 qkm, das im Westen in den Niederlanden bis nach Steenderen reicht und im Osten im münsterländischen Greven seine östlichste Ausdehnung erfährt. Insgesamt wohnen in diesem Gebiet 1,8 Mio. Menschen, wobei ca. 900000 in den Niederlanden und etwa 900000 in Deutschland ihren Wohnsitz haben.

Die Grenze, die heute das EUREGIO-Gebiet in seine niederländischen und deutschen Teile zerteilt, hat keine naturräumlichen Voraussetzungen. Sie ist ein Resultat des Friedens von 1648, als die Niederlande vom deutschen Reichsverband abgetrennt wurden. Verwaltungsmäßig gehört die EUREGIO auf deutscher Seite zum nordrhein-westfälischen Regierungsbezirk Münster und zum niedersächsischen Regierungsbezirk Weser-Ems, auf niederländischer Seite zur Provinz Overijssel und zur Provinz Gelderland.

Das Gebiet der heutigen EUREGIO war über Jahrunderte hinweg durch Landwirtschaft und Textilindustrie geprägt. Wichtigster Industriebereich war über Jahrzehnte die Textilindustrie, die jedoch nach dem Zweiten Weltkrieg in eine schwere und langanhaltende Krise geriet. Die Nachfrageseite hatte sich aufgrund einer Sättigung wie auch einer Veränderung des Qualitätsbewußtseins gewandelt. Zum anderen drängten vor allem aus „Billiglohnländern" Konkurrenten auf den Markt, worauf die Textilindustrie nur ungenügend reagieren konnte. So verlagerten viele Unternehmen Produktionsstätten ins Ausland, rationalisierten die inländische Produktion oder spezialisierten sich auf hochwertige Produkte. So sind in der Textil-und Bekleidungsindustrie sehr viele Arbeitsplätze verloren gegangen, ohne daß ein ausreichender Ausgleich geschaffen werden konnte. Allein im westlichen Münsterland sank zwischen 1970 und 1979 die Zahl der Beschäftigten in der Textilindustrie um 40 %; in Twente sogar um 60 Prozent. Heute ist der Strukturwandel in der Textilindustrie so gut wie abgeschlossen. Für den deutschen Teil der EUREGIO ist auffallend, daß die Textil- und Bekleidungsindustrie trotz des starken Rückgangs immer noch vergleichsweise stark vertreten ist.

Neben der Textilindustrie sind für das EUREGIO-Gebiet die Holzbe- und (ver)arbeitung, die Metallindustrie, die Papier- und Druckindustrie sowie die Nahrungs- und Genußmittelindustrie von Bedeutung. Die industrielle Struktur der EUREGIO wird im nationalen Vergleich in erheblichem Maße dadurch gekennzeichnet, daß überdurchschnittlich Wirtschaftszweige der Grundstoff- bzw. Konsumgüterindustrie — mit Ausnahme von Stahl-, Maschinen- und Fahrzeugbau sowie Elektroindustrie — vertreten sind. Kleine gewerbliche Betriebe, auf deutscher Seite das Handwerk, sind hier überproportional repräsentiert. Die Aktivitäten dieser Betriebe erstrecken sich sowohl auf Reparaturbetrieb als auch auf die Endfertigung und Zulieferung für die Produktion anderer Bereiche.

Lange Zeit war das EUREGIO-Gebiet durch einen verhältnismäßig kleinen Anteil am Dienstleistungssektor geprägt. So lag der Anteil des Dienstleistungssektors in den 60er Jahren in fast allen Gebieten der EUREGIO noch unter 30 Prozent (vgl. Tabelle 32).

In der EUREGIO sind nur wenige standortunabhängige Einrichtungen der öffentlichen Verwaltung wie auch große Einrichtungen des Kreditgewerbes und der Versicherungswirtschaft vorhanden. Der deutsche EUREGIO-Raum verfügt mit Ausnahme der Fachhochschule Münster, Abteilung Steinfurt, über keine Hochschuleinrichtungen, während der niederländische EUREGIO-Bereich mit der Technischen Universität in Twente sowie weiteren Fachschulen und Akademien Hochschuleinrichtungen besitzt. Der — im Verhältnis zum Landesdurchschnitt — unterdurchschnittlich vertretene Teritärsektor ist zu einem erheblichen Teil auf die Sogwirkung der Oberzentren wie Münster und Arnheim zurückzuführen.

Die Land- und Forstwirtschaft hat — wie überall in westlichen Industriegebieten — einen Bedeutungsrückgang im Verhältnis zu den anderen Sektoren durchlaufen. Ihr Anteil in der EUREGIO ist aber im Verhältnis zum jeweils nationalen Durchschnitt deutlich größer. Im deutschen Teil der EUREGIO wird der überwiegende Teil der landwirtschaftlichen Fläche ackerbaulich genutzt, aber auch aufgrund der natürlichen Gegebenheiten verstärkt Viehhaltung betrieben. Im niederländischen Teilgebiet wird gerade in jenen Gebieten, in denen die Böden nur eine geringe Qualität aufweisen, nämlich Oberijssel und Gelderland, eine intensive Haltung von Schweinen, Rindern und Geflügel betrieben.

Seit Jahrzehnten weist die EUREGIO eine höhere durchschnittliche Arbeitslosigkeit auf als die jeweils nationale Ebene. Die Hauptursachen der relativ hohen Arbeitslosigkeit in der EUREGIO sind in der besonderen wirtschaftsstrukturellen Situation, d.h. der lange Zeit einseitigen Ausrichtung der Region auf die Textil- und Bekleidungsindustrie, sowie der besonderen demographischen Situation (Geburtenüberschuß) begründet.

So verstärkte die einseitige Wirtschaftsstruktur in der EUREGIO die Auswirkungen der allgemeinen wirtschaftlichen Rezession Ende der 70er / Anfang der 80er Jahre. Bis 1985 war im deutschen Teilgebiet ein kontinuierlicher Anstieg der Arbeitslosenquote zu bemerken, der erst 1986 unterbrochen wurde und sich bei einem über dem Lande liegenden Durchschnitt von 12 bis 13 Prozent einpendelte. Im Grenzüberschreitenden Durchführungsprogramm für die EUREGIO 1989 - 1992 heißt es dazu: „Seit Jahrzehnten verzeichnet die EUREGIO eine höhere durchschnittliche Arbeitslosigkeit als auf der jeweiligen nationalen Ebene. Dieser Unterschied nahm in den vergangenen Jahren nicht

Tabelle 32: Entwicklung der Gesamtbeschäftigung in der EUREGIO nach Anteil der Wirtschaftssektoren

	West-Münsterland				Grafschaft Bentheim				Twente				Oost-Gelderland			
	1960	1970	1980	1986	1960	1970	1980	1986	1960	1970	1980	1986	1960	1970	1980	1986
Landwirtschaft	20	12	12	9	22	17	15	14	15	10	9	7	28	19	17	16
Industrie (darunter Textil)	53	54	51	38	51	52	50	46	56	52	45	35	42	44	40	33
	(35)	(28)	16)	10)	—	(35[1])	(25[2])	(26)	(267	16)	(8)	(3)	(9)	(7)	(3)	(2)
Dienstleistungen	27	34	37	53	27	31	35	40	29	38	46	58	30	37	43	51
	100	100	100	100	100	100	100	100	100	100	100	100	100	100	100	100

1 = 1971
2 = 1981

Quelle: Grenzüberschreitendes Durchführungsprogramm für die EUREGIO 1989 - 1992, Gronau 1989, S. 6

ab. Im Gegenteil, er vergrößerte sich, vor allem auf deutscher Seite. Auch wenn die Arbeitslosenstatistiken beiderseits der Grenze nicht unmittelbar vergleichbare Zahlen liefern, so beschreiben Arbeitslosenquoten von örtlich bis zu 20 Prozent deutlich die Lage... Sie haben zu einer vergleichsweise hohen langfristigen Arbeitslosigkeit beiderseits der Grenze (ältere Arbeitnehmer und Jugendliche) geführt. Der Anteil der langfristig Arbeitslosen liegt vor allem auf niederländischer Seite deutlich über dem nationalen Durchschnitt..." (S. 9).

Das bedeutet, daß sowohl der deutsche als auch der niederländische Teil der EUREGIO unterhalb des durchschnittlichen nationalen Wohlstandsniveaus liegt. Somit ist eine grenzüberschreitende Entwicklungsstrategie für den deutsch-niederländischen Grenzraum in beiderseitigem Interesse. Die Zielvorstellung gipfelt in der Schaffung einer „Europäischen Region", in der die Staatsgrenze auf die Funktion einer Verwaltungsgrenze zwischen den beiden Grenzregionen zurückgestuft wird und in der eine möglichst weitgehende Anpassung und Verschmelzung der beiderseitigen Grenzräume und Bevölkerung stattfindet.

Die Entwicklungsvorstellung der EUREGIO basiert auf folgenden zwei Elementen:

a) der sozial-kulturellen und wirtschaftlichen Aufgabe der Grenzüberwindung und
b) dem Regionsprinzip.

Als Leitvorstellungen nennt die EUREGIO-Konzeption:

„— Gesamtschau der EUREGIO als funktionelle Einheit in allen Lebens- und Existenzbereichen: Wohnen, Arbeit, Bildung, Freizeit/Erholung, Kommunikation.
— Aufbau eines Raumbewußtseins in der Bevölkerung als Aufgabe im europäischen und deutsch-niederländischen Integrationsprozeß.
— Eine möglichst breite und intensive Begegnung und Verschmelzung niederländischer und deutscher Erfahrungen, Kenntnisse und Vorstellungen im Sinne der europäischen Integration, ohne aus Niederländern Deutsche oder aus Deutschen Niederländern zu machen.
— Umwandlung der nationalen Randlage in einen Standort mit einer Zentrallage in Nordwesteuropa mit 20 Millionen Verbrauchern im 200 km-Umkreis (Ruhrgebiet, Randstad Holland, Seehäfen).
— Auflockerung der strukturell noch oft einseitigen Ausrichtung (Textil- und Bekleidungsindustrie, Landwirtschaft).
— Stabilisierung der regionalen Arbeitsmärkte; Abbau der überdurchschnittlichen Arbeitslosigkeit; Belebung des vorhandenen Entwicklungspotentials.

— Entwicklungsplanung mit Vorrang für die regionalen Eigenaktivitäten.
— Nutzung der Einrichtungen der sozialen Dienste für Bewohner an beiden Seiten der Grenze.
— Ständige Begegnungen für Jugendliche, ältere Bürger, Familien, Schulen, Behinderte, Personal verschiedener Verwaltungen, Journalisten, Künstler usw. In den Schulen und Volkshochschulen sind Themen zu behandeln, die für beide Seiten der Grenzen wichtig sind; Gemeindepartnerschaften und -kontakte sind zu verstärken" (Gabbe 1986, S. 8).

Sind diese Ziele zum Teil auch erst in ferner Zukunft zu erreichen, so wird grenzüberschreitende Zusammenarbeit in der EUREGIO, aber auch in anderen Grenzregionen bereits praktiziert — z.B. in der Brandbekämpfung. Obwohl man gemeinsame Feuerwehrfeste feiert, obwohl man gemeinsame Übungen macht, scheiterte bis 1975 eine weitergehende Zusammenarbeit allein daran, daß niederländische und deutsche Schlauchkupplungen nicht zueinander paßten, da die Systeme jeweils auf das nationale System ausgerichtet waren. So trifft man „gentlemen agreements", indem man sich gegenseitig die Kupplungen zur Verfügung stellt und somit grenzenlose und komplikationslose Nachbarschaftshilfe praktiziert. Man kooperiert bereits beim grenzüberschreitenden Umweltschutz und bei der Unfallversorgung. Durfte früher z.B. ein niederländischer Krankenwagen mit Blaulicht und Martinshorn selbst dann nicht über die Grenze rasen, wenn es um Menschenleben ging, so kann heute ein deutscher Hubschrauber in Notfällen auch nach Holland fliegen, um Unfallopfer schneller in eine Klinik zu transportieren und damit Leben retten. Auch kommt man sich bei der Anlage von grenzüberschreitenden Wander- und Radwegen entgegen. Doch gibt es immer noch Restriktionen, die auch den kleinen Grenzverkehr zwischen den Teilregionen erschweren. So ist die Gesetzgebung der EG-Mitgliedstaaten trotz fast 40jähriger Integration noch national ausgerichtet. Für Pendler ist es zum Beispiel problematisch, wenn sie bis zur Erreichung des Rentenalters die Ärzteversorgung im Land ihres Arbeitsplatzes nutzen können, nach der Verrentung möglicherweise aber die schlechtere Ärzteversorgung ihres Heimatlandes in Anspruch nehmen müssen. Hier ergeben sich für die Grenzregionen Möglichkeiten, die bestehenden Gesetze nicht buchstabengetreu auszuführen, neue Verfahren zu erproben und somit als Modell für die Integration auf gesamteuropäischer Ebene zu dienen.

7.5.3 Organisation der EUREGIO

Der Sitz der EUREGIO ist Gronau und Enschede. Die Organe der EUREGIO sind der EUREGIO-Rat, die EUREGIO-Arbeitsgruppe und das EUREGIO-Sekretariat.

EUREGIO-Rat

Der EUREGIO-Rat ist das höchste Gremium innerhalb der Organisation. Er besteht aus 53 niederländischen und deutschen Politikern, die von den Städten, Kreisen und Gemeinden durch Wahl bestimmt werden. Die Verteilung der Delegierten erfolgt aufgrund eines Einwohnerschlüssels und unter Berücksichtigung der Kommunalwahlergebnisse in den beiden Grenzgebieten. Mit beratender Stimme sind im EUREGIO-Rat die in der EUREGIO beheimateten Abgeordneten des niederländischen Parlaments, des Deutschen Bundestages sowie des Europäischen Parlaments vertreten. Durch diese Einbindung der Abgeordneten der zentralen Volksvertretungen werden Verbindungen zu den nationalen Parlamenten und zum Europäischen Parlament hergestellt. Im EUREGIO-Rat haben sich sehr bald nach seiner Gründung 1978 übernationale Fraktionen gebildet, so z.B. die deutschen CDU-Abgeordneten und die niederländischen CDA-Abgeordneten oder die deutschen Sozialdemokraten und die niederländischen PvdA-Vertreter, so daß auch auf dieser Regionsebene sehr schnell der grenzüberschreitende Gedanke realisiert wurde. Der EUREGIO-Rat tagt viermal im Jahr und befaßt sich mit allen die Region betreffenden Fragen. Die im Rat entwickelte politische Arbeit übt Einfluß auf die politischen Gremien der Mitgliedskörperschaften aus. „Gegenüber den Gemeinden, Städten und Kreisen hat der EUREGIO-Rat dadurch indirekte Befugnisse. Gegenüber staatlichen Instanzen (Bund, Länder, Provinzen) besteht eine solche Möglichkeit nicht. Der Rat kann aber deutliche Akzente setzen, Empfehlungen aussprechen, den grenzüberschreitenden Problemen in den nationalen Entscheidungsorganen Resonanz verschaffen und so Fortschritte erreichen..." (Gabbe 1986, S. 4/5).

EUREGIO-Arbeitsgruppe

Sie setzt sich aus je zehn deutschen und niederländischen Beamten der Hauptverwaltungen zusammen. Sie werden vom EUREGIO-Rat auf Vorschlag der drei EUREGIO-Gemeinschaften berufen. Die EUREGIO-Arbeitsgruppe ist das Exekutivorgan des Rats, bereitet also dessen Beschlüsse vor und führt sie aus.

EUREGIO-Sekretariat

Das Sekretariat hat zwei gleichberechtigte Geschäftsführer, einen Niederländer und einen Deutschen. Das Sekretariat führt die laufenden Geschäfte, d.h. die Organisation von Veranstaltungen, die Koordination der politischen Gespräche und den Versand von EUREGIO-Materialien. 1985 konnte die neue gemeinsame Geschäftsstelle direkt am Grenzübergang Glanerbrücke in

Gronau durch Prinz Claus der Niederlande und den Bundesminister für innerdeutsche Beziehungen, Windelen, eröffnet werden.

EUREGIO ist die am weitesten entwickelte, transnational integrierte Region in der Europäischen Gemeinschaft, so daß sie von europäischen Instanzen als Modell grenzüberschreitender Zusammenarbeit in Europa bezeichnet wird. EUREGIO stellt ein Bindeglied zwischen den beiden bedeutenden Ballungsräumen (Rhein-Ruhr, Randstad Holland) und den deutschen Seehäfen dar. In diesem Raum hat sich eine bürgernahe Arbeit durch die kommunale Organisationsform herausgebildet. Der Erfolg von EUREGIO beruht darüber hinaus auf eigenen Finanzmitteln, die von den Kommunen gezahlt werden sowie in der Einbindung der Abgeordneten der unterschiedlichen politischen Ebenen in den Willensbildungsprozeß der EUREGIO. Mit der Gründung von EUREGIO sollte zum Ausdruck kommen, daß nach jahrelanger Zusammenarbeit auf kommunaler Ebene gemäß den Regeln der parlamentarischen Demokratie eine grundsätzliche politische Verantwortung für die grenzüberschreitende Tätigkeit geschaffen wurde. Obwohl der EUREGIO-Rat keine direkten Befugnisse hat, ist sein Einfluß auf die Landespolitik sowie die Politiken der beiden Rheinanliegerstaaten gewachsen, weil die Regierungen in Bonn und Den Haag wie auch in Düsseldorf und Hannover erkannt haben, daß in der EUREGIO eine für die Menschen positive Arbeit geleistet wird; eine Arbeit, die in den Hauptstädten nur zum Teil — und wenn überhaupt, unvollkommen — erbracht werden kann (vgl. H. Hausmann, in: Das Parlament Nr. 24 v. 10. Juni 1988)

Bei der EUREGIO handelt es sich um eine Region, die grenzübergreifend arbeitet, also keine Grenzregion darstellt und sich anschickt, den trennenden Charakter der Grenze zu überwinden. So arbeitet EUREGIO als Schaltstelle bei der Lösung von alltäglichen Problemen. „Sie wird von der Bevölkerung als wichtiger Anlaufpunkt für eine breite Palette von Problemen und Fragen genutzt (z.B. Grenzpendlerprobleme, Öffnung der Grenzübergänge, Schwierigkeiten von Unternehmen, Schwierigkeiten für Behörden, Schwierigkeiten im Transportsektor, Behinderungen von Personen)“ (Grenzüberschreitendes Aktionsprogramm für die EUREGIO 1987, S. 64).

EUREGIO hat inzwischen mehrere Aktivitäten entwickelt, um die Wirtschaftskraft der Region zu stärken und die Integration zu fördern. „Die Chancen einer grenzüberschreitenden Integration der EUREGIO liegen in der Entwicklung des endogenen Potentials, in der Addition der nationalen Infrastrukturen zu einem grenzüberschreitenden Netz und der Förderung der Austauschbeziehungen zwischen den beiden Grenzgebieten“ (Grenzüberschreitendes Durchführungsprogramm). So wurden bisher bereits ein grenzüberschreitender Praktikantenaustausch vorgenommen, wodurch Betriebe, Wirtschaft und Marktsituation in den benachbarten Teilgebieten der EUREGIO in der Praxis kennengelernt werden konnte. Mehrere Projekte in den Gebieten von Transport und Logistik wurden ebenso durchgeführt wie in der Telematik.

Die unterschiedlichen Aktivitäten der EUREGIO haben inzwischen tatsächlich zu Strukturverbesserungen in der Region beigetragen. So kann sich auch das verabschiedete grenzüberschreitende Entwicklungsprogramm als Vorbild für die Ausformung künftiger selbstverantworteter regionaler Entwicklungspolitik im Rahmen der nationalen Raumordnungs- und Regionalpolitik erweisen, „wenn die wirtschaftsstarken Mitgliedsländer aus der EG künftig keine finanziellen regionalpolitischen Hilfen aus Brüssel zu erwarten haben" (Viktor Freiherr von Malchus, in: Europäische Zeitung, Dezember 1987).

Die grenzüberschreitende Zusammenarbeit, erfolgreich praktiziert, liefert damit einen wichtigen Baustein auf dem Weg zu Realisierung des „Europas der Regionen".

7.6 Grenzüberschreitende Zusammenarbeit durch Gemeindepartnerschaft

Neben der grenzüberschreitenden Zusammenarbeit auf Regionsebene hat sich nach dem Zweiten Weltkrieg die Form dieser Zusammenarbeit auf der Ebene der Gemeinden eingestellt. Seit der Beendigung des Zweiten Weltkriegs wurden Städtepartnerschaften in Europa eingerichtet, die einen wichtigen Beitrag zur Absicherung des europäischen Integrationsprozesses auf lokaler Ebene leisten können, indem sie u.a. zu einem gemeinsamen europäischen Bewußtsein beitragen können. Gemeindepartnerschaften werden auf offizieller Ebene, d.h. von der jeweiligen Vertretungskörperschaft der Gemeinden, abgeschlossen, um durch kommunale Zusammenarbeit und andere Maßnahmen die Vereinigung Europas voranzubringen.

Träger der Gemeindepartnerschaften sind offiziell die Kommunen, repräsentiert durch ihre Politiker, Vereine und Verbände sowie einzelne Persönlichkeiten, die offizielle Partnerschaften mit Leben erfüllen. So wird in Begegnungen zwischen Vereinen, im Jugendaustausch, in gemeinsamen Sportveranstaltungen und in kulturellen Austauschprogrammen mehr Verständnis füreinander gesucht wie auch bei Begegnungen und Empfängen auf der Ebene von Kommunalpolitikern und Honoratioren. Die Probleme, die sich für die Gemeindepartnerschaften stellen, liegen in der Finanzierung, in den Sprachbarrieren, in der mangelnden Aktivierung der Bevölkerung, in den unterschiedlichen sozialen und ökonomischen Strukturen der Gemeinden sowie in den geographischen Entfernungen. Formen der Begegnungen bilden der Schüler- und Jugendaustausch, Treffen zwischen Vereinen, kulturelle Aus-

Schaubild 18: Organisationschema EUREGIO

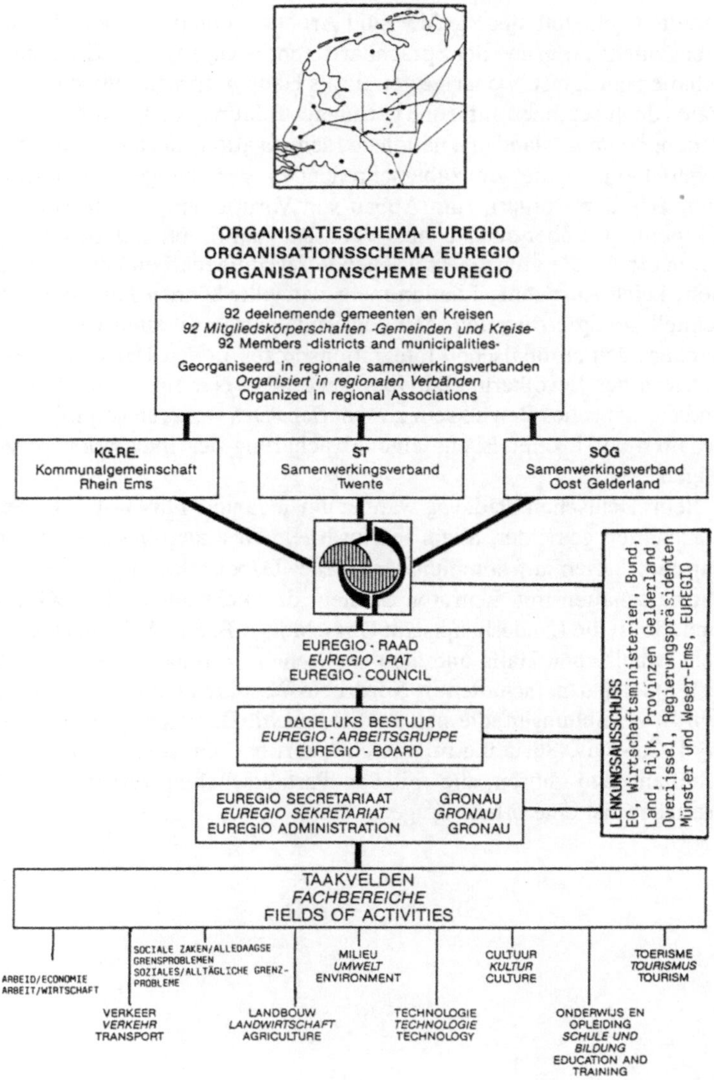

tauschprogramme, gemeinsame Feiern u.a.m. Die zahlenmäßig größten Aktivitäten vollziehen sich im Schüler-und Jugendaustausch, da sehr oft neben den Partnerschaftsbeziehungen der Gemeinden gleichzeitig auch Schulpartnerschaften geknüpft sind. Leider sind Arbeiter, Landwirte oder Berufsschüler, nicht zuletzt aufgrund der Sprachbarrieren, weniger in den Gemeindepartnerschaften engagiert, wobei sie gerade als Hauptansprechgruppen gelten sollen, treten doch bei ihnen aufgrund geringerer Bildung zwangsläufig Vorurteile gegenüber dem Ausland und nationale Identifikationsmuster verstärkt auf. Ohne Zweifel tragen die grenzüberschreitenden Beziehungen auf lokaler Ebene zwischen den Bürgern zum Abbau von Vorurteilen, Klischees und falschen Vorstellungen über den Nachbarn bei. Da man Einblick in den Alltag des anderen erhält, die grenzüberschreitende Zusammenarbeit keine einmalige Aktion, keine Ausnahmesituation mehr darstellt, können falsche Vorstellungen schnell korrigiert werden. Mit den Städtepartnerschaften wird das Ziel verbunden, den europäischen Integrationsprozeß in den Denk- und Handlungsmustern der Bevölkerung zu verankern, also Nationalismus zu überwinden und europäisches Bewußtsein zu schaffen. Des weiteren soll mit den Partnerschaften auf lokaler Ebene eine Absicherung des Integrationsprozesses erfolgen.

Beim Deutschen Städtetag waren zum 1. Januar 1989 fast 2900 Städtepartnerschaften gemeldet, allein in Nordrhein-Westfalen bestehen mehr als 500 Partnerschaften auf kommunaler Ebene. Dabei pflegen größere Gemeinden Partnerschaften mit mehreren Städten, die nicht nur in der EG angesiedelt sind. So ist die Landeshauptstadt Düsseldorf z.B. eine Städtepartnerschaft mit dem israelischen Haifa und dem englischen Reading eingegangen. Die meisten Städtepartnerschaften in Nordrhein-Westfalen hat die Stadt Köln mit allein 19 Verbindungen, die sich mit Städten wie Barcelona, Kyoto, Lille, Liverpool, Tel-Aviv, Suria u.a.m. verschwistert hat. Ob solch zahlreiche Partnerschaften dazu führen, die mit den Partnerschaften verbundenen Ziele zu erreichen, ist eine offene Frage.

8. Umweltpolitik — die europäische Dimension

8.1 Die internationale Problematik der Umweltpolitik

Der Reaktorunfall von Tschernobyl im April 1986, der Gasunfall im indischen Bhopal, das Austreten giftiger Chemikalien in Seveso und der Chemieunfall des Baseler Unternehmens Sandoz im November 1986, der zur Verseuchung des Rheins führte, haben einmal gezeigt, daß hohe Preise für wirtschaftlichen Fortschritt gezahlt werden müssen und zum anderen, daß Gefahren für die Umwelt nicht an Staatsgrenzen enden und Umweltgefährdungen wie auch Umweltverschmutzungen grenzüberschreitend sein können. Ein Staat allein, geschweige denn ein einzelnes Bundesland, kann nicht für reine Luft oder sauberes Wasser sorgen, wenn von angrenzenden — oder wie im Falle des Reaktorunfalls in der Sowjetunion noch nicht einmal angrenzenden Nachbarn Beeinträchtigungen und Schädigungen der Umwelt zu erwarten sind. Faktisch hat jede menschliche und damit auch wirtschaftliche Tätigkeit Auswirkungen auf die Qualität der Luft und des Wassers, auf den Zustand der Böden, auf Flüsse und Meere wie auch auf Flora und Fauna. Die Abfälle eines Landes entwickeln sich zu Umweltbelastungen für ein oder mehrere Nachbarländer. Insbesondere in den dicht besiedelten Mitgliedstaaten der EG zeigt sich das Umweltproblem recht drastisch. Mehrere Staaten entnehmen ihr Wasser aus denselben Flüssen und Seen und sind durch Kanäle verbunden.

1986 erklärte der Rat der Europäischen Gemeinschaft zum Umweltschutz: „Der Umweltschutz muß zu einem noch wichtigeren Bestandteil der von der Gemeinschaft und ihren Mitgliedstaaten in den verschiedenen Bereichen betriebenen Politik, insbesondere der Wirtschafts-, Industrie-, Landwirtschafts- und Sozialpolitik werden". Gerade für unser Bundesland Nordrhein-Westfalen nimmt die Umweltpolitik einen immer größeren Stellenwert ein, sind wir wegen der extrem hohen Bevölkerungsdichte sowie aufgrund des starken Gewichts des produzierenden Gewerbes durch einen hohen Energieverbrauch besonders durch Umweltbelastung betroffen. Der Verstädterungsprozeß führt zu weiteren Umweltbelastungen.

Umweltschutz konzentriert sich auf den Schutz von Luft, Wasser, Boden, beinhaltet Natur- und Lärmschutz sowie die Lösung der Abfallproblematik.

Schaubild 19: EG-Umwelt

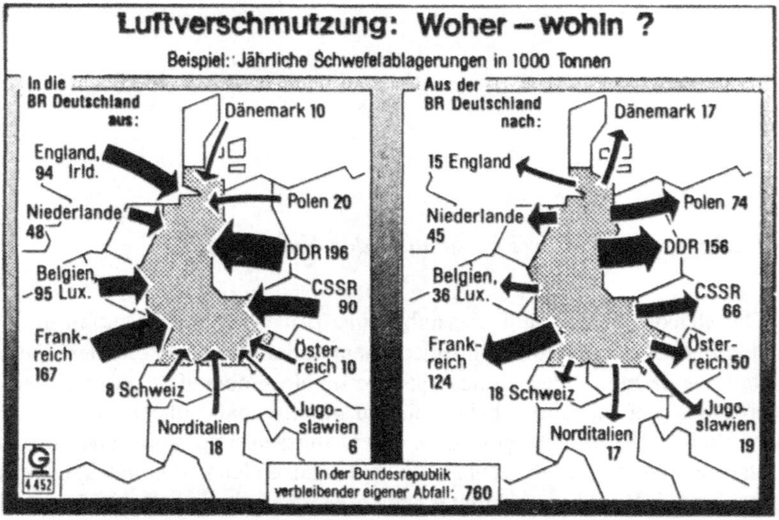

Der Umweltschutz hat zunehmend auch in der öffentlichen Meinung einen immer größeren Stellenwert erlangt. Wird man z.B. in einem Lexikon der 60er Jahre den Begriff der Umwelt noch vergeblich suchen, so ist Umweltschutz heute eine den meisten Bürgern am Herzen liegende Angelegenheit. Zunehmend breitet sich in der Bevölkerung der EG-Staaten auch ein Umweltbewußtsein aus, das es in aktive umweltpolitische Maßnahmen umzusetzen gilt. So wurde Mitte der 80er Jahre in Umfragen festgestellt, daß die Erhaltung der Umwelt immer stärker als gemeinsame europäische Aufgabe begriffen wird, die bereits an zweiter Stelle nach der gemeinsamen Bekämpfung des Preisanstiegs angesiedelt ist. So sprachen sich 79 Prozent der Bevölkerung in den alten 10 EG-Staaten, und in Spanien und 84 Proeznt in Portugal für gemeinsame Umweltschutzaktionen durch die Europäische Gemeinschaft aus. Aber nicht nur das Umweltbewußtsein ist in den einzelnen Mitgliedstaaten der Gemeinschaft unterschiedlich ausgeprägt (vgl. Schaubild Nr. 20), sondern die Prioritäten in der Umweltpolitik werden auch unterschiedlich gesetzt. Für das jeweilige nationale Umweltbewußtsein können die geographische Lage und Beschaffenheit eines Territoriums ausschlaggebend sein. Die Bevölkerungsdichte, die Nutzungsform, ob industriell oder landwirtschaftlich ausgeprägt, die Küsten- oder Binnenlage eines Gebiets bilden weitere Faktoren. So ist z.B. in den nördlichen Ländern der Gemeinschaft die Sorge um das Waldsterben wesentlich ausgeprägter als in den Mittelmeerländern der EG, in denen die

Sorge vor Waldbränden einen wesentlich höheren Stellenwert besitzt. Die Luftverschmutzung ist für ein Land wie den Inselstaat Irland nicht so gravierend wie für die im Osten der Gemeinschaft gelegenen Staaten wie z.B. die Bundesrepublik Deutschland, die durch starke Ost-West-Windströmungen in der Luftverschmutzung durch Industrieschadstoffe stärker belastet wird. Aus diesem unterschiedlichen Verständnis resultieren auch Abstimmungsschwierigkeiten der EG-Partner hinsichtlich der zu treffenden Maßnahmen. Man denke z.B. an die Versalzung des Rheins durch die französischen Kaliwerke im Elsaß, gegen die sich die Niederlande und die Bundesrepublik Deutschland zur Wehr setzen, da sie zur Vergiftung des Rhein führen und damit höhere Investitionen für die Trinkwassergewinnung aus dem Rhein erfordern. Oder man denke an das Problem der einheitlichen Geschwindigkeitsbegrenzungen in Europa, wo die Bundesrepublik inzwischen das einzige Land ist, das auf Autobahnen keine Geschwindigkeitsbegrenzung kennt. Doch die wirtschaftliche, technologische und kulturelle Verflechtung, von der wir Deutschen so stark profitieren, erfordert auch eine ökologische Verflechtung — und zwar nicht nur im negativen Sinne, d.h. z.B. durch Emissionen, sondern auch hinsichtlich einer präventiven und reaktiven Umweltpolitik.

Die Europäische Gemeinschaft hatte ursprünglich in den Römischen Verträgen die Umweltpolitik nicht genannt, war dieses Politikfeld zu jener Zeit kein Thema. 1972 beschlossen die Staats- und Regierungschefs der Europäischen Gemeinschaft auf ihrer Pariser Gipfelkonferenz, „eine gemeinsame europäische Umweltpolitik zu begründen, um das wirtschaftliche Wachstum mit dem Schutz der Europäischen Umwelt — eine Notwendigkeit, die mehr und mehr Bürgern der Gemeinschaft bewußt wurde — in Einklang zu bringen". Seit dieser Zeit wurden von der EG-Kommission vier Aktionsprogramme ausgearbeitet, von denen das vierte 1986 vorgelegt wurde und für den Zeitraum 1987 bis 1992 Gültigkeit besitzt. Das bedeutet, daß dieses vierte Aktionsprogramm genau zu dem Zeitpunkt enden wird, wenn der Gemeinsame Binnenmarkt realisiert sein soll. Es ist einsehbar, daß dieser Gemeinsame Binnenmarkt nur funktionieren kann, wenn es keine Wettbewerbsverzerrungen gibt, also auch im Umweltschutz die Bestimmungen in den 12 Mitgliedstaaten nicht so unterschiedlich gestaltet sind, daß sie in den Mitgliedsländern zu Wettbewerbsverzerrungen führen.

Durch die Einheitliche Europäische Akte ist der Umweltschutz für die Europäische Gemeinschaft seit 1987 vertraglich verankert. In einem eigenen Titel „Umwelt" widmet sich die EG dieser Problematik. Danach verfolgt die Umweltpolitik der Gemeinschaft das Ziel,

„— die Umwelt zu erhalten, zu schützen und ihre Qualität zu verbessern,
— zum Schutz der menschlichen Gesundheit beizutragen,
— eine umsichtige und rationale Verwendung der natürlichen Ressourcen zu gewährleisten".

Schaubild 20: Umweltschutz und öffentliche Meinung

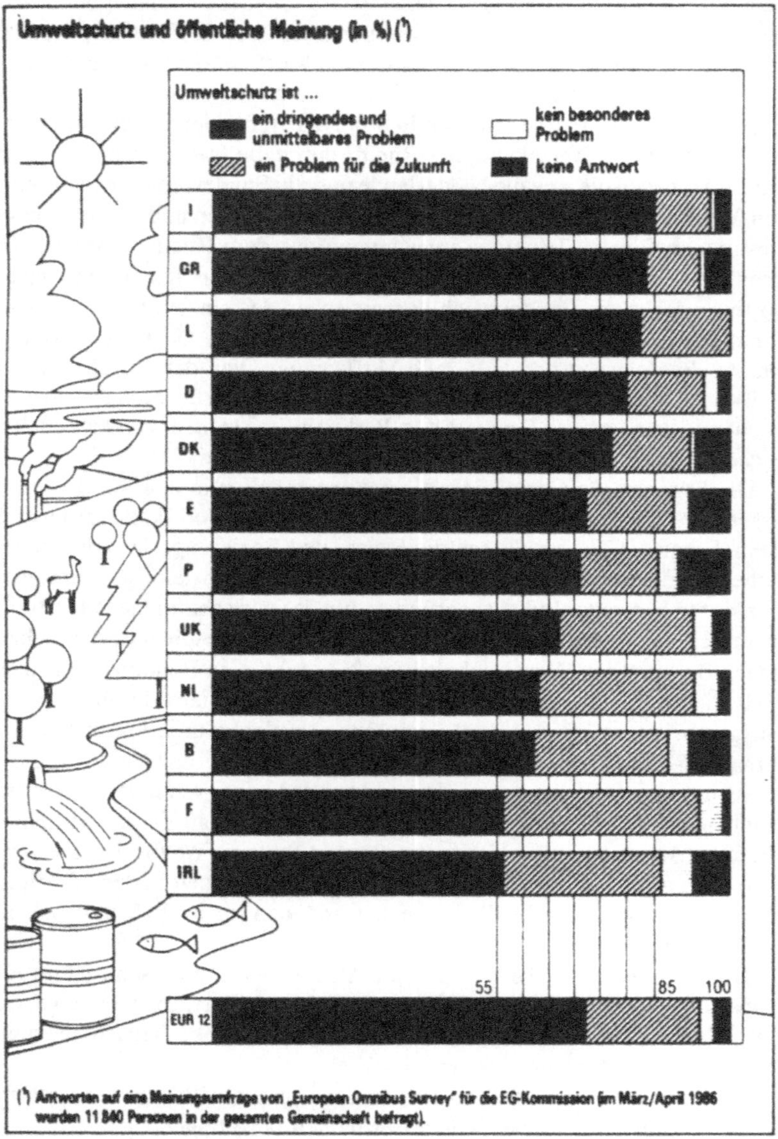

Quelle: Stichwort Europa 4 / 1990, S. 2

Wenngleich die Verankerung der Umweltpolitik in den Verträgen einen Fortschritt darstellt, so ist das Einstimmigkeitsprinzip im Rat aber sozusagen die Gewähr dafür, daß Umweltpolitik in der EG praktisch nur immer auf dem kleinsten gemeinsamen Nenner möglich ist, d.h., daß gemeinschaftlich eigentlich nur die Maßnahmen beschlossen werden können, die auch der zurückhaltendste Staat für notwendig erachtet. Zwar gewährleistet Art. 130r, daß die einzelnen Mitgliedstaaten verstärkte Maßnahmen ergreifen oder ggf. beibehalten können. Doch angesichts des herannahenden Binnenmarktes stellt sich damit die Frage der Wettbewerbsfähigkeit. Da aber Umweltschutz auf Dauer im Interesse aller Bevölkerungen ist, also auch jene ein Interesse haben werden, die heute noch meinen, auf aktive Umweltpolitik verzichten zu konnen, sind diejenigen Länder und Unternehmen, die sich bereits heute aktiv in der Umweltpolitik engagieren, langfristig im Vorteil. Das bedeutet, daß Umwelttechnologien Zukunftstechnologien sind und hier günstige Möglichkeiten für Industrie und Politik liegen.

Die Europäische Gemeinschaft hat seit 1973 mehr als 100 Richtlinien im Umweltbereich erlassen, die Schritt für Schritt in allen Mitgliedstaaten umgesetzt werden. „Quer durch die verschiedenen Fraktionen finden sich gemeinsame Koalitionen derer, die sich für eine europäische grenzüberschreitende Umweltpolitik engagieren. Sie konnten erreichen, daß Rat und Kommission konkrete Richtlinien erließen, die etwa den Transport gefährlicher chemischer Abfälle regeln oder die Umweltverträglichkeitsprüfung bei industriellen Großprojekten nötig machen" (Strübel, 1989, S. 18) Und so erfolglos ist die europäische Umweltpolitik ja nicht, wie sie oft in den Medien dargestellt wird. So sind die Schaumberge auf europäischen Flüssen verschwunden, haben die Anteile von Blei und Schwefeldioxyd in der Luft erheblich abgenommen und scheinen große Industrieunfälle zumindest — wenn nicht vermeidbar — so doch in ihren Auswirkungen kontrollierbar zu werden, nicht zuletzt dank der von der EG in den jeweiligen Bereichen erlassenen Richtlinien. „Immer häufiger erlebt man, einen „Umweltgesetz-Tourismus" von Amerikanern, Osteuropäern oder Entwicklungsländervertretern in der EG. Diese hat insbesondere in der internationalen Harmonisierung etwas erreicht, wovon andere internationalen Organisationen nur träumen können". (Weizsäcker 1987, S. 12)

Vom 21. März 1987 bis zum 20. März 1988 wurde das Europäische Umweltjahr begangen, dessen Ziele folgendermaßen definiert wurden:

„— allen Bürgern der Gemeinschaft die Bedeutung des Umweltschutzes ins Bewußtsein zu rücken und zu diesem Zweck konkrete und beispielhafte Maßnahmen für den Umweltschutz durchzuführen;
— dazu beizutragen, daß die Umweltschutzpolitik in der von der Gemeinschaft und ihren Mitgliedstaaten in den verschiedenen Bereichen betriebenen Politik, insbesondere in der Wirtschafts-, Industrie-, Landwirtschafts-

und Sozialpolitik, besser berücksichtigt und in sie einbezogen wird;
— die europäische Dimension in der Umweltpolitik zur Geltung zu bringen;
— die bisherigen Fortschritte und Errungenschaften der gemeinschaftlichen Umweltpolitik zu verdeutlichen."

Ohne Zweifel verstärken sich die Notwendigkeiten, daß Umweltpolitik grenzüberschreitend praktiziert werden muß, will sie erfolgreich sein. Waren die ersten drei Aktionsprogramme der Gemeinschaft eher reaktiv — und konnten sie die zunehmende Umweltzerstörung in der Gemeinschaft nicht verhindern —, so soll mit dem vierten Aktionsprogramm eine neue Phase der Umweltpolitik eingeleitet werden. Nun soll der Umweltschutz einbezogen werden „und durch die Formulierung einer vorbeugenden Politik, die die wirtschaftliche und soziale Entwicklung, die Umweltpolitik und die Sicherheit von Anlagen und Bevölkerung miteinander in Einklang bringt, eine neue Phase der Umweltschutzpolitik einleiten" (4. Aktionsprogramm der EG). Es soll eine neue Wachstumsqualität entstehen, „in deren Rahmen der Umweltschutz in allen seinen Formen gewährleistet sein muß, was nachhaltige Bemühungen um die Ausarbeitung und Anwendung von strengen Schutznormen voraussetzt, d.h. von Schutznormen, die umweltpolitisch erforderlich und wirtschaftspolitisch vernünftig sind". (ebenda) Umweltpolitik soll also in Zukunft als grundlegender Faktor berücksichtigt werden, wenn wirtschaftliche Entscheidungen gefällt werden. Die Gemeinschaft setzt sich strenge Umweltschutznormen zum Ziel, da nur dadurch die von den Bürgern der EG geforderte Lebensqualität erreicht werden kann.

8.2 Die Rheinverschmutzung — umweltpolitische Herausforderung für Nordrhein-Westfalen

In den 70er Jahren hat sich der als „goldener Rhein" besungene größte deutsche Fluß zu einem der am höchsten durch Schadstoffe belasteten Gewässer entwickelt. Immer größer wurde die Fracht an giftigen Abwässern, die in die größte europäische Binnenwasserstraße geleitet wurden. Besonders bekannt ist die Einleitung von Abwässern aus den elsässischen Kaligruben in den Rhein. „Nach Messungen aus dem Jahr 1980 transportiert der Rhein mit seinem Wasser jährlich zwölf Mio. Tonnen Salze (das sind 60 Güterwaggons pro Stunde), außerdem 5,1 Mio. Tonnen Sulfat, 344000 Tonnen Kohlenstoffverbindungen, 53000 Tonnen Ammonium-Verbindungen, 447000 Tonnen Phenole, 1700 Tonnen Chrom, 1200 Tonnen Blei, 320 Tonnen Arsen". (Pag-Kuhn/Schmuck 1987, S. 110). Entlang dem Rhein hat sich eine Konzentration der Chemischen Industrie vollzogen (Sandoz-Ciba-Geigy, Hoffmann-La Ro-

Schaubild 21: Der Rhein als Abwasserkanal *Quelle:* Der SPIEGEL, 1987, Nr. 47

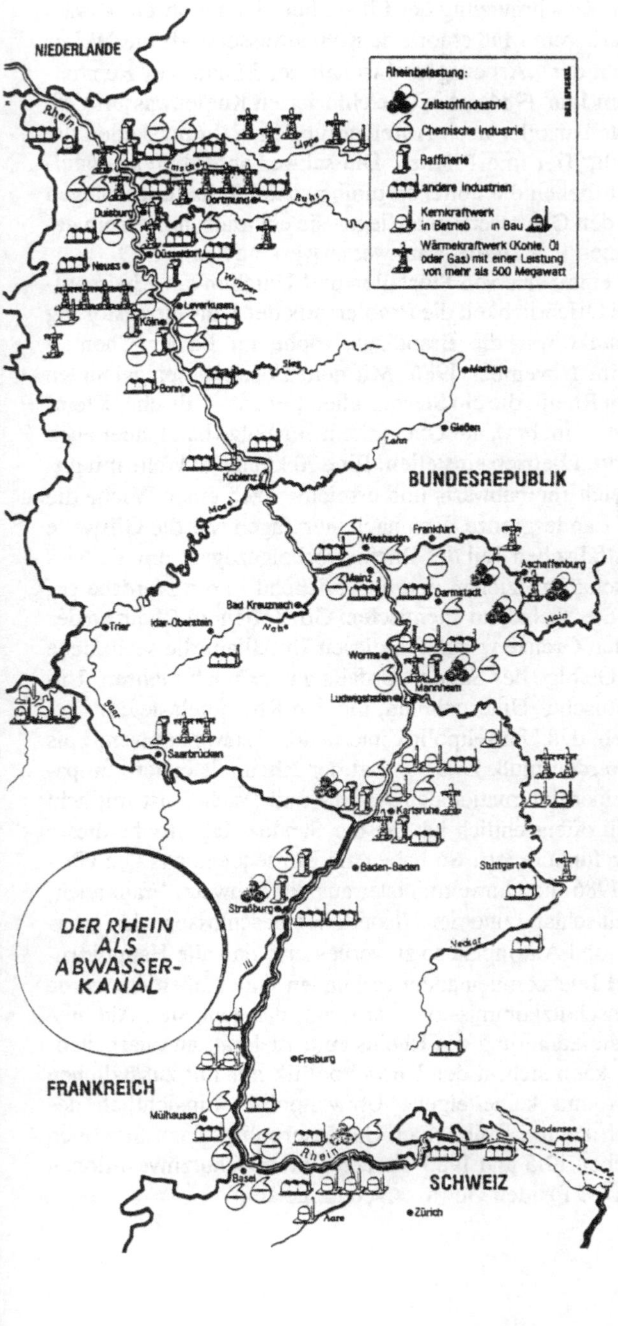

Goldener Rhein

Von Lieselotte Nerlich

Einst bahnte sich
das Gletscherwasser durchs Urstromtal
den Weg zur See. Es zeigt wohl
nirgendwo sich krasser des
Menschen Werk
in unsrer Näh'.

Hier hat seit
ein paar tausend Jahren der
Mensch gesiedelt
und gefischt. Heut kann man's
Angeln sich ersparen, weil man
kaum
eine Fisch erwischt.

Es machten viele
sich die Mühe, zu singen von
dem
gold'nen Rhein. Wer möchte
in der braunen Brühe des Rheines heut
ein Fisch noch sein?

Er trug einst
viele stolze Masten von Basel bis
nach Rotterdam.
Heut schleppt im Wasser
er noch Lasten: Metalle, Salze,
Gift und Schlamm.

Doch wenn am Abend
oder Morgen die Sonne golden
nimmt ein Bad, dann wünscht
man:
Lasst uns dafür sorgen, daß
dieser Strom
„R(h)ein-Wasser" hat!

*** Dieses Gedicht wurde vor 10 Jahren geschrieben – es ist heute leider sehr aktuell.**

Bonner Anzeigenblatt
vom 26./27.11.1986

che, Dynamit-Nobel, BASF, Bayer, Degussa, Hoechst, Merck) vgl. Schaubild 21, wie sie sonst nirgendwo zu finden ist. Gerade aber die Chemische Industrie trägt erheblich zur Verschmutzung der Flüsse bei, denn in ihren Abwässern fallen in immer stärkerem Maß chlorierte Kohlenwasserstoffe an. Weiter heißt es im Jahresbericht der „Arbeitsgemeinschaft der Länder zur Reinhaltung des Rheins aus dem Jahr 1984; „Sie (die chlorierten Kohlenwasserstoffe W.W.) bedrohen unmittelbar oder nach Anreicherung in Nahrungsketten die Gesundheit von Mensch, Tier und Pflanze. Die schwer abbaubaren organischen Substanzen durchfließen die üblichen biologischen Reinigungsanlagen fast unveränderlich. In den Gewässern unterliegen sie ebenfalls nur einem geringen Abbau. Sie können (...) in die Trinkwasserwerke gelangen ..."

Als schließlich 1986 eine Serie von Störfällen und Unfällen am Rhein auftrat, wurde auch für die Öffentlichkeit die Problematik der Umweltzerstörung erkennbar. Ausgangspunkt war die Brandkatastrophe im Basler Chemie-Unternehmen Sandoz im November 1986. Mit dem Löschwasser gelangten hochgiftige Stoffe in den Rhein, die ein Sterben allen Lebens — Fische, Kleinlebewesen und Pflanzen — im bzw. am Ober-Rhein zur Folge hatte, aber auch Wasserwerke mußten ihren Betrieb einstellen. Eine 70 km lange Welle mit giftigen Stoffen bewegte sich rheinabwärts und erreichte nach einer Woche die nordrhein-westfälische Landesgrenze. Erst nach vier Tagen war die Giftwelle auf dem nordrhein-westfälischen Teil des Rheins vorbeigezogen, um die Niederlande in Mitleidenschaft zu ziehen und anschließend in die Nordsee geschwemmt zu werden. Der Gehalt an chemischen Giftstoffen im Rhein an der deutsch-niederländischen Grenze war durch diesen Unfall auf die sechsfache Höhe angestiegen. Im Gefolge des Sandoz-Unfalls gab es noch mehrere Unfälle und Störfälle chemischer Unternehmen, die den Rhein belasteten.

Diese Unglücke zeigen, daß Umweltpolitik international sowohl präventiv als auch reaktiv gestaltet werden muß. Zwar besitzt der Rhein als erster europäischer Fluß seit 1982 einen internationalen Alarm- und Wachdienst mit acht Hauptwarnstellen. Doch offensichtlich hat bei der Sandoz-Katastrophe dieser Alarmplan nicht richtig funktioniert. So haben als Konsequenz aus den Chemieunfällen am Rhein 1986 die Umweltminister aus der Schweiz, Frankreich, der Bundesrepublik Deutschland und der Niederlande beschlossen, den internationalen Rhein-Warn- und Alarmplan so zu verbessern, daß alle Hauptwarnzentralen über Telex und Telefax miteinander verbunden sind. Außerdem wurde die Internationale Rheinschutzkommission beauftragt, das geplante „Aktionsprogramm 2000", das die Sanierung des Rheins zum Ziel hat, auszuarbeiten.

Nordrhein-Westfalen kann sich in der Umweltpolitik nur mit zusätzlichen Maßnahmen beteiligen und keine eigene Umweltpolitik hinsichtlich des Rheins betreiben. Doch kann es mit seiner Gewässerpolitik dazu erheblich beitragen. Allein zwischen 1975 und 1983 wurden Umweltschutzinvestitionen in Höhe von 59 Mrd. DM für den Gewässerschutz getätigt.

8.3 Umweltschutz für Europa — eine Chance für Nordrhein-Westfalen

Da sich das Problem der Umweltbelastung für Nordrhein-Westfalen von allen Bundesländern am stärksten stellt, hat sich einmal in diesem Bundesland auch recht früh eine Umweltindustrie entwickelt und zum anderen die Landesregierung verschiedene Programme aufgelegt, um den umweltschädigenden Herausforderungen zu begegnen. Nordrhein-Westfalen setzte sich das Ziel, das vom Niedergang der Montanindustrie gekennzeichnete Land zum Zentrum für Umwelttechnologie zu entwickeln.

Da Umwelttechnologien keine an Fließbändern zu fertigenden Produkte sind, sondern immer wieder den unterschiedlichen Gegebenheiten angepaßt werden müssen, sind originelle Lösungen gefragt. die von mittelständisch orientierten Betrieben oft schneller angeboten werden können als von Großunternehmen. So sind Umweltschutzmaßnahmen meistens maßgeschneiderte, auf ein spezielles Problem ausgerichtete Lösungen.

In Nordrhein-Westfalen gibt es etwa 850-1000 Unternehmen, die mit ca. 800 Verfahren und Produkten im Wirtschaftszweig Umwelt aktiv sind. Sie beschäftigen etwa 70000 Mitarbeiter. Weitere 50000 Beschäftigte sind davon indirekt abhängig. Damit ist Nordrhein-Westfalen im Umweltbereich im Vergleich zu den anderen Bundesländern führend. Mehr als ein Drittel der Umweltfirmen der Bundesrepublik Deutschland sind in Nordrhein-Westfalen angesiedelt.

Diese Umweltfirmen bieten Produkte und Verfahren an wie z.B.

— Trockenabscheidung von Partikeln und gasförmigen Stoffen,
— Geruchsbeseitigung,
— emissionsarme Prozeßtechnik,
— Abtrennung von Schwimm- und Schwebstoffen,
— biologischer Abbau gelöster Stoffe,
— biologische Verwertung hochbelasteter Gewässer, organischer Schlämme und Abfälle,
— Beeinflussung von Schlammeigenschaften,
— spezifische Verfahren zur Aufbereitung von Trink-, Brauchwasser,
— thermische Beseitigung und Verwertung von Abfällen,
— abfallspezifische Recycling- und Entsorgungsverfahren,
— geräuscharme- und geschützte Betriebseinrichtungen,
— Analytik und Meßtechnik,
Apparate und Materialien zur Energierückgewinnung.

(*Quelle*: ZENIT / Mülheim 2 / 1986)

Die *führende Position von NRW in der Umweltindustrie* ergibt sich aus folgenden Anteilen an den jeweiligen Zahlen für das Bundesgebiet:

— etwa 37 Prozent der Umweltfirmen (ausschließlich des Bauhauptgewerbes) haben ihren Sitz in NRW;
— 37 - 40 Prozent der direkt durch Umweltschutz beschäftigten Arbeitnehmer sind in NRW tätig;
— etwa 39 Prozent aller Umweltschutzaufwendungen 1983 erfolgten in NRW (= 8,3 Mrd. DM);
— etwa 33 Prozent aller Umweltschutzinvestitionen des produzierenden Gewerbes 1983 wurden in NRW getätigt (= 1,2 Mrd. DM); es folgten Baden-Württemberg mit 0,58 Mrd. DM und Bayern mit 0,52 Mrd. DM;
— rd. 33 Prozent aller Umweltschutzinvestitionen des produzierenden Gewerbes zwischen 1979 und 1983 wurden in NRW unternommen (= 5 Mrd. DM). In der Zeit von 1983 bis 1987 erhöhte sich dieser Anteil auf 11 Mrd. DM bzw. 42 Prozent;
— der Anteil der Umweltschutzinvestitionen an den Gesamtinvestitionen des produzierenden Gewerbes betrug in NRW im Durchschnitt der Jahre 1979 - 1983 4,9 Prozent, im Bundesgebiet 3,9 Prozent. In der Zeit von 1983 bis 1987 erhöhten sich die Werte auf 9,6 Prozent in Nordrhein-Westfalen und 6,3 Prozent im Bundesgebiet.

(*Quellen*: Mehrheitlich nach Angaben des LDS)

„Nordrhein-westfälische Unternehmen sind zum Beispiel Marktführer bei Rauchgasreinigungsanlagen für Kohlekraftwerke. In Duisburg baut der Computerhersteller Nixdorf das weltweit erste Datensystem über rund 5000 der gefährlichsten Stoffe auf, um Feuerwehren und Katastrophenschützern bei Unglücksfällen in Sekundenschnelle die jeweils richtigen Abwehrmaßnahmen empfehlen zu können.

... Vielerorts sprießen, begünstigt durch ein Förderprogramm für Zukunftstechnologien, solche neuen, grünen Pflänzchen aus dem Boden der alten Industrieregion; und es entstehen neue Berufsbilder: Im Sommer beendeten in Gelsenkirchen 279 staatlich anerkannte „Ver- und Entsorger" ihre Ausbildung, ein Modellversuch zur Ausbildung von Umwelttechnikern folgt." (Süddeutsche Zeitung vom 24. September 1988)

Da der Umweltschutz in den nächsten Jahren ein großer Wachstumsmarkt sein wird — allein in der Bundesrepublik wird er bis Ende der 90er Jahre auf 100 Mrd. DM geschätzt — kann er mit erheblichen Nachfrageimpulsen rechnen. So werden Investitionen zur Entstickung und Entschwefelung von Kraftwerken getätigt werden müssen. Altanlagensanierung wird ebenso betrieben werden müssen wie Altlastenbeseitigung.

Bodenschutz, Renaturierung von Gewässern, Sicherung der Trinkwasserversorgung, Luftreinhaltung u.a.m. werden erst recht in Zukunft wichtige Felder sein, auf denen die Umweltschutzfirmen tätig sein werden. Diese Arbeit wird sich jedoch nicht allein auf Nordrhein-Westfalen beziehen, sondern angesichts des nahenden Binnenmarktes auch auf andere EG-Staaten, insbesondere auf die an Nordrhein-Westfalen angrenzenden Staaten ausgedehnt werden. Richtig praktizierter Umweltschutz dient der Zukunftssicherung und der Beschäftigung, da in der Umweltindustrie neue Arbeitsplätze entstehen. So kann die Investitionsgüterindustrie durch die Sanierung alter Industrieanlagen und Kraftwerke profitieren. Aufgrund ihrer Vorreiterrolle ergibt sich für die nordrhein-westfälische Umweltindustrie eine gute Chance, ihre hochentwickelten Umwelttechnologien europaweit anzubieten und mittelfristig ihre Wettbewerbschancen zu erhöhen.

Parallel zur Umweltschutzentwicklung auf privater unternehmerischer Ebene wurden seitens des Landes und der Kommune seit den 70er Jahren Umweltschutzprogramme entwickelt und durchgeführt. Die Landesregierung Nordrhein-Westfalens hat im Jahr 1983 ein Umweltschutzprogramm als langfristige Aufgabe vorgelegt, wonach einzelne Maßnahmen abgeschlossen werden und andere, situativ bedingt, in das Programm aufgenommen werden sollen. Das Programm zielt darauf, Umweltprobleme wie das Waldsterben, die Altlastenproblematik, den Schutz von Boden, Luft und Wasser, den Freiflächenverbrauch und die umweltbedingten Krebserkrankungen zu lösen.

Durch die großen Verdichtungsräume in Nordrhein-Westfalen — es hat von allen Bundesländern die meisten Großstädte, das höchste Verkehrsaufkommen mit allein 8 Mill. Kraftfahrzeugen und ist Zentrum der Grundstoffindustrie und Energieversorgung — ist auch die Belastung für Nordrhein-Westfalen besonders hoch. (Vgl. Schaubild 22) So erhält Nordrhein-Westfalen aufgrund der Weströmungen eine Schwefeldioxydbelastung durch Ausstoß aus Kraftwerken der Benelux-Staaten, Frankreichs und Großbritanniens. Umgekehrt geben auch nordrhein-westfälische Unternehmen umweltschädigende Schwefelablagerungen an das Ausland ab.

Ein besonderes Umweltproblem für Nordrhein-Westfalen zeigt sich in der Luftreinhaltung. Das Ruhrgebiet bildet das größte Smog-Gebiet der Bundesrepublik Deutschland. (Vgl. Schaubild Nr. 23)

Das Bundesimmissionsschutzgesetz weist den Ländern die Kompetenz bei Maßnahmen gegen den Smog zu. Mitte Januar 1985 war erstmals im gesamten Ruhrgebiet die Alarmstufe 2, im westlichen Ruhrgebiet sogar die Alarmstufe 3 ausgelöst worden. Das bedeutete, daß in bestimmten Innenstadtbereichen bei Alarmstufe 2 der Kraftfahrzeugverkehr zeitweise, bei Alarmstufe 3 vollständig eingestellt werden mußte. Die Industrie mußte bei Alarmstufe 2 ihre Produktion auf schwefelarme Brennstoffe umstellen und bei Alarmstufe 3 den Betrieb emittierender Anlagen einstellen. Die nordrhein-westfälische Umweltpolitik kann nur eine zusätzliche Politik sein, die versucht, die eingetretenen Schäden zu begrenzen. Sie wird nur erfolgreich sein, wenn sich die EG-Mitgliedsländer zu einer verantwortlichen Umweltpolitik zusammenfinden und somit die Problematik der grenzüberschreitenden Umweltbelastungen und

Schaubild 22:

Quelle: Bundesforschungsanstalt für Landeskunde und Raumordnung „Informationen zur Raumentwicklung", H. 11 / 12, 1985, Bonn 1986 (Stand: 1.1.86).

-verschmutzungen in den Griff bekommen. Nordrhein-Westfalen kann aber mit Hilfe seiner Umweltpolitik beispielhaft sein und eine Vorreiterrolle in diesem Politikfeld spielen. Das Land kann versuchen, seine Vorstellungen über die verschiedenen Kanäle in die EG einfließen zu lassen. So hat Ministerpräsident Rau anläßlich der Vorstellung der „NRW-Initiative Binnenmarkt" die Ansiedlung der europäischen Umweltagentur für Nordrhein-Westfalen bean-

Schaubild 23: Smog-Gebiete (1.1.1986)

sprucht. Der hohe technische Standard der Umwelttechnologie in Nordrhein-Westfalen sowie das hohe Niveau des Umweltschutzes im größten Bundesland seien geeignete Rahmenbedingungen für die einzurichtende Umweltagentur. Sie soll die bestehenden regionalen und nationalen, privaten und öffentlichen Initiativen miteinander verbinden wie auch neue aufbauen. Mit Hilfe dieser Umweltagentur soll ein Netz entstehen, welches Messungen, Informationen, Kontrollen und Warnungen übernehmen könnte. Gerade weil der vorsorgende und überwachende Umweltschutz in Nordrhein-Westfalen gut ausgebaut ist — z.B. die Nachrichten- und Bereitschaftszentrale für Immissionsschutz betreibt eines der modernsten Luftüberwachungssysteme (TEMES) — bietet sich Nordrhein-Westfalen nach Auffassung der Landesregierung für die europäische Umweltagentur geradezu an.

Tabelle 33: Umweltschutz

— Ausgaben des Landes 1984 bis 1987	10,9 Mrd. DM
Jahresdurchschnitt	2,7 Mrd. DM
— Investitionen des produzierenden Gewerbes 1980 bis 1985/86[1]	
* NRW (1980 - 1986)	10,7 Mrd. DM
* Bund (1980 - 1985)	21,4 Mrd. DM
* NRW-Anteil am Bund (1980 - 1985)	34,6 %
— Zahl der Umweltfirmen 1987	
* in NRW (lt. MURL 6/88)	650
* im Bund	ca. 1 750
* NRW-Anteil	ca. 37 %
— Exportvolumen für Umweltprodukte 1987	
* Bund	ca. 5 Mrd. DM
* NRW	ca. 2 Mrd. DM
* NRW-Anteil	ca. 40 %

1 Neue Zahlen sind noch nicht verfügbar.

9. Kultur und Wissenschaft — die vielfältige Kooperation

9.1 Was ist Kultur?

Immer wieder wird die gemeinsame europäische Kultur beschworen, wird die europäische Identität gefordert. Die europäische Identität wird dabei oft im Zusammenhang mit der „kulturellen Identität" geltend gemacht. Allerdings herrscht keine Einigung darüber vor, was nun unter kultureller Identität, kultureller Zusammenarbeit, kulturellem Erbe und europäischer Kultur zu verstehen ist. Einigkeit besteht aber darüber, daß die Europäische Gemeinschaft mehr ist als eine nur durch wirtschaftliche Interessen zusammengehaltene internationale Organisation. Einigkeit besteht zumindest auch darüber, daß die Bürger der EG — trotz aller nationalen und regionalen unterschiedlichen Entwicklungen — gemeinsame geschichtliche Erfahrungen haben.

Das Ziel einer Europäischen Kulturgemeinschaft wird im Genscher-Colombo-Vorschlag von 1981 über die Europäische Akte anvisiert, wenn es heißt: „eine enge kulturelle Zusammenarbeit zwischen den Mitgliedstaaten (zu schaffen), um das Bewußtsein der kulturellen Gemeinsamkeit als Teil der europäischen Identität zu fördern, dabei zugleich die Vielfalt der eigenständigen Überlieferungen auszuschöpfen und den Austausch der gegenseitigen Erfahrungen, insbesondere auch unter der Jugend, zu intensivieren".

Unter Kultur wird von verschiedenen Menschen somit auch sehr Unterschiedliches verstanden, da es keine allgemein verbindliche Definition gibt. Wir wollen unter Kultur neben der Gesamtheit der üblichen Bildungseinrichtungen auch Theater, Museen und Orchester verstehen. Lange Zeit wurde Nordrhein-Westfalen als „Land der Zechen", dominiert durch Kohle und Stahl, als Land mit Schwerarbeit und hohen Löhnen gekennzeichnet. Als Industrieland, das das Schwungrad für die Ankurbelung der deutschen Wirtschaft bildete, wurde es synonym mit Geld, wirtschaftlichem Erfolg, Ruß, Staub, Kohle und Stahl gesetzt. Darüber ging verloren, daß sich in Nordrhein-Westfalen schon recht früh der Wunsch durchgesetzt hat, ein eigenes Kulturprofil zu gewinnen.

Nicht zuletzt aufgrund der künstlichen Bildung des Landes nach dem Zweiten Weltkrieg gab es keine die Bevölkerung verbindenden Traditionen. Die beiden Teilgebiete Westfalen und das Rheinland wurden erst nach dem Wiener Kongreß von 1815 eigene, geschlossene territoriale Einheiten, die allerdings von außen durch Preußen regiert wurden. So hat sich in diesen Gebieten nicht wie in anderen Teilen Deutschlands — z.B. in Bayern oder Baden und Württemberg, eine kontinuierlich über Jahrhunderte gewachsene Eigenstaatlichkeit entwickeln können. Die einzige, beide Gebiete seit 150 Jahren verbindende gemeinsame Traditionslinie, ist die Industrialisierung, die das Ruhrgebiet zum Zentrum der Schwerindustrie in Europa werden ließ. „Doch eben diese Entwicklung war eine industrielle Kolonisierung, die lange Zeit mit einer kulturellen Unterentwicklung einherging. Die Gemeinden und Städte waren überfordert von der Dynamik der industriellen Expansion und von dem dadurch vor allem nach 1871 ausgelösten explosionsartigen Bevölkerungswachstums. Sie mußten mit einer Stadtentwicklung fertig werden, die von den Interessen der großen Unternehmen bestimmt wurde". (Suhrbier 1985, S. 301 f.)

Doch heute, nach vierzig Jahren hat sich in Nordrhein-Westfalen ein struktureller Wandel vollzogen, der es ermöglicht hat, aus dem Land *von* Kohle und Stahl ein Land *mit* Kohle und Stahl werden zu lassen, das sich zu einem Kultur-, Forschungs- und Wissenschaftsland entwickelt hat.

9.2 Kultur im engeren Sinn: Museen, Theater, Musik

Nordrhein-Westfalen hat sich zu einer der dichtesten Kulturlandschaften der Welt entwickelt. Allein die Zahlen sprechen für sich: 10000 Chöre, Musikgruppen und Laiensinfonieorchester; 170 Musikschulen; weit über 1000 Rockgruppen, 23 Sinfonieorchester; 2700 Bibliotheken; 240 Museen; zahlreiche Denkmäler aus Kultur, Geschichte und Technik sowie eine lebendige alternative Kultur. Kein Wunder also, daß die Organisation der Vereinten Nationen für Erziehung, Wissenschaft und Kultur (UNESCO) den Ballungsraum an Rhein und Ruhr zu den fünf bedeutendsten Theaterregionen der Welt zählt. Bundesweite und europäische Bedeutung haben z.B. die Schauspielhäuser von Bochum, Düsseldorf und Köln. Die Tanztheatergruppe von Pina Bausch in Wuppertal hat ohne Zweifel internationales Renommée. 1984 nahm Nordrhein-Westfalen nicht nur nach absoluten Zahlen eine Spitzenstellung in der Versorgung der Bevölkerung mit Theater- und Orchesterangeboten ein, sondern auch hinsichtlich der Erwartungshaltungen seiner Besucher. Gemessen an der Bundesrepublik verfügte Nordrhein-Westfalen Mitte der 80er Jahre über 27 Prozent der selbständigen öffentlichen Theater, 28 Prozent der Spielstätten und 26 Prozent der Konzert-, Opern- und Kammerorchester.

Im Museumsbereich bietet Nordrhein-Westfalen eine attraktive Vielfalt für Kunst- und Kulturgeschichte. So sind das Deutsche Bergbau-Museum in Bochum, das Ostasiatische Museum in Köln oder das Wallraf-Richartz Museum/Museum Ludwig sicherlich als einzigartig zu bezeichnen. Mehr als 240 Museen, meist auf kommunaler Basis betrieben, präsentieren dem Besucher bedeutende Zeugnisse aus Vergangenheit und Gegenwart und regen zur Kontemplation an.

Von Bedeutung für das Kulturprofil des Landes ist neben Schauspiel, Musik und Museen auch die Kunstebene, wobei Köln und Düsseldorf die beiden Zentren des Kunsthandels sind.

Die große Zahl kultureller Einrichtungen strahlt aufgrund ihrer z.T. weltbekannten Exponate, Leistungen und Angebote und nicht zuletzt aufgrund ihrer günstigen geographischen Lage in die Mitgliedsländer der EG aus. Stipendienvergabe einzelner Städte, Bühnen und Orchester an ausländische Theaterleute, Schriftsteller, Künstler etc. dienen dazu, sich über nordrhein-westfälische Kultur zu informieren und Kontakte zu knüpfen. Somit kann Kultur, insbesondere wenn sie zum gegenseitigen Kennenlernen und Verstehenlernen geeignet ist, eine außenpolitische — und damit natürlich auch europapolitische — Qualität erhalten. Kulturelle Veranstaltungen, seien es Ausstellungen mit internationaler Ausstrahlung, seien es Theatertreffen, Musikfestivals — z.B. Mülheimer Theatertage, Oberhausener Kurzfilmtage, Ruhrfestspiele Recklinghausen, Tage für alte Musik in Herne, Tage für neue Musik in Witten, internationale Jazztage in Leverkusen, das Rheinische Musikfest — zeigen die kulturelle Vielfalt des Landes. Durch solche nationalen und internationalen Veranstaltungen werden die Chancen, Verständnis für den Partner aus den anderen EG-Staaten zu gewinnen sowie in einen ständigen intensiven und künstlerischen Dialog mit Kreativen und Publikum aus der gesamten Welt zu treten, erhöht.

Kultur geht selbstverständlich über die „Schönen Künste" hinaus. Kultur ist auch „Alternative Kultur", also das Entstehen von alternativer Kunst, Musik, Schauspiel und Kabarett auf der Mikroebene der Gemeinden. Überall im Land sind in den letzten Jahren Rockgruppen, Schauspielensembles u.a.m. entstanden, um eine besondere Nachfrage nach alternativer Kultur in diesen Bereichen zu befriedigen.

Kultur lebt darüber hinaus auch in Zeitzeugen der Tradition, also Denkmälern. Die Erhaltung solcher Kulturstätten wie auch ihre Nutzung ist eine der vornehmsten Aufgaben der Denkmalpflege. Dabei hilft die Europäische Gemeinschaft.

Im Rahmen eines Pilotvorhabens fördert die EG die Erhaltung wertvoller europäischer Denkmalstätten. Voraussetzung dafür ist, daß diese ein religiöses oder nationales architektonisches Erbe — vor allem wegen ihrer künstlerischen Bedeutung oder ihres historischen Charakters oder als Zeugnis der Lebens- und Arbeitsbedingungen eines Volkes — darstellen. So wurden mit EG-Mitteln die Restaurierungsarbeiten im Schloß Nordkirchen — oft als

„Westfälisches Versailles" apostrophiert — und der Kirche Sankt Maria zur Wiese in Soest vorgenommen.

Die Kommission hat ein Rahmenprogramm für den Zeitraum 1988 bis 1992 vorgelegt, in dem sie sich für die Schaffung eines Europäischen Kulturraums ausspricht. Hierfür sollen folgende vier Leitlinien dienen: Freier Verkehr von Kulturgütern und kulturellen Dienstleistungen; Verbesserung der Lebens- und Arbeitsbedingungen der Kulturschaffenden; Schaffung neuer Arbeitsplätze im kulturellen Bereich in Verbindung mit der regionalen, ländlichen, territorialen und industriellen Entwicklung und Entstehung einer gemeinschaftlichen und weltweit wettbewerbsfähigen Kulturindustrie, insbesondere im audiovisuellen Bereich.

Die kulturelle Vielfalt wird auch in einem Binnenmarkteuropa in den 90er Jahren aufrechterhalten bleiben, denn die Europäische Gemeinschaft besitzt auch nach der Revision der Verträge durch die Einheitliche Europäische Akte keine Kompetenzen im Kulturbereich. Allerdings können aus den wirtschaftlichen Bestimmungen der Verträge begrenzte Handhabungen zur Wahrnehmung kultureller Aufgaben abgeleitet werden. Hiervon sind vor allem die berufliche Ausbildung und Fortbildung sowie die Forschung betroffen.

9.3 Bildung und Europa

Die EG hat keine unmittelbaren Kompetenzen für den Bildungsbereich, der bei den Mitgliedstaaten verbleibt. Kultur und Bildung unterliegen auch in der 1987 in Kraft getretenen Einheitlichen Europäischen Akte keiner Regelung. Aber es besteht auch kein Zweifel darüber, daß gerade die Bildungspolitik ein Bereich nationalstaatlicher Politik ist, der für die politischen Akteure auf nationaler Ebene unter dem Aspekt der Zukunftsplanung und Zukunftsgestaltung eine äußerst sensible Materie zu sein scheint. Und dennoch verlangt die Installierung des Binnenmarktes, daß die Mitgliedstaaten zumindest eine Koordination und Harmonisierung ihrer Bildungspolitiken vornehmen. So legte der Ministerrat am 22. Juni 1988 die Richtlinie für die gegenseitige Anerkennung der Hochschuldiplome fest. Die mit dieser Richtlinie und der gesamten Binnenmarktproblematik zusammenhängende Entwicklung wird auf die Bundesrepublik wie auch auf die anderen Mitgliedstaaten große Auswirkungen haben. So werden Hochschulabsolventen, die nach einem Hochschulexamen noch eine mindestens dreijährige Ausbildungszeit benötigen, sich in jedem Mitgliedsland niederlassen können. Das gilt z.B. für Berufe wie Ingenieure, Wirtschaftsprüfer, Rechtsanwälte und auch Lehrer. Das bedeutet, daß in die jeweiligen nationalen — und in der Bundesrepublik länderspezifischen — Bildungspolitiken eine europäische Dimension einziehen wird. Die

Bildungs- und Ausbildungssysteme der Mitgliedstaaten leisten wichtige Beiträge zum Europäischen Binnenmarkt, zur stärkeren Zusammenarbeit von Bildung und Wirtschaft, zum Abbau regionaler Unterschiede und zum sozialen Zusammenwachsen der Gemeinschaft.

9.3.1 Schulen und Schüler

1988 gab es in Nordrhein-Westfalen 6615 allgemeinbildende Schulen mit insgesamt 1,9 Mill. Schülern. Von diesen Schulen waren 3382 Grundschulen, 1139 Hauptschulen, 3 Volksschulen, 536 Realschulen, 630 Gymnasien, 119 Gesamtschulen, 30 Waldorfschulen, 722 Sonderschulen, 23 Abendrealschulen, 15 Abendgymnasien und 16 Kollegs. Bereits heute besuchen — aufgrund des hohen Anteils an ausländischen Bürgern in Nordrhein-Westfalen — ca. 252000 ausländische Schüler die allgemeinbildenden Schulen in Nordrhein-Westfalen. Allein aus den EG-Staaten sind 48000 Schüler registriert. Die meisten kommen aus den südlichen Mitgliedsländern Italien, Griechenland, Spanien und Portugal. Da bei diesen Schülern ein großes Interesse besteht, die Muttersprache zu erhalten, pflegen und zu vertiefen, bietet das Land Möglichkeiten dazu. In fast 2000 Lerngruppen erhalten weitere 30000 Schüler neben dem normalen Lehrpensum Unterricht in ihrer Muttersprache.

Neben dem Unterricht in den traditionellen Fremdsprachen Englisch und Französisch werden an den Schulen zunehmend Italienisch, Niederländisch, Portugiesisch und Spanisch angeboten. Angesichts der durch den Einheitlichen Binnenmarkt bedingten größeren Mobilität ist die Kenntnis von Fremdsprachen verschiedener Gemeinschaftsländer von außerordentlicher Bedeutung. In Zusammenarbeit mit Frankreich hat Nordrhein-Westfalen am Friedrich-Ebert-Gymnasium in Bonn das Konzept einer deutsch-französischen Hochschulzugangsberechtigung entwickelt. So wird bereits auf der Ebene der Schule ein Beitrag zur Integration geleistet, da die Bildungssysteme auf diese Weise zum Zusammenwachsen der EG beitragen.

9.3.2 Hochschulen

Nordrhein-Westfalen verfügt über die dichteste Hochschullandschaft in Europa. 49 Hochschulen überziehen das Bundesland flächendeckend, so daß das Studium vor der Haustür möglich ist. Aus dem ehemaligen „Studentenexportland" Nordrhein-Westfalen wurde somit ein „Studentenimportland". An den Hochschulen Nordrhein-Westfalens waren im Wintersemester 1988/89 mehr als 453000 Studenten, knapp 31 Prozent aller in der Bundesrepublik registrierten Studenten, eingeschrieben. Wissenschaft und Forschung sind eine wesentliche Grundlage für die Erneuerung und damit für die Zukunft des Landes geworden.

Die Hochschulen haben das Thema Europa schon immer sowohl in ihren Vorlesungsangeboten als auch in der praktischen Tätigkeit angegangen. Seit der Mitte der 80er Jahre wird in der Technischen Hochschule Aachen ein Zusatzstudiengang „Europa-Studien" angeboten, in dem zusätzliche Kenntnisse und Fähigkeiten für Einsatzmöglichkeiten innerhalb der EG-Länder vermittelt werden. Zahlreiche Hochschulpartnerschaften — so z.B. zwischen der Universität Münster und der Universität Lille bzw. Twente — wie auch Kooperation zwischen Universitäten und Wissenschaftlern tragen zum ständigen grenzüberschreitenden Wissens- und Erfahrungsaustausch bei.

Der angestrebte Binnenmarkt wird die Zusammenarbeit der Wissenschaftler sowie den Austausch von Studenten weiter intensivieren. Dazu hat die Europäische Gemeinschaft erstmals eine zusammenhängende und offensive Bildungspolitik eingeleitet. Mit der Verabschiedung der Programme COMETT, ERASMUS und „YES für Europa" soll dem „Europa der Bürger" ein Schritt näher gekommen werden. Im COMETT-Programm (Community in Education for Training in Technologies) findet eine Ausrichtung auf moderne Technologien statt, da ihr rascher Aufschwung es erfordert, daß sowohl Jugendliche als auch Erwachsene besser ausgebildet und vorbereitet werden, den veränderten Anforderungen während ihres Berufslebens zu begegnen. Das 1987 angelaufene COMETT-Programm konzentriert sich auf folgende fünf Aktionsbereiche:

— Schaffung eines Netzes von Ausbildungspartnerschaften Hochschule-Wirtschaft.
— Unterstützung von Praktika, die Studenten die Möglichkeit geben, in Unternehmen anderer Mitgliedstaaten zu arbeiten, und von Stipendien, die den grenzübergreifenden Austausch von Hochschullehrern und Fachkräften oder Wirtschaft fördern.
— Entwicklung grenzüberschreitender Vorhaben im Bereich der Fortbildung, die von Hochschulen und Unternehmen gemeinsam durchgeführt werden.
— Entwicklung von Multimedienunterrichtssystemen mit besonderem Schwergewicht auf der Ausbildung von Ausbildern und auf den kleinen und mittleren Unternehmen.
— Informations- und Erfahrungsaustausch und Verbreitung der neuesten Methoden.

Das ERASMUS (European Community Action Schema for the Mobility of Students) - Programm zielt sowohl auf die Förderung der Mobilität von Studenten als auch Dozenten. Mit Hilfe einer — allerdings begrenzten — finanziellen Unterstützung der EG soll Studenten ermöglicht werden, mindestens ein Trimester an einer Hochschule eines anderen Mitgliedstaates zu studieren. Gleichzeitig zielt das ERASMUS-Programm auf Förderung der Anerkennung von Abschlußzeugnissen und Studienzeiten im Ausland. Das Programm „YES for Europe", (Jugend für Europa) (Youth Exchange Schema) geht am weitesten und über den akademischen Bereich hinaus und strebt für die Zeit von 1987 bis 1991 die Förderung von jungen Arbeitnehmern beim Jugendaustausch zwischen den Mitgliedsstaaten an.

Der Binnenmarkt wird aber auch dazu führen, daß Wissenschaft und Wirtschaft verstärkt kooperieren werden. Schon heute gibt es in Nordrhein-Westfalen 14 Technologie-Zentren und 22 Technologie-Transfer-Stellen an den Hochschulen, die besonders von den mittelständischen Unternehmen in der jeweiligen Region genutzt werden, um Forschungsergebnisse umzusetzen.

9.4 Forschung und Technologie

Im Zeitalter wachsender weltwirtschaftlicher Konkurrenz ist es für hochindustrialisierte Volkswirtschaften unbedingt erforderlich, ständig neue Produktionsverfahren und Produkte zu entwickeln. Von der Grundlagenforschung — auf neue wissenschaftliche Erkenntnisse gerichtet — über die experimentelle Entwicklung bis zur Anwendung neuer Erkenntnisse in der Produktion ist es oft ein weiter, langer und teurer Weg, der selbst die finanzielle Leistungsfähigkeit manch eines Großunternehmens übersteigt. Wissensvorsprünge sind aber gleichzeitig Vorsprünge in der wirtschaftlichen Konkurrenzsituation zwischen den Staaten. Aus diesem Grund ist Forschungszusammenarbeit zwischen einzelnen Staaten dringend geboten, wollen sie die internationalen Herausforderungen erfolgreich bestehen.

Koordinationsstelle für die Europäische Forschungspolitik ist die Europäische Gemeinschaft, in der sich ab 1972 eine Neuorientierung der Forschungs- und Entwicklungspolitik abzeichnete.

Zwar ist die Forschungspolitik in der Bundesrepublik durch die Hochschule weitgehend auch eine Länderangelegenheit- und in Nordrhein-Westfalen gibt es darüber hinaus drei Großforschungszentren und 11 Max-Planck-Institute, ganz zu schweigen von den vielen Forschungsabteilungen in den Unternehmen — doch sind die Länder heute allein gar nicht mehr in der Lage, Forschung in ausreichendem Maße zu finanzieren. Deshalb sind sie an übernationaler Zusammenarbeit interessiert, fördern sie die grenzüberschreitende Forschungsarbeit ihrer wissenschaftlichen Einrichtungen. In Zukunft wird die grenzüberschreitende Forschung noch stärker im Vordergrund stehen, um die Wettbewerbsfähigkeit der EG auf den Weltmärkten zu sichern. Durch die Vertragsrevision in der Einheitlichen Europäischen Akte hat sich die EG nun das Ziel gesetzt,

„die wissenschaftlichen und technischen Grundlagen der europäischen Industrie zu stärken und die Entwicklung ihrer internationalen Wettbewerbsfähigkeit zu fördern. In diesem Sinne unterstützt sie die Unternehmen — einschließlich der Klein- und Mittelbetriebe-, die Forschungszentren und die Hochschulen bei ihren Bemühungen auf dem Gebiet der Forschung und der technologischen Entwicklung;..." (Art. 130f.) Die EG will durch Rahmenprogramme zur Verwirklichung der Forschungs- und Technologiegemeinschaft beitragen. Die Abwicklung der Forschungspolitik erfolgt durch EG-eigene Forschung in EG-Forschungszentren, auf dem Kostenteilungswege (Übernahme von 50 Prozent) und Finanzierung der Koordinierung.

So hat die EG 1987 ein Rahmenprogramm „Forschung und technologische Entwicklung" für die Jahre 1987 bis 1991 beschlossen. Das mit 5,3 Mrd. ECU ausgelegte Rahmenprogramm ist als Beitrag der EG zum Technologieschub für die Industrie in den EG-Staaten vorgesehen, der sie befähigen soll, im Wettbewerb mit den Industrien Japans und der USA Schritt zu halten. Durch dieses Rahmenprogramm werden nicht nur die wachstumsträchtigen Informations- und Kommunikationstechnologien abgedeckt, sondern auch Bereiche wie der Umweltschutz, Biotechnologie, Gesundheit, Nutzung des Meeresbodens und der Meeresressourcen, Aktionen auf dem Energiesektor und der Einsatz neuer Technologien bei der industriellen Modernisierung. Nordrhein-westfälische Hochschulen beteiligen sich an den europäischen Programmen. Sie haben für Forschungsprojekte aus der EG in den Jahren 1983 bis 1986 Mittel in Höhe von 23 Mill. DM eingeworben.

So entfielen allein 37 Prozent der Hochschulbeteiligungen bei ESPRIT I — ein seit 1979 laufendes Programm der EG im Bereich der Informatik, besonders Mikroelektronik, das 1984 in ein Zehnjahresprogramm mündete — auf Nordrhein-Westfalen. Beim BRITE-Programm — der Erforschung grundlegender industrieller Technologien — entfallen von den 14 deutschen Hochschulbeteiligungen sieben auf Nordrhein-Westfalen.

Angesichts der internationalen Herausforderungen und des hohen Finanzierungsbedarfs der Forschungsprojekte müssen sich die einzelnen Mitgliedstaaten zu gemeinsamer Forschung zusammenfinden, da nur auf diese Weise eine optimale Ressourcenausnützung möglich ist. Jedoch wird auch EG-Europa bei verschiedenen Projekten noch ein zu kleiner Rahmen sein, so daß z.T. noch größere Zusammenschlüse gewählt werden müssen. Ein Beispiel dafür ist der EUREKA-Prozeß, an dem inzwischen 19 europäische Staaten teilnehmen. Mit EUREKA ist ein Forschungsprogramm entwickelt worden, das einmal mit den Zielen der EG-Forschungspolitik übereinstimmt und zum anderen die Wettbewerbsfähigkeit Europas auf den Feldern der Hochtechnologie gegenüber Japan und den USA sichern soll. Während die EG zuerst auf den Gebieten der langfristigen Forschung tätig ist, betrifft EUREKA in der Regel die Entwicklung von marktnahen Produkten, Systemen und Dienstleistungen. Von einer innovativen Forschungspolitik, die für bestimmte Bereiche prägend wird, können sich im Verlaufe der Zeit Vorteile für die einzelnen Länder entwickeln.

10. Europa der Bürger und Europa der Regionen

Die Europäische Gemeinschaft ist Anfang der 90er Jahre eine Realität. Sie ist ein wichtiger Akteur im internationalen System und erfreut sich einer regen Nachfrage, besonders außerhalb ihres Geltungsbereichs. Ob es Staaten Afrikas, Asiens oder Lateinamerikas sind, ob Mittelmeeranrainer-Staaten oder ob die Staaten des Rats für gegenseitige Wirtschaftshilfe in Osteuropa, alle wollen entweder in Beziehungen mit der EG treten oder die Beziehungen zur EG verbessern.

Doch die EG ist mehr als eine reine ökonomische Zweckgemeinschaft. Die EG ist auf dem Wege zu einer politischen Gemeinschaft, auf dem Wege zu einer Europäischen Union. Allerdings sind sich die politischen Akteure über die endgültige Zielvorstellung dieser Union noch nicht einig. Wie soll diese Union aussehen? Welches Verhältnis sollen die Gliedstaaten zur Union haben? Wie sollen die Kompetenzen verteilt werden? Welche Rolle wird der Bürger in dieser Europäischen Union spielen und wird er diese Europäische Union akzeptieren? Ja, wird er sich mit dieser Europäischen Union identifizieren? Denn eines ist sicher: EG-Europa ist mehr als die Zusammenarbeit der politischen, gesellschaftlichen und ökonomischen Eliten. EG-Europa als Politische Union mit weltpolitischer Bedeutung ist nur mit den Bürgern, nicht gegen sie zu verwirklichen. Der Versuch, ein Europa nur durch die Eliten zu realisieren, ist auf Dauer zum Scheitern verurteilt, wenn er keine Absicherung beim Bürger erfährt.

„Der Kampf um Europa ist ein Kampf gegen die Gewohnheit. Er ist erst gewonnen, wenn Europa selbst Gewohnheit geworden ist", formulierte der erste Präsident der EG-Kommission Walter Hallstein. Haben wir uns heute schon an Europa gewöhnt? Die Antwort ist sowohl ein Ja als auch ein Nein. Ein Ja in bezug auf die selbstverständlichen Leistungen, die der bisherige europäische Integrationsprozeß erbracht hat. Wir haben uns daran gewöhnt, daß es selbstverständlich ist, daß zwischen den westeuropäischen Staaten keine Kriege mehr ausgetragen werden. Seit mehr als 44 Jahren schweigen nun in

Europa die Waffen zwischen den Staaten, nicht zuletzt dank des Integrationsprozesses. Wir, die Bürger, haben uns also daran gewöhnt, daß die EG eine Sicherheitsgemeinschaft, wenn auch nicht im formellen Sinn, ist. Das Friedensmotiv, das ja ganz wesentlich für den Integrationsprozeß war, hat also seine Tragfähigkeit erwiesen. Wenn auch dieses Motiv verblaßt, weil eben Kriege zwischen z.B. Deutschland und Frankreich heute unvorstellbar sind, ist doch festzustellen, daß die EG-Staaten in ihren gegenseitigen Beziehungen Werte und Normen akzeptieren, die gewaltsame Konfliktaustragung unmöglich machen.

Zweitens stellt die EG eine Wertegemeinschaft dar. Freiheits- und Menschenrechte, Prinzipien liberalpluralistischer Demokratien, Rechtsstaatlichkeit sowie soziale Gerechtigkeit bilden Orientierungspunkte, an denen sich Normen für die Mitglieder der Gemeinschaft auszurichten haben. Auch daran haben wir uns gewöhnt; es ist selbstverständlich, über diese Werte und Normen in den EG-Staaten zu verfügen. Vergessen ist, daß vor dem Hintergrund eines durch Hitlerdeutschland seiner Freiheitsrechte beraubten Europas es ein wesentliches Ziel der Initiatoren der europäischen Einigung war, den Europäern ihre Rechtsstaatlichkeit und demokratischen Werte zurückzugeben.

Drittens haben wir uns daran gewöhnt, daß es selbstverständlich ist, fast ohne Grenzkontrollen in Europa hin- und herzureisen.

Wir haben uns viertens daran gewöhnt, daß das Warenangebot mit hochwertigen und differenzierten Nahrungsmitteln und unabhängig von Engpässen auf dem Weltmarkt durch die EG sichergestellt ist. Das vergrößerte Sortiment wird als selbstverständlich hingenommen und nicht darauf zurückgeführt, daß dieses große Angebot erst seit Bestehen der Gemeinschaft existiert.

Wir haben uns aber offensichtlich noch nicht daran gewöhnt, daß parallel zur Bedeutungszunahme der Europäischen Gemeinschaft auch ein Bedeutungsverlust des Nationalstaats einhergeht. Wenn Ende der 90er Jahre ca. 80 Prozent der Entscheidungen in der Wirtschaft-, Finanz- und Steuerpolitik in Brüssel fallen werden, wie EG-Kommissionspräsident Delors vorausgesagt hat, dann wird sich der Bürger auch stärker an die EG gewöhnen, da er ihre Entscheidungen unmittelbar spüren wird. Zur Zeit bilden noch die nationalen Mitgliedstaaten und ihre Untergliederungen wie z.B. Land und Kommune die Bezugspunkte für den Bürger. Die Europäische Gemeinschaft als die vierte noch über dem Nationalstaat stehende Ebene wird erst dann vom Bürger voll zur Kenntnis genommen, wenn sie als öffentlicher Lebensraum erfahrbar wird. Das kann einmal durch eine zunehmende Politisierung geschehen. Bisher merkt der Bürger eigentlich nur alle fünf Jahre durch die Direktwahlen zum Europäischen Parlament, daß EG-Europa mehr ist als eine Wirtschaftsgemeinschaft. Aber zunehmend wird ihm Europa durch die Urteile des Europäischen Gerichtshofs in seine unmittelbare Lebenswelt nahegebracht, sei es durch das „Bierurteil“ oder das „Wursturteil“. Nationale Vorschriften, oft als

Schutzbehauptungen gegenüber ausländischer Konkurrenz aufgeführt, wurden vom EG-Gerichtshof für ungültig erklärt und nun der europäischen Konkurrenz ausgesetzt. Dem Verbraucher soll es überlassen bleiben — und was liegt näher — zu entscheiden, ob er belgisches Bier trinkt, französischen Käse ißt oder italienische Nudeln sich schmecken läßt.

Das Problem für den Bürger besteht immer noch darin, daß die EG für die meisten Bürger etwas Abstraktes, nicht recht Verständliches ist. Teilweise wird in der EG auch nur eine technokratische Organisation gesehen, auf die die eigenen, im Mitgliedstaat bestehenden Unzulänglichkeiten geschoben werden können. Und z.T. vermischt sich dieses Vorurteil mit wirklichen Fehlern, die durch die EG betrieben worden sind, sei es z.B. in der Agrarpolitik oder der Stahlpolitik.

Die Identifizierung mit einem Gemeinwesen erfolgt entweder durch Personen, Symbole oder Leistungen. Die großen Leistungen der EG, die ohne Zweifel in erster Linie wirtschaftlicher Art sind, werden von den meisten Bürgern nur sehr wenig, wenn überhaupt, dann als Selbstverständlichkeit zur Kenntnis genommen. Hinsichtlich der Personen bildet der Nationalstaat nach wie vor die Bezugsebene. Wenn der Europäische Rat zweimal im Jahr zusammentrifft und die Berichterstattung in den Medien erfolgt, wird dieses Gremium sowohl in der Berichterstattung als auch beim Bürger mehr als intergouvernmentales Gremium verstanden, in dem die jeweils nationalen Vertreter vor allem gesehen werden. Es wird nicht in erster Linie die europäische Instanz gesehen. Die einzige auf dieser Gipfelkonferenz EG-Europa repräsentierende Persönlichkeit, der EG-Kommissionspräsident, wird in den Medien allenfalls als Randfigur behandelt, so daß EG-Europa über dem Ansatz der europäischen Persönlichkeiten außerordentlich schwer erfahrbar ist. Bleibt also die Identifikation mit Symbolen.

Hier beginnt EG-Europa langsam eine eigene Dimension zu erhalten. 1986 wurde die bisherige Flagge des Europarats — zwölf fünfzackige goldene Sterne auf blauem Grund — auch von den EG-Organen zur offiziellen Gemeinschaftsfahne erklärt. Im gleichen Jahre wurde das Präludium zur Ode an die Freude aus der Neunten Sinfonie von Ludwig van Beethoven als Gemeinschaftshymne festgelegt. Die Europäische Fahne trifft beim Bürger zunehmend auf Zustimmung, zumal auch die Zollschilder an den Binnengemeinschaftsgrenzen durch einheitliche Schilder mit der europäischen Fahne als Hintergrund ersetzt wurden. Als weiteres Symbol wurde der burgunderrote Europareisepaß in den Gemeinschaftsmitgliedsländern eingeführt wie auch der rosaeuropäische Führerschein. Auch wenn diese Symbole noch nicht den gleichen Stellenwert besitzen wie z.B. die Symbole im Nationalstaat — z.B. Marseillaise für Frankreich oder der Bundesadler für die Deutschen —, so können langfristig diese Symbole dem Bürger etwas Gemeinsames und Verbindendes, die Zugehörigkeit zur Europäischen Gemeinschaft vermitteln.

Symbole sind kein Selbstzweck; sie stehen aber für eine Sache, mit der sich der Bürger identifizieren kann. Und er soll und kann sich mit einem Europa der Freizügigkeit und Niederlassungsfreiheit, der liberal-pluralistischen Demokratie und der Menschenrechte identifizieren. Die größte Identifikationsbereitschaft kann ein politisches System bei seinem Bürger durch die vom System erbrachten Leistungen erzielen. Neben den o.a. ökonomischen Leistungen ist unter dem Schlagwort „Europa der Bürger" nach den weiteren Leistungen für den Bürger zu fragen. So ist der stetige Abbau von Personen- und Warenverkehrskontrollen an den Grenzen, die Erhöhung der Reisefreimengen für Touristen, die Niederlassungsfreiheit für Selbständige, die gegenseitige Anerkennung von Diplomen von Berufen im Gesundheitsbereich und der Architekten und die Freizügigkeit der Arbeitnehmer festzustellen. Die Möglichkeit für jeden Gemeinschaftsbürger, sich in ein beliebiges anderes Mitgliedsland zu begeben und dort ohne Beschränkungen zu arbeiten, zu studieren und sich aufzuhalten, wird ein wesentliches Kennzeichen des Binnenmarktes sein. Das „Europa der Bürger" wird sich darin zeigen, daß man jeden Geldbetrag mit sich führen kann, später Zahlungen in der EG mit einer Währung ohne Formalitäten leisten kann, daß man im eigenen Land all die Produkte kaufen kann, die in anderen EG-Ländern rechtmäßig verkauft werden, in jedem EG-Land ein Bankkonto eröffnen kann, in der EG Grundbesitz und Wohneigentum erwerben kann und die Möglichkeit bestehen wird, den Lebensabend in einem anderem Land zu verbringen. „Europa der Bürger", das ist auch die Zusammenarbeit in Bildung, Ausbildung, Hochschule und Kultur. Ein Europa der Bürger könnte sich auch in einer Gemeinschaftsbürgerschaft niederschlagen, die den Unionsangehörigen mit besonderen Rechten ausstattet. Ein „Europa der Bürger" manifestiert sich auch in der Wahrung der Schutzinteressen als Arbeitnehmer, Verbraucher oder als Mensch in der modernen Informationsgesellschaft. So müßten einheitliche Verbrauchervorschriften im Inneren des Binnenmarkts wie an seinen Außengrenzen den hohen Schutzstandard gewährleisten.

Daß der Bürger durchaus die Fortsetzung des Integrationsprozesses befürwortet und sich — zumindest verbal — für eine Europäische Union einsetzt, geht aus regelmäßigen demoskopischen Untersuchungen hervor. So sprechen sich durchschnittlich in den beiden letzten Jahrzehnten drei Viertel der Bürger der EG-Staaten für weitere Bemühungen um die Vereinigung Westeuropas aus. Drei von fünf Bürgern sehen in der Vereinigung Europas keinen Widerspruch zur nationalen Identität. Angesichts der Herausforderungen durch die großen Weltmächte verstehen die EG-Bürger mehrheitlich die Vereinigung der Staaten als den einzigen Weg, die nationalen wirtschaftlichen Interessen zu verteidigen. Die Mehrheit, fast 60 Prozent, der Gemeinschaftsbürger wünscht, daß das Vereinte Europa über den Binnenmarkt hinausgehen sollte. Und die dann zu schaffende Europäische Union sollte vor allem in folgenden

Politikfeldern die Kompetenzen erhalten: Sicherheit/Verteidigung, Umweltschutz, Währung, Zusammenarbeit mit Entwicklungsländern, Beziehungen mit Ländern außerhalb der Gemeinschaft und wissenschaftliche und technologische Forschung.

Ohne Zweifel wird die Europäische Gemeinschaft mehr Kompetenzen im Verlauf des nächsten Jahrzehnts erhalten. Allerdings darf damit nicht eine Entdemokratisierung oder Entparlamentarisierung einhergehen. Das Europäische Parlament ist mit Abgeordneten aus mehr als 80 Parteien das Organ in der Gemeinschaft, daß die Bürgerinteressen am besten vertreten kann. Das Europäische Parlament hat die Aufgabe, die Interessen der Bürger aufzunehmen, zu bündeln und gegenüber jeden anderen Organen geltend zu machen. Mit der Einrichtung eines Petitionsausschusses durch das Europäische Parlament soll dem Anspruch eines „Europas der Bürger“ auf der politischrechtlichen Ebene Rechnung getragen werden. Damit das Parlament diese Funktion auch erfüllen kann, müßte es seine Tätigkeit erstens transparenter gestalten und zweitens die EG-Bürgern unmittelbar auf den Nägeln brennenden Probleme wie z.B. der Kampf gegen die Arbeitslosigkeit, ein soziales Europa (Gesundheitsvorsorge, Krankenversicherung, Rentensysteme etc.), unbeschränktes Aufenthaltsrecht in den Mitgliedsstaaten u.a.m. schwerpunktmäßig behandeln.

Die Kompetenzerweiterung zugunsten der Gemeinschaft wird sich vor allem zu Lasten der Mitgliedstaaten vollziehen. Vor diesem Hintergrund können Regionen eine neue Bedeutung gewinnen. Angesichts eines sich stärker entwickelnden Heimatgefühls und zunehmender Identifikationsbereitschaft mit der Heimat könnten Regionen zu neuen wichtigen Identifikationsobjekten im zukünftigen Europa werden. Wenn auch die Entwicklung in der Gemeinschaft in Richtung Zentralisierung in wichtigen Politikfeldern verläuft, so ist doch nicht zu übersehen, daß auf nationaler Ebene entgegengesetzte Dezentralisierungstendenzen besonders in zentralisierten Staaten Platz greifen. Ob es in Frankreich in den 80er Jahren war oder in Spanien in den 70er Jahren, hier wurden Veränderungen in den Kompetenzstrukturen zwischen Zentralstaat und Gliedstaaten vorgenommen, die den Regionen neue wichtige Aufgaben zukommen ließen.

Nun kennt die Europäische Gemeinschaft 64 Regionen, die aber in bezug auf demographische, ökonomische und soziale Beschaffenheit sehr unterschiedlich sind. Eine Gemeinschaft wie die EG ist durch große Differenzen zwischen den Regionen gekennzeichnet. Insbesondere das historische Ungleichgewicht zwischen den industrialisierten Ballungsräumen Nord-, West- und Mitteleuropas und den strukturschwachen Randgebieten Westeuropas und Südeuropas ragt hervor. Aufgrund dieser unterschiedlichen Verteilung der Ressourcen und der damit verbundenen unterschiedlichen wirtschaftlichen Entwicklung gibt es gravierende ökonomische Probleme in der EG, die mit

Hilfe der Regionalpolitik beseitigt werden sollen. Die Gemeinschaft setzt sich in den Verträgen das Ziel, sowohl eine Annäherung der Wirtschaftspolitik der Mitgliedstaaten als Ganzes zu fördern als auch den Rückstand weniger begünstigter Einzelregionen zu verringern. Dies soll vor allem mit Hilfe der Koordination der Wirtschafts-, Währungs- und Regionalpolitik erreicht werden. Will die angestrebte Europäische Union erfolgreich sein, so dürfen auch in ihrer Wirtschafts- und Sozialstruktur keine allzu großen Unterschiede bestehen.

„Diese Union wird nur lebensfähig sein, wenn in allen Teilräumen etwa gleichwertige (nicht gleiche!) sozioökonomische Lebensbedingungen bestehen." (Europäische Regionalpolitik 1988, S. 29). Da aber eine zentrale Regionalpolitik einheitliche Lösungen bevorzugt, trägt sie nicht immer unbedingt den Erfordernissen aller Regionen Rechnung. So zeigen die europäische Agrar- und Stahlpolitik, daß sie für einzelne Regionen durchaus sinnvoll, für andere aber gerade nicht vorteilhaft waren. „Die Treffsicherheit vieler gemeinschaftlicher und nationaler Förderungsprogramme ist gering und die damit verbundenen Konflikt-, Frustrations- und Verwaltungskosten sind hoch". (a.a.O. S. 31)

Das Vier-Ebenen-Modell der EG — Zentrale Gemeinschaft, Mitgliedstaaten, Regionen, Kommunen — kann aber nur optimal funktionieren, wenn die Aufgaben auf jener Ebene wahrgenommen werden, die ihrem räumlichen Wirkungsbereich entspricht. So wäre eine Europäische Union mit über 320 Mio. Bürgern sicherlich überfordert, auf der Ebene der Zentrale eine optimale Raumordnungs- oder Infrastrukturpolitik auf Regionsebene zu betreiben. Dieses kann nur optimal durch die Region selbst erfolgen. Um der jeweiligen Ebene allerdings auch in bestimmten Maße die Handlungsfähigkeit zu geben, bedarf sie auch einer finanziellen Grundausstattung. Es muß also in Zukunft bei der weiteren Vergemeinschaftung der Politiken eine klare Kompetenz- und Finanzabgrenzung zwischen den unterschiedlichen Ebenen erfolgen, um das Spannungsfeld zwischen den zentralen Interessen der Gemeinschaft und den dezentralorientierten Zielen der Regionen für den Integrationsprozeß zu nutzen, gilt es doch eine Strategie zu entwickeln, die den Regionen Möglichkeiten zu ihrer Selbstentfaltung gibt, damit sie auch als emotionale Identifikationsobjekte für den Bürger Bedeutung haben. Sollte dies gelingen, können die Regionen innerhalb der Europäischen Union eine immer stärkere Bedeutung erlangen und die Europäische Union neben ihren zentralen Dimensionen auch durch das Attribut „Europa der Regionen" gekennzeichnet werden.

Literaturhinweise

von Alemann, Ulrich (Hrsg.), Parteien und Wahlen in Nordrhein-Westfalen, Köln 1985

Beinhauer, Hagen, Energiezentrum Nordrhein-Westfalen, in: Bußmann, Ludwig (Hrsg.), Die Wirtschaft des Landes Nordrhein-Westfalen, Köln 1988, S. 102 - 123

Boldt, Hans (Hrsg.), Nordrhein-Westfalen und der Bund, Köln 1989

Bundesrat und Europäische Gemeinschaften (hrsg. vom Sekretariat des Bundesrats), Bonn 1988

Bußmann, Ludwig (Hrsg.), Die Wirtschaft des Landes Nordrhein-Westfalen, Köln 1988

Der Minister für Wirtschaft, Mittelstand und Technologie des Landes Nordrhein-Westfalen, Wirtschaftliche Lage in Nordrhein-Westfalen — Strukturanalyse 1950 - 1987, Düsseldorf o.J. (1987)

ders.: Zukunftsinitiative Montanregionen, Düsseldorf 1987

ders.: Außenwirtschaftskonzept Nordrhein-Westfalen, Düsseldorf 1987

Först, Walter, Die Entstehung des Landes Nordrhein-Westfalen, in: Nordrhein-Westfalen — eine politische Landeskunde (Hrsg., Landeszentrale für politische Bildung Nordrhein-Westfalen), Düsseldorf 1984, S. 35 - 55

Greven, Hendrik / *Meyer*, Bernhard / *Gabbe*, Jens-Dieter, EUREGIO — Modell grenzüberwindender Zusammenarbeit, Hannover 1980

Hrbek, Rudolf, Doppelte Politikverflechtung: Deutscher Föderalismus und europäische Integration. Die Deutschen Länder im EG-Entscheidungsprozeß, in: *Hrbek*, Rudolf / *Thaysen*, Uwe (Hrsg.), Die Deutschen Länder und die Europäischen Gemeinschaften, Baden-Baden 1986, S. 17 - 36

Hrbek, Rudolf / *Thaysen*, Uwe, Die Deutschen Länder und die Europäischen Gemeinschaften, Baden-Baden 1986

Hübner, Emil, *Rohlfs*, H.H., Jahrbuch der Bundesrepublik Deutschland 1988 / 89, München 1989

Lamberts, Willi, Die gewerbliche Wirtschaft Nordrhein-Westfalens in der Bewährung, in: *Bußmann*, Ludwig (Hrsg.), Die Wirtschaft des Landes Nordrhein-Westfalen, Köln 1988, S. 63 - 81

Landesentwicklungsbericht Nordrhein-Westfalen 1984. (Hrsg.), Der Ministerpräsident des Landes Nordrhein-Westfalen, Düsseldorf 1985

Landeszentrale für politische Bildung Nordrhein-Westfalen (Hrsg.), Nordrhein-Westfalen — Eine politische Landeskunde, Düsseldorf 1988

Schäfer, Heinz, Zur internationalen Verflechtung Nordrhein-Westfalens, in: *Bußmann*, Ludwig (Hrsg.), Die Wirtschaft des Landes Nordrhein-Westfalen, Köln 1988, S. 82 - 101

Statistisches Jahrbuch des Landes Nordrhein-Westfalen 1988 ff.

Strübel, Michael, Umweltpolitik in Europa — Möglichkeiten in Grenzen, in: Beilage zur Wochenzeitung ‚Das Parlament', Nr. 27 / 1988, S. 15 - 28

Suhrbier, Hartwig, Das Kulturprofil von Nordrhein-Westfalen, in: Landeszentrale für politische Bildung Nordrhein-Westfalen (Hrsg.), Nordrhein-Westfalen — Eine politische Landeskunde, Köln 1984, S. 300 - 319

Vogel, Gisbert / *Nieder-Vahrenholz*, Joachim, Landwirtschaft und Landschaft im Industrieland Nordrhein-Westfalen, in: *Bußmann*, Ludwig (Hrsg.), Die Wirtschaft des Landes Nordrhein-Westfalen, Köln 1988, S. 124 - 137

Weidenfeld, Werner / *Wessels*, Wolfgang (Hrsg.), Jahrbuch der Europäischen Integration 1986 / 87, Bonn 1987

von Weizsäcker, Ernst-Ulrich, Europa hat allen Grund, im Umweltschutz führend zu werden, in: EG-Magazin Nr. 5 / 87, S. 12

Wessels, Wolfgang, Die deutschen Länder in der EG-Politik: Selbstblockierung oder pluralistische Dynamik, in: *Hrbek*, Rudolf / *Thaysen*, Uwe (Hrsg.), Die Deutschen Länder und die Europäischen Gemeinschaften, Baden-Baden 1986, S. 181 - 195

Zellentin, Gerda, Nordrhein-Westfalen und die Europäischen Gemeinschaften, in: Landeszentrale für politische Bildung (Hrsg., Landeszentrale für politische Bildung Nordrhein-Westfalen), Köln 1984, S. 320-334

Periodika

Deutsches Institut für Wirtschaftsforschung — Wochenberichte
Europa-Archiv
Eurostat
Neue Zürcher Zeitung
Landtag-Intern
Stichwort Europa
Süddeutsche Zeitung

LANDTAG NORDRHEIN-WESTFALEN **Drucksache 10/2142**
10. Wahlperiode

30. 06. 1987

Antrag

der Fraktion der SPD

Die Zukunft unseres Landes in Europa

I. Nordrhein-Westfalen – eine große und starke Region im Herzen Europas

Der Landtag stellt fest:

Nordrhein-Westfalen ist das bevölkerungs- und industriereichste Land der Bundesrepublik Deutschland sowie der größte wirtschaftliche Ballungsraum des westlichen Europa und daher von allen wirtschaftlichen und sozialen Entwicklungen in der Europäischen Gemeinschaft besonders betroffen:

- Fast jeder zwanzigste Bürger der EG wohnt in Nordrhein-Westfalen.
- Nordrhein-Westfalen trägt mit einem Anteil von 5 v.H. am Bruttosozialprodukt in bedeutendem Maße zur Wirtschaftsleistung der Europäischen Gemeinschaft bei.
- Mehr als die Hälfte unseres Außenhandels wird mit der EG abgewickelt: Der Anteil des Exportes aus Nordrhein-Westfalen in die Länder der EG betrug 1986 50 v.H. der Gesamtausfuhren; der Anteil der NW-Importe aus EG-Ländern sogar 60 v.H.. Jeder achte Arbeitsplatz in Nordrhein-Westfalen hängt vom Handel mit der Europäischen Gemeinschaft ab, Nordrhein-Westfalen trägt mit seinen Importen aus der EG zur Beschäftigungssicherung in Europa bei.
- Nordrhein-Westfalen verfügt über eine gut ausgebaute Verkehrs-Infrastruktur, die seiner zentralen Lage entspricht. An der wichtigsten Wasserstraße der EG, dem Rhein, der 226 km durch Nordrhein-Westfalen fließt, liegt mit Duisburg der größte Binnenhafen Europas. Fünf Flughäfen, das dichteste Straßenverkehrsnetz nach Belgien und ein engmaschiges Schienennetz sind weitere Bestandteile dieses großräumigen Verkehrssystems.
- Nordrhein-Westfalen bietet die dichteste und umfangreichste Hochschul- und Forschungslandschaft in der Europäischen Gemeinschaft.
- Die Kulturregion Nordrhein-Westfalen ist eine der bedeutendsten und dichtesten in Europa.

Die Europäische Gemeinschaft muß sich ihrer Bedeutung mit 320 Millionen Einwohnern und als weitaus größte Wirtschaftsmacht für die Weltpolitik ebenso bewußt werden, wie Nordrhein-Westfalen seiner Bedeutung als Region innerhalb Europas.

Europa muß für die Bürgerinnen und Bürger im täglichen Leben, im Beruf und in der Freizeit erfahrbar sein. Darum muß durch europäische Bildungs- und Öffentlichkeitsarbeit angestrebt werden, die Erlebbarkeit Europas im Alltag zu vermitteln und die Identifizierung mit der Rolle als Europäerin und Europäer zu verstärken. Die Kontakte der Menschen, z.B. über Sportvereine, Schulklassen, Städtepartnerschaften und Hochschulkooperationen müssen verstärkt werden.

Nordrhein-Westfalen braucht den wirtschaftlichen, sozialen, wissenschaftlichen, kulturellen und sportlichen Austausch mit Europa; die Europäische Gemeinschaft ist auf die Beiträge seiner größten und wichtigsten Region angewiesen.

Die Weltwirtschaft steht im Zeichen vielfältiger struktureller Wandlungen. Mit Japan ist im pazifischen Raum ein neues geopolitisches Zentrum entstanden, das den transatlantischen Wirtschaftsraum wachsenden Herausforderungen gegenüberstellt. Viele Zukunftsaufgaben müssen daher in einem europäischen Rahmen gesehen und können nicht mehr im regionalen oder nationalen Rahmen allein gelöst werden.

Der Landtag tritt ein für ein soziales und wirtschaftlich starkes Europa, das seine natürlichen Lebensgrundlagen, seine kulturelle Eigenheit und die Vielfalt seiner Regionen bewahrt.

Datum des Originals: 23. 06. 1987 / Ausgegeben: 03. 07. 1987

II. Für ein Europa der Bürger und Bürgerinnen

Der Ausbau der Europäischen Gemeinschaft muß den Menschen dienen.

1. Leben und Arbeiten in Europa

Nordrhein-Westfalen hat als traditionelle Industrieregion zur Sicherung von Beschäftigung und zur Schaffung neuer Arbeitsplätze ein besonders starkes Interesse am wirtschaftlichen und politischen Ausbau der Europäischen Gemeinschaft. Unsere Wirtschaft ist auf einen großen und funktionsfähigen Markt angewiesen; ein durchgreifender Abbau der Arbeitslosigkeit und eine forcierte Bewältigung des Strukturwandels erfordern eine aktive und offensive innovative Eneuerung auf europäischer Ebene.

Kaum ein Bundesland ist so stark von Entscheidungen der EG betroffen wie Nordrhein-Westfalen: Durch die in den europäischen Verträgen geregelten Zuständigkeiten der EG-Kommission u.a. für Kohle und Stahl, für den Agrarmarkt und die Umweltpolitik, für Kernenergie und die Förderung von Hochtechnologie ist Nordrhein-Westfalen nicht nur wegen seiner Größe, sondern auch wegen seiner Wirtschaftsstruktur ein Schwerpunktbereich für Maßnahmen der europäischen Institutionen.

Die Nutzung des Rheinwassers für die Trinkwasserversorgung und die Belastung des Grundwassers vor allem durch Industrie und Landwirtschaft sind Beispiele dafür, daß Europa auch auf dem Gebiet der Umweltpolitik gemeinsam handeln muß. In dem dicht besiedelten Raum zwischen Antwerpen, Rotterdam und dem Ruhrgebiet sind besondere ökologische Herausforderungen vordringlich zu lösen. Es geht dabei aber nicht an, daß die Industrien der europäischen Nachbarländer durch geringere Umweltschutzanforderungen Kostenvorrteile genießen, vielmehr ist eine Harmonisierung erforderlich.

Auch durch die Landwirtschaftspolitik der EG ist Nordrhein-Westfalen besonders betroffen. Zwar sind nur etwa 2 v.H. der Erwerbstätigen Nordrhein-Westfalens in der Landwirtschaft tätig, aber 70 v.H. der Fläche Nordrhein-Westfalens werden land- und forstwirtschaftlich genutzt.

Nordrhein-Westfalen hat gemeinsame Grenzen mit zwei EG-Mitgliedsländern, Belgien und den Niederlanden, mit denen zudem intensive wirtschaftliche, aber auch wissenschaftliche Kontakte bestehen. Tausende von Arbeitnehmern pendeln täglich über die Grenzen, Einkaufsfahrten über die nahe Grenze gehören ebenso zur konkreten Erfahrung Europas wie Urlaub oder Wochenenderholung in den Fremdenverkehrsregionen von Nordrhein-Westfalen, Belgien und den Niederlanden.

2. Hilfen für die grenznahen Regionen

Konkret betroffen von dem, was noch als politische Aufgabe vorrangig zu lösen ist, sind die Einwohner und Unternehmer in den Grenzregionen. Sie müssen tagtäglich die Unterschiede von rechtlichen Vorschriften, Normen und kommunalen Abgaben bewältigen; auch andere Rahmenbedingungen wie Steuern, Sozialabgaben und -leistungen, Versicherungen usw. sind oft nicht auf die Menschen in den Grenzregionen und auf ein gemeinsames „Europa der Bürger" ausgerichtet. Die alltäglichen Schwierigkeiten der Menschen in diesen Regionen müssen vordringlich abgebaut werden.

In vier REGIO-Verbänden ist die europäische Zusammenarbeit auf kommunaler und regionaler Ebene bereits europäische Realität in Nordrhein-Westfalen. Sie leisten wichtige Brückenfunktionen zur Überwindung der Grenzbarrieren und müssen weiterhin die notwendige Unterstützung erfahren.

Ein wesentlicher Teil der für die Bewohner der Grenzregionen bestehenden Probleme wird durch unterschiedliche technische, administrative, rechtliche, währungs- und steuerpolitische Vorschriften verursacht. Zur Verbesserung dieser Situation erscheint es vordringlich,

Regionalplanung und Raumordnung grenzüberschreitend durchzuführen,

Engpässe im Personen- und Güterverkehr an den Grenzübergangsstellen und Behinderungen bei der vorübergehenden Einfuhr abzubauen,

gemeinsame Planungen im Bereich des Umweltschutzes, der Katastrophenbekämpfung, der Energie- und Wasserversorgung, der Abwasser- und Müllbeseitigung zu unterstützen,

die grenzüberschreitende Zusammenarbeit in der Bildungs- und Kulturpolitik sowie beim Sport und im Tourismus zu fördern und die Unterrichtung der Nachbarsprachen zu verstärken,

den grenzüberschreitenden Technologietransfer auszubauen.

Die Entwicklung der Zusammenarbeit zwischen verschiedenen Regionen diesseits und jenseits der Grenzen ist ein Prüfstein für den politischen Willen der Mitgliedstaaten, ein wirklich geeintes Europa zu schaffen.

III. Erwartungen Nordrhein-Westfalens an Europa

Der Landtag fordert von der Europäischen Gemeinschaft in den nächsten Jahren vor allem folgende Maßnahmen für die ökologische und ökonomische Erneuerung unseres Landes:

1. Wirtschaftspolitik

Der Ausbau des europäischen Währungssystems und die Einführung des ECU als gemeinsame europäische Währungseinheit sind vordringlich. Der europäische Binnenmarkt muß als Chance zur Stärkung der internationalen Wettbewerbsfähigkeit der Gemeinschaft und zur Förderung der Wirtschaft in Nordrhein-Westfalen verwirklicht werden; dazu bedarf es auch der Vereinheitlichung von Normen, größerer Freizügigkeit bei Berufsausübung und Unternehmensgründungen und der Entbürokratisierung. Die für die Verwirklichung des Binnenmarktes notwendigen Liberalisierungsschritte müssen in enger zeitlicher Verbindung mit der Harmonisierung der Wettbewerbsbedingungen erfolgen. Bei der regionalen Wirtschaftsförderung und der Förderung durch den europäischen Sozialfonds müssen die besonderen Probleme traditioneller Industrieregionen und hohe Arbeitslosigkeit mehr als bisher Berücksichtigung finden; die eigenen Bemühungen der Regionen dürfen nicht behindert werden. Der europäische Stahlmarkt ist nach wie vor durch erhebliche Überkapazitäten gekennzeichnet. Er sollte grundsätzlich von den Prinzipien des Wettbewerbs geprägt sein. Dies setzt aber gleiche Wettbewerbsbedingungen voraus. Wettbewerbsverzerrende staatliche Hilfen müssen ausgeschlossen und der Außenschutz gegenüber Dumping-Einfuhren aus Drittländern muß verbessert werden. Eine weitere Liberalisierung des Stahlmarktes ist zur Zeit nicht vertretbar. Der weitere Anpassungsprozeß ist sozial und regionalpolitisch zu begleiten. Die EG-Kommission muß sich dabei an der Finanzierung des „Zukunftsprogramms Montan-Regionen", das der Landtag einstimmig gefordert hat, angemessen beteiligen.

Die europäische Wirtschaftspolitik muß vor allem darauf abzielen, die Massenarbeitslosigkeit abzubauen. Die Beschlüsse des Europäischen Parlaments und seiner Ausschüsse zur Bekämpfung der Arbeitslosigkeit sind dafür wichtige Grundlagen.

2. Energiepolitik

Eine sichere Energieversorgung, die Umwelt und Ressourcen schont, muß Ziel der europäischen Energiepolitik sein.

Energiesparen, rationelle Energieverwendung und Vorrang für die umweltfreundliche Verwendung heimischer Kohle müssen an erster Stelle in der europäischen Energiepolitik stehen; die Versorgungssicherheit durch die heimischen Energieträger darf durch Importe nicht beeinträchtigt werden; Maßnahmen zur Sicherung des Kohlevorranges dürfen nicht behindert werden.

Der schrittweise Ausstieg aus der Kernenergie ist gerade im dichtbesiedelten Mitteleuropa erforderlich und muß auf europäischer Ebene betrieben werden; Mindestforderungen richten sich darauf, daß im EURATOM-Vertrag der Vorrang der Kernenergie beseitigt wird und Kernkraftwerke in grenznahen Bereichen verboten werden; solange Atomkraft in der EG noch genutzt wird, müssen für alle Kernkraftwerke in Europa die gleichen höchstmöglichen Sicherheitsstandards gelten. Bei Störungen und Katastrophen in grenznahen Kernkraftwerken haben die Betreiber besondere Informationspflichten gegenüber den Nachbarregionen.

Die nationale Stromversorgung darf nicht durch Stromimporte gefährdet werden.

Forschung und Entwicklung für Techniken der Energieeinsparung und zur Nutzung neuer Energiequellen müssen verstärkt werden; die Erfahrungen im Energieland Nordrhein-Westfalen können dabei genutzt werden.

3. Umweltpolitik

Der Landtag begrüßt, daß der Umweltschutz durch die Einheitliche Europäische Akte Grundlage der Gemeinschaftspolitik geworden ist. Damit verbindet der Landtag die Hoffnung, daß dadurch der Umweltschutz in Europa verbessert wird; dabei darf das relativ hohe Niveau nationaler Umweltstandards nicht durch das Gemeinschaftsrecht aufgeweicht werden; die nach der Einheitlichen Europäischen Akte bestehenden Ausnahmemöglichkeiten für höhere nationale Standards sind dabei in einer Übergangszeit hilfreich, solange noch nicht eine volle Harmonisierung erreicht ist.

Der Landtag erwartet im einzelnen:

- Die Gemeinschaft muß vor allem da gemeinsame Regelungen treffen, wo Umweltbelastungen großräumig und grenzüberschreitend auftreten, wie Luftverunreinigungen, Gewässerverschmutzung und radioaktive Belastungen aus kerntechnischen Anlagen.

- **Der Ausbau des Binnenmarktes erfordert einheitliche Standards zur Vermeidung von Umwelt- und Gesundheitsgefährdungen, vor allem bei dem Transport von gefährlichen Stoffen und Abfällen sowie bei Nahrungsmitteln und bei der Lebensmittelkontrolle.**
- Die EG-Richtlinie zur Begrenzung der Schadstoffemissionen von Großfeuerungsanlagen muß möglichst bald verabschiedet und die EG-Vorschrift über Kraftfahrzeugemissionen, insbesondere auch bei Dieselfahrzeugen, verschärft werden.
- Zur Verbesserung des Schutzes vor Chemieunfällen am Rhein ist eine Verschärfung der „Seveso-Richtlinie" sowie der EG-Gewässerschutz-Richtlinien erforderlich; diese Richtlinien müssen in allen betroffenen Mitgliedsstaaten wirksam vollzogen werden.
- Lebensmittel dürfen nicht mit gesundheitsgefährdenden Zusatzstoffen versehen werden; die Behandlung von Lebensmitteln mit ionisierenden Strahlen ist zu verbieten.
- Die Europäische Gemeinschaft muß wirksame Maßnahmen zur Verminderug der Emission von Fluorchlorkohlenwasserstoffen ergreifen und weltweite Maßnahmen zum Schutz der Ozonschicht unterstützen.

Die Gemeinschaft muß zur Bekämpfung der Umweltbelastungen die Forschung verstärkt auf die Entwicklung neuer umweltverträglicher Technologien (z.B. Produktionsverfahren, Entsorgungsverfahen, Überwachungsverfahren) ausrichten.

4. Agrarpolitik

Der Landtag hält die bisherigen Schritte zur Reform der europäischen Agrarpolitik für unzureichend: Es ist weder gelungen, die Überschußproduktion wirksam zu begrenzen, noch den kleinen und mittleren landwirtschaftlichen Betrieben ein angemessenes Einkommen zu sichern; die Belastungen des Naturhaushaltes sind durch intensive Landwirtschaft weiter gestiegen. Es muß endlich darüber entschieden werden, wie durch Extensivierung der landwirtschaftlichen Nutzung und durch die Rückführung landwirtschaftlicher Flächen, z.B. für den Gewässer- und Naturschutz, zum Abbau der Überproduktion beigetragen werden kann.

Die grundlegende Reform der EG-Agrarpolitik ist eine zentrale Aufgabe für die Zukunft der Gemeinschaft. Umgehend müssen durchgreifende Schritte zum Abbau dieser ökonomisch und ökologisch unsinnigen Überschußproduktion eingeleitet werden. Dadurch kann auch finanzieller Spielraum für andere Gemeinschaftsaufgaben geschaffen werden.

Der Landtag hält es bei dieser Reform für vordringlich, daß

- auf EG-Ebene eine marktgerechtere Preispolitik über mehrere Jahre hinweg durchgeführt wird,
- bei begleitenden produktionsbegrenzenden Maßnahmen der Extensivierung Vorrang eingeräumt wird und umweltverträgliche Produktionsweisen gefördert werden,
- den bäuerlichen Familienbetrieben verstärkt durch Direktzahlungen geholfen und dabei den Mitgliedsstaaten ein größerer Handlungs- und Gestaltungsspielraum eingeräumt wird, um regionalen Besonderheiten und Anforderungen des Natur- und Umweltschutzes Rechnung tragen zu können.

5. Verkehrspolitik

Für das Verkehrswesen in Europa ist eine die einzelnen Verkehrsträger und Verkehrssysteme übergreifende Gesamtplanung anzustreben, die eine volkswirtschaftlich sinnvolle Arbeitsteilung zwischen den verschiedenen Verkehrsträgern vorsieht.

Die unterschiedlichen Systeme zur Finanzierung der Wegekosten sind zu harmonisieren. Anzustreben sind dabei Rahmenbedingungen, die es umweltfreundlichen und sicheren Verkehrsmitteln ermöglichen, sich im Rahmen des europäischen Binnenmarktes zu behaupten.

Die auf den europäischen Verkehrsmärkten bestehenden unterschiedlichen Wettbewerbsbedingungen müssen aneinander angeglichen werden; dies gilt insbesondere für die Kfz- und Mineralölsteuer. Die Lenk- und Ruhezeiten im Straßengüterverkehr sind in Europa gleichwertig zu überwachen; die technische Überprüfung von Fahrzeugen ist zu vereinheitlichen. Durch die Schaffung eines grenzüberschreitenden europäischen Schienennetzes für Hochgeschwindigkeitszüge ist eine bessere Anbindung Nordrhein-Westfalens an die europäischen Wirtschaftszentren sicherzustellen, insbesondere über die Achse Köln–Brüssel–Paris.

Der Bestand des europäischen Binnenschiffahrtsnetzes ist zu sichern und unter den Gesichtspunkten der Verkehrssicherheit und der Anpassung an veränderte Rahmenbedingungen zu verbessern.

Im Bereich der Luftfahrt ist durch geeignete Regelungen zu verhindern, daß durch staatliche Subventionen die Wettbewerbsverhältnisse zwischen den Luftfahrtunternehmen der Gemeinschaft verfälscht werden. Kleine Flughäfen in Nordrhein-Westfalen sollten durch Weiterentwicklung und Liberalisierung des regionalen und interregionalen Linienflugverkehrs Anschluß an europäische Hauptstädte erhalten.

6. Forschungs- und Technologiepolitik

Mit der Schaffung eines europäischen Binnenmarktes muß eine gemeinsame europäische Technologiepolitik verbunden werden, um unsere Arbeitsplätze im Wettbewerb mit Japan und den USA zu erhalten. Dazu bedarf es der Bildung einer europäischen Technologiegemeinschaft und der grenzüberschreitenden Kooperation bei der Durchführung von Technologieprogrammen; die angestrebte Schaffung eines einheitlichen Marktes für Kommunikations-Technologien mit einheitlichen Normen ist im Interesse unseres Landes besonders zu begrüßen.

Nordrhein-Westfalen muß bei der Anwerbung von europäischen Forschungsmitteln verstärkt beteiligt werden; für kleine und mittlere Unternehmen ist der Zugang zu der Förderung durch die Verbesserung der regionalen Information über diese Programme sowie über die beteiligten Forschungsinstitutionen zu erleichtern.

Die Bemühungen zur Ansiedlung von industrie- und forschungspolitisch bedeutenden europäischen Großprojekten dürfen nicht durch Konkurrenz behindert, sondern müssen durch Kooperation verstärkt werden.

Auf Grund der dichten Hochschul- und Forschungslandschaft bietet sich Nordrhein-Westfalen in besonderem Maße für die Ansiedlung technologieorientierter Industrien an.

Angesichts einer immer stärkeren internationalen Vernetzung bei der Datenverarbeitung mit nahezu uneingeschränkten Möglichkeiten des Datenaustausches ist ein europäischer Datenschutz auf dem Niveau der Bundesrepublik Deutschland zu schaffen.

7. Kulturpolitik

Auf der Grundlage der Kulturhoheit der Länder sollen öffentliche und private Kultureinrichtungen und Kulturträger gemeinsam mit der Landesregierung die kulturelle Vielfalt des Landes Nordrhein-Westfalen in seiner Wechselwirkung zu anderen europäischen Ländern darstellen. Wettbewerbe und Veranstaltungsreihen zu dem Themenfeld „Nordrhein-Westfalen und Europa" unter Beteiligung ausländischer Angebote können die nordrhein-westfälische Kulturszene bereichern. Ein „Europa der Regionen" erfordert aber andererseits auch eine kontinuierliche europäische Politik.

8. Sicherung von Sozialleistungen und Arbeitnehmerrechten

Die europäische Einigung darf nicht zum Abbau sozialer Leistungen und beispielhafter Errungenschaften wie der Mitbestimmung führen. Vielmehr müssen die Sozialleistungen und Arbeitnehmerrechte, die von der deutschen Arbeiterbewegung in Jahrzehnten erkämpft worden sind, auch auf der europäischen Ebene Realität werden. Der europäische Binnenmarkt darf nicht als Einfallstor für eine unsoziale Politik mißbraucht werden.

Mühsam erkämpfte soziale Rechte dürfen nicht das Opfer von Rechtsangleichungen werden, sondern es müssen Regelungen geschaffen werden, die die sozialen Errungenschaften auf nationaler und europäischer Ebene sichern. So müssen z. B. die Mitbestimmungs- und Informationsrechte für die Beschäftigten auch in internationalen Unternehmen garantiert werden.

9. Chancengleichheit von Frauen

Der Grundsatz der Chancengleichheit von Frauen ist in Artikel 119 des EWG-Vertrages verankert. Sowohl durch ihe Rechtsetzungsfähigkeit als auch durch ihr erstes Aktionsprogramm 1982 bis 1985 hat die Europäische Gemeinschaft wesentlich zu den Fortschritten, die in diesem Bereich auf europäischer Ebene erzielt wurden, beigetragen. In der Gemeinschaft ist ein Bewußtseinswandel spürbar geworden. Die gleichberechtigte Beteiligung von Mann und Frau am wirtschaftlichen und sozialen Leben wird ernster genommen. Ein zweites Aktionsprogramm 1986 bis 1990, das die laufenden Initiativen fortsetzen und den neuen wirtschaftlichen und sozialen Herausforderungen im Bereich der Gleichberechtigung gerecht werden soll, ist vorgelegt. Dieses neue Programm zur Förderung der Chancengleichheit ist eingebettet in das Konzept eines Europas der Bürgerinnen und Bürger. Mit ihrem Vorschlag will die Kommission Wege aufzeigen und die Chancengleichheit von Männern und Frauen im wirtschaftlichen, sozialen und kulturellen Leben Wirklichkeit werden lassen.

IV. Europa muß demokratisch gestaltet werden

Mit der Einheitlichen Europäischen Akte geht Europa einen weiteren Schritt in eine gemeinsame Zukunft. Der Landtag unterstützt diesen Prozeß, dessen entscheidende Elemente

- die Verwirklichung des europäischen Binnenmarktes bis 1992
- die Forschungs- und Technologiepolitik sowie
- die Umweltpolitik

sein werden. Dies unterstützt die Politik der ökologischen und ökonomischen Erneuerung und eröffnet dem traditionellen Industrieland Nordrhein-Westfalen neue Zukunftschancen.

Die Einheitliche Europäische Akte bedeutet aber auch einen Kompetenzverlust der nationalen Parlamente zugunsten der Regierungen und der EG, ohne daß gleichzeitig die Mitentscheidungsrechte des Europäischen Parlaments erweitert worden sind. Europapolitik ist aber an die parlamentarische Legitimierung gebunden. Deshalb fordert der Landtag, einen Schwerpunkt bei der weiteren europäischen Entwicklung auf den Ausbau des Parlamentarismus auf europäischer Ebene zu nutzen.

Die stärkere Verlagerung von Kompetenzen auf die europäische Ebene erfordert auch eine stärkere Beteiligung des Landtags von Nordrhein-Westfalen, dem Parlament in einer der wichtigsten Regionen Europas, an der Festlegung europapolitischer Positionen der Landesregierung.

Der Landtag begrüßt daher, daß im Zustimmungsgesetz zur Einheitlichen Europäischen Akte die innerstaatliche Beteiligung der Bundesländer in EG-Angelegenheiten festgeschrieben worden ist. Auf diese Weise kann im nationalen Rahmen ein Teil des Demokratiedefizits ausgeglichen und eine Erosion des grundgesetzlich garantierten föderalen Elementes des Staatsaufbaues der Bundesrepublik Deutschland gebremst werden.

Diese Beteiligung schließt jedoch bislang die Landtage nicht ein. Da diese einerseits im Bundesratsverfahren keine direkten Einflußmöglichkeiten besitzen, andererseits aber auf vielen Gebieten ihre eigene Gesetzgebungskompetenz verloren haben, wie in der Umwelt- und Strukturpolitik sowie im Bereich der Rechtsangeleichung, ist eine Berücksichtigung im Interesse der demokratischen Legitimation europapolitischer Entscheidungen unverzichtbar.

Entscheidungen der EG beeinflussen Inhalte und Spielräume der Landespolitik. Deshalb ist auch im Bereich der EG-Angelegenheiten, die wichtige Landesinteressen berühren, ohne daß eigene Gesetzgebungskompetenzen gegeben wären, die Beteiligung des Landtages erforderlich. Der Landtag muß durch rechtzeitige und umfassende Informationen Gelegenheit zur parlamentarischen Erörterung und politischen Stellungnahme erhalten.

V. Forderungen an die Landesregierung

Der Landtag begrüßt die Einrichtung des Verbindungsbüros Nordrhein-Westfalen in Brüssel, das einen wichtigen Beitrag leistet, um Kontakte zu den Institutionen der EG zu pflegen, für nordrhein-westfälische Interessen zu werben und den Zugang zu den Fördermitteln der EG zu erleichtern.

Der Landtag fordert die Landesregierung auf,

- ihre europapolitischen Maßnahmen im Sinne der vorstehenden Feststellungen und Erwartungen des Landtages zu verstärken,
- die institutionellen und organisatorischen Voraussetzungen dafür auszubauen, daß die Interessen Nordrhein-Westfalens in der deutschen EG-Politik noch nachdrücklicher durchgesetzt werden können,
- die finanziellen Fördermöglichkeiten der Gemeinschaft noch intensiver zu nutzen und
- den Landtag und seine Ausschüsse eingehend und regelmäßig über anstehende europapolitische Entscheidungen zu informieren.

Prof. Dr. Farthmann

und Fraktion

LANDTAG NORDRHEIN-WESTFALEN **Drucksache 10/1619**

10. Wahlperiode

19.12.1986

Antrag

der Fraktion der CDU

Das Land Nordrhein-Westfalen und die Europäische Gemeinschaft

Das große Bundesland Nordrhein-Westfalen mit ca. 17 Millionen Einwohnern und seinen vielfältigen Verflechtungen mit seinen europäischen Nachbarn darf die Entwicklungen in Europa, insbesondere in Wirtschaft, Energie, Technologie, Landwirtschaft und Umweltschutz nicht fremdbestimmt an sich vorübergehen lassen. Man muß heute von vier Verantwortungsstufen ausgehen, nämlich von Kommune, Land, Bund und Europäischer Gemeinschaft. Bei dieser Struktur besteht die Gefahr, daß insbesondere die Bundesländer ihren Einfluß nicht genügend geltend machen können. Bei voller Wahrung der außenpolitischen Kompetenz des Bundes sollte das Land stärker als bisher im Interesse seiner Bürger landesspezifische Bereiche und Interessen in die Diskussion um die europäische Entwicklung einbringen. Dies gilt sowohl für die Willensbildung innerhalb der Bundesrepbulik als auch in bestimmten Bereichen durch Kontakte mit unseren europäischen Nachbarländern. Deshalb hält der Landtag von Nordrhein-Westfalen es für notwendig, folgende Vorschläge zu realisieren:

I. Formale Vorbedingungen und Verbesserungen

1. Neben der Tätigkeit des Kontaktbüros der NRW-Regierung bei der EG sollen auch Vertreter der Landtagsfraktionen Gelegenheit erhalten, Informationen über wichtige europäische Entscheidungsvorgänge aus erster Hand zu bekommen.

2. Dazu wird eine Kommission oder ein ständiger Kontaktausschuß von Landesparlamentariern und nordrhein-westfälischen Europaabgeordneten zur gegenseitigen Information und zur Beratung europapolitischer Initiativen gebildet.

3. Die Landesregierung soll über europarelevante Angelegenheiten in den betroffenen Ausschüssen von Fall zu Fall berichten.

Datum des Originals: 15.12.1986/Ausgegeben: 22.12.1986

4. Bei allen Gesetzesvorlagen und Initiativen werden die Landesregierung und die Antragsteller verpflichtet, auf eventuelle Auswirkungen im Zusammenhang mit der Europapolitik hinzuweisen.

5. Die Zusammenarbeit der Polizei über die Grenzen hinweg ist durch weitere Vereinbarungen und Absprachen zwischen den Polizeibehörden, insbesondere zum Zwecke der Bekämpfung der Rauschgift- und Bandenkriminalität, zu verbessern. Vonseiten unseres Landes sollte ein Gesamtkonzept zur Bekämpfung des Drogenhandels und Eindämmung des Drogenmißbrauchs angeregt und erarbeitet werden.

6. Die Regio-Verbände mit ihren wichtigen Brückenfunktionen zur Oberwindung der Grenzbarrieren leisten wertvolle Arbeit und müssen weiterhin die notwendige Unterstützung erfahren. Es ist zu prüfen, ob diese Regio-Verbände eine rechtliche Grundlage erhalten sollen.

II. <u>Kultur, Bildung und Sport</u>

1. Die Mängel bei der Anerkennung gleichwertiger Schul-, Studien- und Bildungsabschlüssen müssen umgehend beseitigt werden.

2. Die europäische Einigung ist durch Verbesserung des Sprachunterrichts in Schule und Weiterbildung zu fördern; hierbei verdient die französische und niederländische Sprache besondere Beachtung.

3. Bei der Arbeit der Schulbuchkommissionen und Genehmigungen von Schulbüchern soll der Europagedanke stärker berücksichtigt werden.

4. Der europäische Schulwettbewerb muß neu belebt und mehr verbreitet werden.

5. Neben dem Schüler- und Jugendaustausch ist das Studium unserer Studenten an den Hochschulen unserer europäischer Nachbarn (z. B. ERASMUS-Programm) zu fördern; dazu sind Werbemaßnahmen und finanzielle Förderung notwendig.

6. Um den europäischen Einigungswillen voranzutreiben, ist aus dem deutsch-französischen Jugendwerk ein Europäisches Jugendwerk zu entwickeln.

7. Die vielfältigen Möglichkeiten von Gastspielen, Ausstellungen und kulturellen Veranstaltungen insbesondere im Grenzbereich sind stärker als bisher zu nutzen. Auch Erfahrung und Erkenntnisse im Denkmalschutz sind auszutauschen.

8. Sportliche Begegnungen gerade mit unseren direkten Nachbarn Niederlande und Belgien müssen angeregt und gefördert werden.

III. Landwirtschaft

1. Die unterschiedliche Handhabung agrarpolitischer Maßnahmen durch die Mitgliedstaaten der EG führt zu erheblichen Wettbewerbsverzerrungen, die für deutsche Landwirte oftmals Nachteile bringen. Daher soll die Landesregierung sich für eine weitgehende Vereinheitlichung einsetzen insbesondere bei Programmen, die der Marktentlastung dienen.

2. Die Nutzung landwirtschaftlicher Erzeugnisse als Grundstoffe für Industrie und Energie bieten langfristig zusätzliche Entwicklungschancen für viele bäuerliche Familienbetriebe. Die Landesregierung soll entsprechende Forschungs- und Entwicklungsschwerpunkte festlegen und zur finanziellen Beteiligung bei der EG anmelden.

3. Leistungen der Landwirtschaft für den Schutz von Natur, Umwelt und Kulturlandschaft, die im Dienste der Allgemeinheit erbracht werden, sollen in Zukunft durch die europäische Agrarpolitik stärker anerkannt und höher gewichtet werden.

4. Die Landesregierung soll sich dafür einsetzen, daß Bewirtschaftungseinschränkungen, die dem Schutz von Tier- und Pflanzenarten dienen, mit den europäischen Nachbarn abgestimmt werden.

IV. Umweltschutz

1. Die Zusammenarbeit bei Umweltschutzfragen mit unseren direkten europäischen Nachbarn (Niederlande, Belgien) durch die zuständigen Landesbehörden muß in bezug auf Information, Standardangleichungen und Sicherheit verbessert werden.

2. Eine umfangreiche Erforschung der Auswirkungen umweltbelastenden Industrieanlagen beiderseits der Staatsgrenzen ist vorzunehmen.

3. Abwassermaßnahmen, die von den Kommunen über die Staatsgrenze hinweg gemeinsam mit den ausländischen Nachbargemeinden durchgeführt werden, bedürfen größerer Aufmerksamkeit und Förderung.

V. Wirtschaft, Energie und Verkehr

1. Die Landesregierung soll eine Übersicht über ihre Aktivitäten zur Beteiligung der NRW-Wissenschaft und -Wirtschft an den Forschungsförderungs- und Technologie-Programmen der EG (z.B. Esprit) sowie an Eureka vorlegen.

2. Die Landesregierung wird aufgefordert, dem Parlament darüber zu berichten, mit welchen konkreten Schritten sie ihren Beitrag zur Verwirklichung des europäischen Binnenmarktes leistet.

3. Der Landtag erwartet von der Landesregierung Planungen zur Verbesserung des grenzüberschreitenden Verkehrsnetzes im Bereich Schiene, Straße, Schiffahrt und Luftverkehr. Insbesondere muß der Stand der Verhandlungen über die Trassenplanung der Hochgeschwindigkeitsbahn mit einem Anschluß an das Rhein-Ruhr-Gebiet dargelegt werden.

4. Zur Verbesserung der Verkehrssicherheit sollten alle LKW mit "ABS" (Anti-Blockier-System) ausgerüstet werden. Die Landesregierung wird aufgefordert, entsprechende Maßnahmen zu ergreifen und darüber zu berichten.

Trotz aller Schwierigkeiten beim Aufbau der Europäischen Gemeinschaft darf es kein Zurück und keine Stagnation geben. Der Landtag von Nordrhein-Westfalen wird sich auch in Zukunft für die Stärkung der Europäischen Gemeinschaft einsetzen und fordert die Landesregierung auf, in den aufgeführten Problembereichen und bei weiteren Fragen alle gebotenen Schritte zu tun.

Dr. Worms
Dr. Pohl
Elfring
Hardt
Dr. Heimes
Dr. Klose
Meuffels

und Fraktion

LANDTAG NORDRHEIN-WESTFALEN **Drucksache 10/2353**

10. Wahlperiode

08.09.1987

Antrag

der Fraktion der F.D.P.

Europäische Einheit statt kleinstaatlicher Föderalismus

Der Landtag von Nordrhein-Westfalen unterstützt nachhaltig den Ausbau der Europäischen Gemeinschaft zu einer europäischen Union als politische Einheit. Dies schließt eine europäische Außen- und Sicherheitspolitik mit ein. Nur durch eine gemeinsame Wirtschafts- und Technologiepolitik können die Staaten Europas den Wettbewerb mit den USA und Japan erfolgreich bestehen. Nur so kann Europa in einer Welt, in der sich neue Machtzentren neben den beiden Großmächten bilden, seinen Platz finden.

Eine europäische Union kann nur durch leistungsfähige demokratische Institutionen aufgebaut werden. Dazu bedarf es insbesondere der Erweiterung der Rechte des Europäischen Parlaments und der Erarbeitung einer europäischen Verfassung, die der politischen und kulturellen Vielfalt in der Gemeinschaft Rechnung trägt.

Ein wichtiger Schritt zur europäischen Union ist die Schaffung eines freien europäischen Binnenmarktes bis 1992 mit der Harmonisierung der wichtigsten Verbrauchersteuern, der technischen Standards, Normen und Gesundheitsvorschriften. Hinzu kommen muß eine Harmonisierung der europäischen Wirtschafts- und Währungspolitik sowie die Fortentwicklung des europäischen Währungssystems.

Ein weiterer Schritt ist der Ausbau der Europäischen Gemeinschaft zu einer Technologiegemeinschaft, weil die europäischen Staaten im technologischen Wettlauf nur bestehen können, wenn sie ihre Kräfte bündeln.

Die europäische Einigung darf nicht am deutschen Förderalismus scheitern. Deshalb begrüßt gerade der Landtag von Nordrhein-Westfalen die Europäische Akte und unterstützt nachhaltig die Europapolitik der Bundesregierung.

Die Verwirklichung des europäischen Binnemarktes ist für die deutsche Wirtschaft von vitaler Bedeutung. 1986 verzeichnete praktisch nur der Export in die anderen EG-Länder und die EFTA-Länder Zuwachsraten. Auch für 1987 ist "eine Rückbesinnung

Datum des Originals: 07.09.1987/Ausgegeben: 09.09.1987

auf Europa" angesagt. Im ersten Beitrittsjahr wuchs der deutsche Export nach Spanien um 24.4 %, nach Portugal um 10 %.

Das Ziel, einen gemeinsamen Wirtschaftsraum ohne Grenzen bis 1992 zu schaffen, "in dem der freie Verkehr von Waren, Personen, Dienstleistungen und Kapital" gewährleistet wird, ist noch nicht erreicht. Die Charta '92 der Europäischen Gemeinschaft und die Einheitliche Europäische Akte haben den Weg in die europäische Union aufgezeichnet.

Nach wie vor behindern jedoch Tendenzen wie

- übertriebener bürokratischer Perfektionismus
- protektionistische Tendenzen, die mit dem Erfordernis hoher Schutzstandards bemäntelt werden
- Behinderung der gemeinschaftlichen Beschlußfassung unter Berufung auf nationale Sonderinteressen

den europäischen Binnemarkt.

Der Landtag von Nordrhein-Westfalen bedauert die Tendenzen in Europa, die sich gegen den freien Warenverkehr richten. Symptomatisch sind die Überlegungen einzelner Landesregierungen, sich gegen Stromimporte aus den Nachbarländern abzuschotten. Wer ein freies Europa ohne Grenzen, ohne Zölle, ohne Wirtschaftsschranken schaffen will, darf die Grenzen nicht schließen.

Der Landtag von Nordrhein-Westfalen fordert die Harmonisierung im Lebensmittelrecht, erwartet eine Beseitigung der Steuergrenzen und Fairneß im öffentlichen Auftragswesen. Der Landtag von Nordrhein-Westfalen setzt auf eine Europäisierung der Informatik und Telekommunikation.

Im Spannungsfeld zwischen den neuen Vertragszielen von Erhaltung und Verbesserung der Umwelt und Verwirklichung des Binnenmarktes strebt die Bundesregierung hohe ökologische Standards an. Stoßen diese Bemühungen auf Widerstand, so ertönt allzu rasch der Ruf nach nationalen Alleingängen. Dies kann nicht der richtige Weg sein. Dies gilt in der Umweltpolitik, aber auch in der Energiepolitik und in der Sozialpolitik.

In der Agrarpolitik gilt nach wie vor der Grundsatz der Gemeinschaftspräferenz, der Einheit des Marktes und die finanzielle Solidarität. Fernziel muß es sein, die deutsche Landwirtschaft den innergemeinschaftlichen Marktgegebenheiten anzupassen und stärker auf die Lage auf dem Weltmarkt anzubinden. Nur so kann verhindert werden, daß wegen der europäischen Agrarmarktpolitik die Akzeptanz der Europäischen Gemeinschaft in der deutschen Öffentlichkeit weiter abnimmt.

Der Landtag von Nordrhein-Westfalen warnt vor einem weiteren Rückfall in den Föderalismus und ruft die Länder in der Bundesrepublik und die Mitgliedstaaten in der Europäischen Gemein schaft dazu auf, das europäische Erbe von Konrad Adenauer, Robert Schumann, Alcide de Gasperi und Henri Spaak zu bewahren.

Dr. Rohde

und Fraktion

GPSR Compliance

The European Union's (EU) General Product Safety Regulation (GPSR) is a set of rules that requires consumer products to be safe and our obligations to ensure this.

If you have any concerns about our products, you can contact us on ProductSafety@springernature.com

In case Publisher is established outside the EU, the EU authorized representative is:

Springer Nature Customer Service Center GmbH
Europaplatz 3
69115 Heidelberg, Germany

Batch number: 10809466

Printed by Printforce, the Netherlands